组织设计与工作分析

Organizational Design & Job Analysis

朱颖俊 编著

图书在版编目（CIP）数据

组织设计与工作分析 / 朱颖俊编著 . —北京：北京大学出版社，2018.1
（21 世纪经济与管理规划教材 . 人力资源管理系列）
ISBN 978-7-301-29231-0

Ⅰ.①组… Ⅱ.①朱… Ⅲ.①人力资源管理—高等学校—教材 Ⅳ.①F243

中国版本图书馆 CIP 数据核字（2018）第 026111 号

书　　名	组织设计与工作分析 ZUZHI SHEJI YU GONGZUO FENXI
著作责任者	朱颖俊　编著
策划编辑	徐　冰
责任编辑	闫格格　周　莹
标准书号	ISBN 978-7-301-29231-0
出版发行	北京大学出版社
地　　址	北京市海淀区成府路 205 号　100871
网　　址	http://www.pup.cn
微信公众号	北京大学经管书苑（pupembook）
电子信箱	编辑部：em@pup.cn　总编室：zpup@pup.cn
电　　话	邮购部 010-62752015　发行部 010-62750672　编辑部 010-62752926
印刷者	三河市北燕印装有限公司
经销者	新华书店
	787 毫米×1092 毫米　16 开本　17.75 印张　405 千字 2018 年 1 月第 1 版　2025 年 1 月第 8 次印刷
印　　数	22001—24000 册
定　　价	39.00 元

未经许可，不得以任何方式复制或抄袭本书之部分或全部内容。
版权所有，翻版必究
举报电话：010-62752024　电子信箱：fd@pup.cn
图书如有印装质量问题，请与出版部联系，电话：010-62756370

前　言

　　组织设计与工作分析是人力资源管理的首个模块活动，也是组织有效管理的关键手段之一，更是组织实现战略目标的保证。作为人力资源管理专业的必修课，组织设计与工作分析研究的对象随组织变革而发生转变，内容也随组织需求变化而变化。随着竞争的加剧，组织设计与工作分析已发展成为组织战略层面的重要内容。

　　组织设计与工作分析的不断发展对本学科的教学提出了新的要求。然而，就目前而言，同类教材基本可以分为两类：一类是从咨询实务出发，研究和介绍组织结构的诊断和解决方案，以及岗位说明书的编写。这类教材缺乏对组织设计与工作分析的理论及方法论的指导，"授之以鱼"而非"授之以渔"。另一类是从管理的组织职能出发，研究和介绍传统的组织设计理论，以及工作分析的方法。这类教材往往缺乏对创新型组织（例如学习型组织）的理论应用进行研究，更缺乏对信息技术高速发展背景下的组织和工作设计进行研究。因此，组织设计与工作分析教学非常需要这样一本新的教材，不仅讲基本知识，还能反映理论前沿的变化；不仅讲一般的原理和方法，还能将其整体地反映到实战的应用案例中去；不仅要求学生掌握现代组织设计与工作分析的基本原理、程序和方法，深刻领会组织工作如何因地制宜的哲理、科学与艺术，还能使学生可以灵活地将所学应用于实际问题。

　　鉴于此，本人决定基于多年的相关理论研究、讲课积累和企业管理咨询经验，编写这样一本反映理论界和实务界最新发展变化、可操作性强的教材。从导论、组织设计基础理论、组织设计的权变因素、组织结构设计、组织岗位与编制设计、组织设计实务、工作分析的流程及方法、工作分析实务等八个方面，阐述如何通过组织设计与工作分析来建立起有效的组织运行机制，并为人力资源管理其他模块活动提供有效的基础平台，以提高组织的有效性。希望将理论的创新与变化趋势涵盖其中，及时反映知识的更新与发展，满足当前教学的迫切需求。

　　与既有相关教材最大的不同是，本教材的编写将通过技术导向型、知识嵌入案例的创新编写方法来促进本课程的实验教学和实践教学方式的改革和实践，目的是提高学生的学习兴趣和理论联系实际的能力，培养学生掌握基本知识、基本方法、基本技术及其应用，使学生具有组织设计与工作分析的能力。

　　本教材的创新点主要在于组织设计与工作分析这门课程教学内容的创新，方法的设计，以及推动相关实践教学体系和应用的可能性。本教材推出的整套创新案例教学思维、教学内容、教学方法、教学手段体系等均包含作者对本课程的最新理解与实践的可行性，本教材将这些成果加以检验与深化,相信一定会对国内同类课程的建设具有参考价值。

本教材共八章:
- 第一章导论,阐述组织设计与工作分析的重要性及其定位,以及内容框架。
- 第二章组织设计基础理论,详细阐述组织理论的演进及新发展。
- 第三章组织设计的权变因素,阐述环境、战略、技术、员工素质、企业生命周期、规模等因素对组织设计的影响。
- 第四章组织结构设计,主要包括垂直的层级设计,横向的部门设计,协调方式的设计,以及基于战略和流程的组织设计方法。
- 第五章组织岗位与编制设计,本章首先介绍了岗位和岗位设计的含义、内容和重要性等,以及岗位设计的理论基础和实操方法,然后介绍了定编定员的原则和方法。
- 第六章组织设计实务:以巨正环保公司为例,用具体的案例来让读者熟悉组织设计全过程的各个环节。
- 第七章工作分析的流程及方法,特别是岗位说明书的详细编写方法。
- 第八章工作分析实务:以××煤炭公司为例,用具体的案例来熟悉工作分析的流程、方法、结果与应用。

本人负责本书的总体设计、编写和统稿,指导的博士研究生和硕士研究生也参与了部分章节的编写。具体分工如下:第一章,朱颖俊、张渭;第二章,朱颖俊、程琪;第三章,朱颖俊、韩思宇;第四章,朱颖俊、尹文珺;第五章,朱颖俊、王栋生;第六章,朱颖俊;第七章,朱颖俊、王雪婷;第八章,朱颖俊。

本书在写作过程中,得到了北京大学出版社徐冰编辑的大力支持。本书在撰写中参阅、借鉴了大量相关文献,对这些文献的作者无法一一列出,在此一并致以衷心的感谢。

书中不妥之处,敬请学术同人与读者不吝赐教。

朱颖俊

2017 年 6 月于武汉

目　录

第一章　导论 1
　　导入案例：王厂长的工作为何应接不暇 3
　　第一节　组织设计与工作分析的重要性 4
　　第二节　组织设计与工作分析的定位 11
　　第三节　组织设计与工作分析的内容框架 13
　　本章小结 16
　　拓展与延伸 16
　　案例分析：IBM 的组织创新 17

第二章　组织设计基础理论 19
　　导入案例：斯隆的组织革命 21
　　第一节　组织概述 23
　　第二节　组织理论的演进 30
　　第三节　组织理论新发展 44
　　本章小结 49
　　拓展与延伸 49
　　案例分析：网络时代组织结构创新的方式 49

第三章　组织设计的权变因素 53
　　导入案例：腾讯的组织变革 55
　　第一节　环境与组织设计 57
　　第二节　战略与组织设计 65
　　第三节　技术与组织设计 72
　　第四节　规模与组织设计 80
　　第五节　生命周期与组织设计 83
　　第六节　人员素质与组织设计 85
　　本章小结 88
　　拓展与延伸 89
　　案例分析：中兴通讯的组织变革 90

第四章　组织结构设计 105
　　导入案例：变身矩阵结构　青啤总部集权 107
　　第一节　组织结构设计概述 108

第二节　组织职能设计 …………………………………………………… 113
　　第三节　纵向组织结构设计 ……………………………………………… 115
　　第四节　部门设计 ………………………………………………………… 119
　　第五节　组织协调方式设计 ……………………………………………… 129
　　第六节　面对全球竞争的组织结构设计 ………………………………… 132
　　第七节　基于流程的组织结构设计 ……………………………………… 135
　　本章小结 …………………………………………………………………… 151
　　拓展与延伸 ………………………………………………………………… 152
　　案例分析：腾讯的组织架构变迁 ………………………………………… 152

第五章　组织岗位与编制设计 ………………………………………………… 157
　　导入案例：A 公司总部到底需要多少员工？ …………………………… 159
　　第一节　岗位与岗位设计 ………………………………………………… 159
　　第二节　岗位设计理论 …………………………………………………… 162
　　第三节　岗位设计的过程和方法 ………………………………………… 165
　　第四节　定编和定编原则 ………………………………………………… 172
　　第五节　定编方法 ………………………………………………………… 174
　　本章小结 …………………………………………………………………… 178
　　拓展与延伸 ………………………………………………………………… 178
　　案例分析：B 公司定岗定编项目 ………………………………………… 179

第六章　组织设计实务：以巨正环保公司为例 ……………………………… 183
　　导入案例：巨正环保的组织结构再设计 ………………………………… 185
　　第一节　组织结构诊断分析 ……………………………………………… 185
　　第二节　组织结构框架设计 ……………………………………………… 189
　　第三节　部门、岗位及编制设计 ………………………………………… 196
　　第四节　公司治理结构主要制度设计 …………………………………… 206
　　本章小结 …………………………………………………………………… 210
　　拓展与延伸 ………………………………………………………………… 210

第七章　工作分析的流程及方法 ……………………………………………… 211
　　导入案例：一份招聘启事 ………………………………………………… 213
　　第一节　工作分析概述 …………………………………………………… 213
　　第二节　工作分析的流程和方法 ………………………………………… 220
　　第三节　工作分析信息量化的方法 ……………………………………… 236
　　第四节　工作分析的结果与应用 ………………………………………… 245
　　本章小结 …………………………………………………………………… 258
　　拓展与延伸 ………………………………………………………………… 258
　　案例分析：新蓝德公司工作分析 ………………………………………… 258

第八章　工作分析实务：以××煤炭公司为例 ········· 265
　　导入案例：××煤炭公司工作分析时间进度表 ········· 267
　　第一节　工作分析的背景 ········· 267
　　第二节　组织层次的工作分析 ········· 269
　　第三节　部门层次的工作分析 ········· 270
　　第四节　岗位层次的工作分析 ········· 271
　　本章小结 ········· 275
　　拓展与延伸 ········· 276
参考文献 ········· 277

第一章 导 论

知识目标

1. 了解组织设计与工作分析的重要性;
2. 理解组织设计与工作分析在管理职能、组织理论及人力资源管理中的重要地位;
3. 掌握组织的系统思维方式。

学习目标

1. 掌握组织设计与工作分析的基本知识、基本方法、基本技术及其应用;
2. 具备组织设计及工作分析的能力。

第一章
绪 论

导入案例:王厂长的工作为何应接不暇

某地方生产传统工艺品的企业,伴随着我国对外开放政策的实施与发展,逐渐发展壮大起来。该企业的销售额和出口额近十年来平均增长15%以上,员工也由原来的不足200人增加到了2 000多人。企业还是采用过去的类似直线型的组织结构,企业一把手王厂长既管销售,又管生产,是一个多面全能型的管理者。而最近企业发生了一些事情,让王厂长应接不暇。其一,企业生产基本是按订单生产,基本由厂长传达生产指令。碰到交货紧的时候,往往是厂长带头,和员工一起挑灯夜战。虽然能按时交货,但产品质量不过关被退回,企业还被要求索赔;其二,以前企业招聘人员人数少,所以王厂长一人就可以决定了。现在每年要招收大中专学生近50人,还要牵涉到人员的培训等,以前的做法就不行了。其三,过去总是王厂长临时抓人去做后勤等工作,现在这方面工作太多,临时抓人去做,已经做不了、做不好了。凡此种种,以前有效的管理方法已经失去了作用。

(资料来源:http://wenku.baidu.com/view/a2d4097fc281e53a5802ffed.html)

案例目的:
1. 熟悉组织设计的必要性、原则及影响因素。
2. 掌握组织结构的常见类型、各自的优缺点及其适用条件。
3. 体会设计合理的组织结构对企业经营的意义。

案例问题:
1. 分析组织设计的必要性。
2. 简述组织设计的原则。
3. 从组织工作的角度说明该企业存在的问题以及建议措施。

组织设计与工作分析是什么?一个形象的比喻就能清晰地说明其内涵:一个组织好比一座房子,组织设计就如房屋设计,组织结构好比房子的框架,部门就是各个不同的房间,岗位设置就是在各房间摆椅子,工作分析就是判断坐在椅子上的人应做哪些工作、应给什么回报及坐在这把椅子上的人应具哪些条件。不同的组织如同形状、结构各异的房屋,其框架体系、各部分排列顺序、空间位置、结合方式、隶属关系等都各有不同,即使相同的组织在不同发展阶段的结构、人员也会发生变化,如同一座房屋在使用目的发生变化后,内部结构、外部形状也会进行相应整修一样。

本章将主要阐述组织设计与工作分析的重要性、定位和主要内容框架。

第一节 组织设计与工作分析的重要性

一、组织设计与工作分析的意义

社会上任何组织,包括企业、学校、医院等,其生存最基本的两件事是:第一,组织本身必须具备与外界交换的能力;第二,组织在对内部成员分配资源时,必须考虑平衡,使成员愿意在组织内效力,并发挥最大的贡献。为了使组织内的成员能够有效地工作,组织必须建立一个职能明确、层次分明且富有前瞻性、协调性、支援性、制约性的组织结构。

组织结构是帮助管理者实现组织目标的手段,建立合理、高效的组织结构是组织长远发展的必要条件。组织结构设计即是管理者对构成组织的各要素进行排列、组合,明确管理层次,分清各部门、各岗位之间的职责和相互协作关系,并使其在实现组织战略目标的过程中,获得最佳的工作业绩。

组织设计是通过对组织资源(如人力资源)的整合和优化,确立组织某一阶段的最合理的管控模式,从而实现组织资源价值最大化和组织绩效最大化。具体来说,就是对组织的结构和活动进行构建、变革和再设计,包括结构设计、部门设计和岗位设计。组织设计的目的就是要通过构建柔性、灵活的组织,动态地反映外在环境变化的要求,并且能够在组织演化成长的过程中,有效积聚新的组织资源要素,同时协调好组织中部门与部门之间、人员与任务之间的关系,使员工明确自己在组织中应有的权力和应负的责任,有效地保证组织活动的开展,最终保证组织目标的实现。

组织结构的高效运作还需要系统的管理程序、经营程序及有效的激励机制的支持。为此组织还必须进行科学合理的工作分析,包括:编写所有岗位的岗位定义,详细地描述每个岗位的职责及业绩指标;设计核心管理与运营流程,清楚地界定每个部门及人员在流程中的角色及职责;安排岗位合适人选;通过有效的说服与沟通,与组织各级人员达成对组织变革的共识;制定详细的、具有明确进程目标及相关责任人的实施方案。

从最新的观念来看,组织设计与工作分析实质上是一个组织变革的过程,它是把组织的任务、流程、权力和责任重新进行有效组合和协调的一种活动。根据时代和市场的变化,进行组织结构设计或组织结构变革(再设计)的结果是大幅度地提高组织的运行效率和经济效益。

二、组织设计与工作分析的作用

(一)使组织适应环境的变化从而保持持续的竞争力

古典组织理论认为,组织是个封闭的系统(见图1-1)。

现代组织理论逐渐认识到:

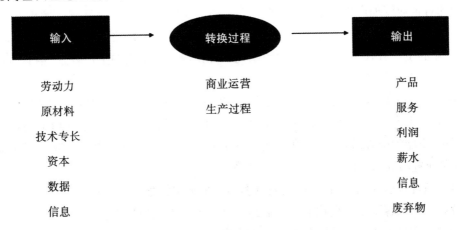

图 1-1 系统视角的组织

第一,组织是个开放性的复杂社会系统(见图 1-2),受环境影响和制约。组织同组织环境之间不停地进行着物质、能量和信息的交换,并对组织环境的变化做出反应。同时,组织的调整变化也会反作用于组织环境。这样组织与组织环境之间形成了永不停息的相互作用关系。

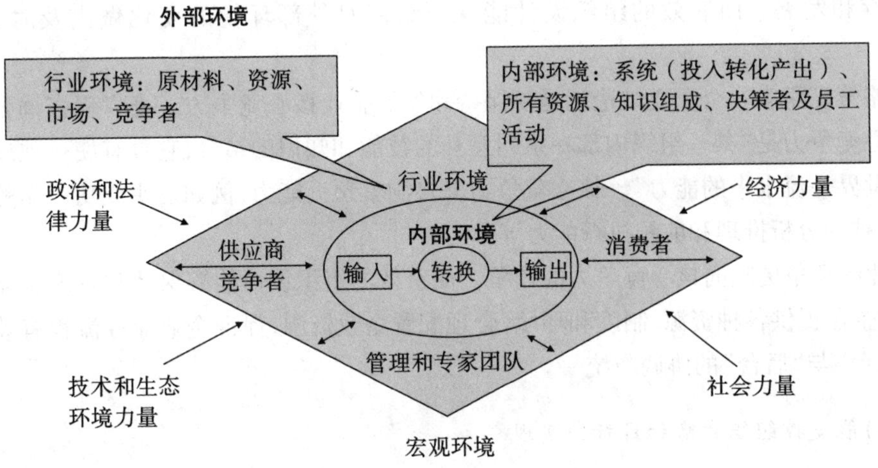

图 1-2 开放性社会系统视角的组织

第二,组织内部存在若干子系统。各子系统同组织系统是相互作用的,各子系统之间也相互作用,这些相互作用引起组织系统和组织各子系统的变化调整,进而又引起相互作用关系。

第三,组织系统是适应性的复杂系统。组织环境、组织系统和组织内诸要素的相互作用使组织具有自我调整功能,不是被动对变化反应,而是积极试图将一切变化转为对自己有利的局面。组织作为这种适应性复杂系统具有多层次性、通过学习适应而"改善和重组自己的建设砖块"、积极预期等特点。

信息技术的蓬勃发展已经将人类社会从工业经济时代带进了信息时代,加速了经济全球化的进程,引起了人类生活方式和生产方式的极大变化,也改变了企业外部的生存与发展环境,因此对企业管理产生了重大的影响。

首先,企业的内联网改变着企业内部人与人、人与物、物与物之间传统的沟通方式,从而改变着企业的生产方式、管理方式和组织结构。知识成为最主要的生产要素,信息应用技术全面增强了企业的生产力。

其次,企业外联网改变着企业与其上游企业、下游企业乃至一般顾客的沟通方式,从而改变着企业的生产方式、管理方式和组织结构。信息技术在企业组织与管理中的作用从传统的以办公职能为中心,转向渗透和影响企业的核心业务。信息技术不仅改变了企业管理方法、资源配置与利用方法,更改变了企业组织:

(1)组织规模迅速缩小,转变成面向顾客的更加平缓的学习型结构;

(2)竞争和顾客要求的变化驱使企业组织越来越快地做出反应;

(3)组织成员无法容忍等级制结构而谋求变革。

另一方面,信息技术的发展也使得企业内部组织发生了变化,企业的生产、经营方式和竞争的形式都随之改变。企业开始从大规模生产向个性化生产转变,从以产品为中心到以客户为中心转变,从传统人、财、物竞争到信息竞争转变,从单个企业的竞争到供应链的竞争转变,从区域竞争向全球化竞争转变,以及从规模取胜到速度取胜转变,等等。世界在变,公众的需求在变,竞争环境更是在变。企业组织只有不断地预见变化、适应变化,才能生存和发展。而有效的组织设计能保证组织对外部环境的变化做出及时、充分的反应。

战略管理学中一个重要结论就是要保持和发展企业核心竞争力。麦肯锡咨询公司认为企业核心竞争力是"某一组织内部一系列互补的技能和知识的结合,它具有使一项或多项业务达到世界一流水平的能力"。核心竞争力来自洞察预见能力,例如发明成功产品的创造性才能、卓越的分析推理和前线执行能力等。

企业的竞争更趋向核心竞争力的竞争。而有效的组织设计能够保持和发展企业核心竞争力,为企业提供各种资源、制度和环境,合理配置企业资源,保证企业业务流程有效、顺畅,增强"前台"与"后台"的协调与统一。

(二)能支撑组织战略和目标的实现

企业组织难以持续发展的原因很复杂,但主要原因有以下三个方面:

(1)目标战略定位不明:企业缺乏对产业愿景和自身定位的认识,无法建立和组织未来竞争所需的资源和竞争力;

(2)组织结构紊乱:组织结构不能配合企业战略的实施,难以整合并提升资源;

(3)业务流程松散:业务部门之间联系松散,职能重叠,缺乏信息共享机制,无法为企业创造附加价值。

解决上述问题的关键在于两个方面:一是拟定一个企业经营战略、业务管理模式、组织结构、业务流程、信息系统、绩效考核、制度建设和企业文化等多方面紧密配合的整体方案;二是根据企业的战略来重整业务流程和组织结构,以企业资源系统为龙头来建立内部信息共享(如图1-3)。

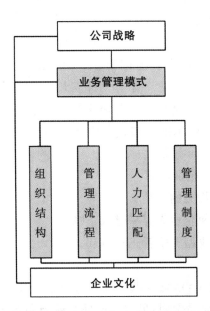

图1-3 组织设计与变革的成功要素

因此,结构追随战略,以企业战略导向决定组织结构和功能的设置,这种基于战略的组织设计能保证战略的有效实施,从而实现企业组织的目标(见图1-4)。

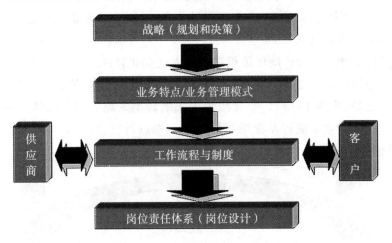

图1-4 基于战略的组织设计

(三)能保证组织以统一的形象面对客户并满足客户需求

现代企业组织必须认识到,将卓越价值传递给顾客是确保企业长期盈利和生存的唯一办法。企业一要摒弃工业经济时代的竞争导向,即企业必须完全了解竞争者的产品供应能力,为顾客开发有卓越价值的业务;二要摒弃利润导向,即对所有的活动进行管理,以便严格控制所有的成本并以合理的有竞争的价格为顾客创造价值。代之以顾客导向,如IBM提出:"我们是要在为用户提供最佳服务方面独步全球。"

以信息技术为主导或派生的各种技术,对企业的影响渗透到了企业组织和经营管理的各个方面,例如:在制造方面,小型化技术缩小了工厂的最优化规模,减少了库存;制造资源计划(MRPⅡ)、准时制生产方式(JIT)、柔性制造系统(FMS)和计算机集成制造系统(CIMS)技术的应用使得企业能即时生产顾客所需的产品。在设计方面 CAD/CAM 技术使设计周期大为缩短,更节省了设计费用。在销售方面,信息技术缩短了订货、交货的时间,帮助企业建立遍布全国乃至全球的销售网络,比如沃尔玛正是建立了遍及全美的销售网络而击败西尔斯。在企业内部,信息技术提供的电子邮件,电子会议等使得沟通与控制更为经济和有效。

另外,有四个因素影响到企业组织:

(1)顾客需要更加价廉物美的产品;

(2)技术进步和信息化使企业更容易进入市场;

(3)新的资金雄厚的进攻型竞争者正在崛起;

(4)市场壁垒逐步缩小。

以上这些因素的结果就是:信息技术使顾客与企业可以通过网络直接接触,一方面使中介机构大量消减,降低了交易费用;另一方面使企业与顾客之间的界限变得模糊。对于企业来说,顾客的需要将变得越来越不确定和不可预知,大量的高品质的产品和服务给予顾客更多的选择机会,顾客不会再像以往那样忠诚。因此,满足顾客的需要不再仅仅是运用市场调查研究就可以实现的,设计出顾客所需的产品更应采用一种"实时共建的方式",即让顾客参与到产品的研究、开发和设计中来,运用企业高品质的技术服务和灵活的业务流程同顾客一起创造未来。

基于信息技术的组织设计能保证组织适应上述变化且以统一的形象面对客户并满足客户的需求。组织结构不是因,而是果。它是会因为经营战略、流程、信息技术及业绩考核的变化而转变的(见图1-5)。企业组织未来的转型策略必须在确认自身战略目标的基础上,对组织架构、业务流程及业绩评估三个元素进行整合,并取得信息技术的充分配合与支持,才能全面提升管理水平。

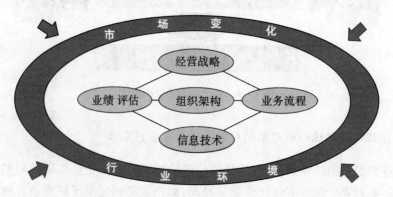

图1-5 基于信息技术的组织设计

(四)为企业高效运营奠定基础

组织结构是一个持续改进和演变的过程(见图 1-6)。古典组织理论追求一种理想的组织结构模式,现代组织理论的演变则体现出了"不存在一种普遍适用的最好的组织设计方法和组织结构模式"的思想。组织设计受到组织环境、组织及组织内子系统及其相互作用的影响。鉴于这些影响因素的差异性在信息时代益加明显与普遍,可以相信,不存在一种普遍适用的组织结构模式,因此,组织设计是一个动态过程。由于不存在唯一模式,而且组织复杂多变,组织设计本质是寻找组织系统、组织内各子系统和组织环境之间的平衡或者一致性。而这种平衡或一致性是永远无法达到的,所以组织设计就是在动态过程中实现。

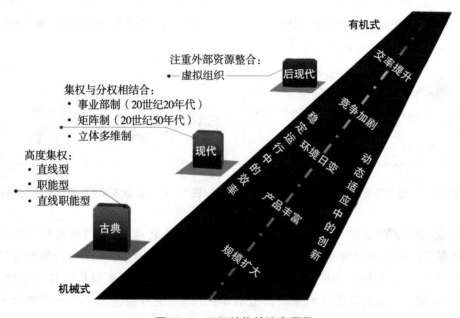

图 1-6 组织结构的演变历程

传统的组织结构形式主要包括直线型组织结构(如 20 世纪 80 年代的美国政府和 IBM、通用汽车等),职能型组织结构(法约尔在其经营的煤矿公司时创立),直线职能型组织结构(如 20 世纪初的美国钢铁公司、标准石油、福特汽车等),事业部型组织结构(20 世纪 20 年代由通用汽车创立,1996 年海尔曾采用),超事业部型组织结构(通用电气是这种组织的典型代表),矩阵型组织结构(20 世纪 90 年代 IBM 曾采用,房地产公司、工程建设公司多采用),立体多维制组织结构(IBM 等跨国大型企业多采用)等。近年来,信息技术的发展,使得企业组织结构出现了众多新模式,例如网络关系模式、虚拟结构等。

一些新型的组织结构形式也应运而生,如谷歌采用的"鸟巢"结构(见图 1-7),用小团队组织结构来吸取所有的智慧,推动企业探索未来;亚马逊采用的"金字塔"结构(见图 1-8),以客户为中心,使客户能够在线查找和发现任何东西;脸书采用的"蜘蛛网"结构(见图 1-9),就是一张网络,纯粹以任务为导向,没有固定的领导指挥体系和从属体系,团队比较松散,让人们更好地分享,更加开放和互联;微软采用的"藩镇割据"结构(见图1-10),其使命是让每个人、每个企业或机构都能去实现更多。

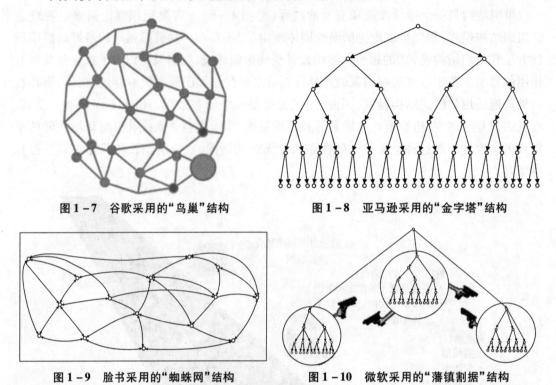

图1-7 谷歌采用的"鸟巢"结构　　　　图1-8 亚马逊采用的"金字塔"结构

图1-9 脸书采用的"蜘蛛网"结构　　　图1-10 微软采用的"藩镇割据"结构

组织结构模式的演变和发展体现出了层次结构逐渐衰退、规模缩小和形成网络的趋势,更体现了内部市场机制在企业中的逐渐引入与发展的趋势,产生这一现象的深层次原因是企业降低交易费用的要求。优良的组织设计是最终保证组织目标实现的基础,其既可通过节省组织结构的官僚成本来获得低成本的优势,也可通过增加公司价值创造的技巧来获得分工的优势及溢价出售的能力,从而为企业高效运营奠定基础(见图1-11)。

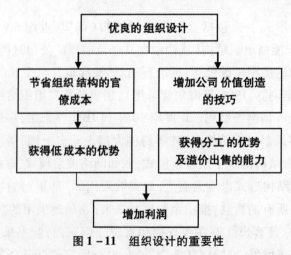

图1-11 组织设计的重要性

第二节 组织设计与工作分析的定位

一、在管理职能中的定位

亨利·法约尔(Henri Fayol)认为,管理包括四个基本职能,即计划、组织、领导(指挥、协调)和控制(见图1-12)。计划是管理活动的首要职能,其主要内容是确定组织目标,制定组织发展战略,并分解成具体经营计划。战略目标、计划一旦确定后,就是管理的第二个职能过程组织了,组织职能主要决定组织为实现战略目标需要做什么、怎么做、由谁去做。而组织设计与工作分析就是管理的组织职能活动的具体体现,以及计划职能的落实保障,也是管理的其他职能如领导职能和控制职能的基础。因此,组织设计与工作分析在管理职能中的定位非常清晰。另外,组织结构设计必须服从组织战略,二者只有在生产和管理实践中紧密结合,才能实现组织效益的最大化。

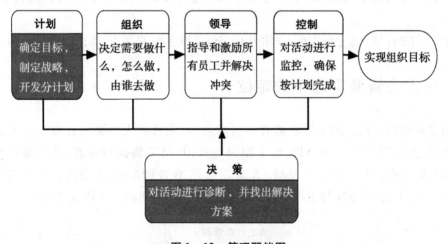

图1-12 管理职能图

二、在组织理论中的定位

组织理论并不是事实的汇总,而是关于组织的一种思维方式。组织理论提供深入而准确的洞察和分析组织的方法,这种观察和思维方式是以组织设计和行为方式及规律为基础的。组织理论是对组织的宏观上的研究,因为它将整个组织作为一个分析单位。组织理论涉及组织和部门中的人员总和,以及组织分析层的结构和行为差别,因此,可以将组织理论分成组织形态学和组织行为学两部分(见图1-13)。组织形态学的研究重点是静态的结构研究,目的是建立高效的组织结构;组织行为学的研究重点是动态的行为研究,目的是建立合理的组织行为。

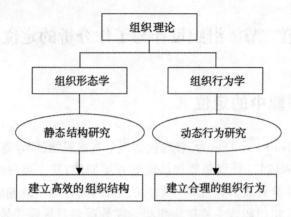

图1-13 组织理论图

组织结构着眼于组织的宏观层面,重点是分析包括组织结构与环境、正式化、专门化、标准化、层级、复杂性、集权化、职业化、人员比率、规模、组织技术、环境、目标和战略等。

组织行为着眼于组织的微观层面,重点是分析组织中的个人、群体和组织的行为规律性。组织行为探讨诸如激励、领导方式、个性等概念,以及有关组织中人们的认识和情绪的差别等。

因此,组织设计与工作分析在组织理论中的定位也很清晰,是属于组织形态学的范畴。

三、在人力资源管理中的定位

人力资源管理是组织的重要职能管理活动之一,完整的人力资源管理包括人力资源战略与规划、组织设计与工作分析、员工招聘与录用、员工培训与开发、员工福利薪资管理、员工绩效管理、员工激励与发展、人事调整档案管理和员工关系合同管理(见图1-14)等。可见,组织设计与工作分析是人力资源管理活动的一个重要组成部分。

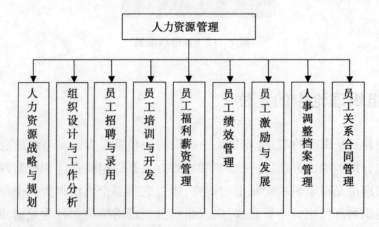

图1-14 人力资源管理内容

另外,组织设计与工作分析是人力资源管理其他模块活动的前提和基础(见图 1-15)。在企业发展战略确定后,企业必须基于发展战略进行组织设计与变革,设定组织结构并确定部门任务目标,根据部门职责进行岗位设定与工作分析,并撰写岗位说明书以界定岗位职责、权限、工作内容、年度任务目标、岗位技能要求任职资格、待遇等。

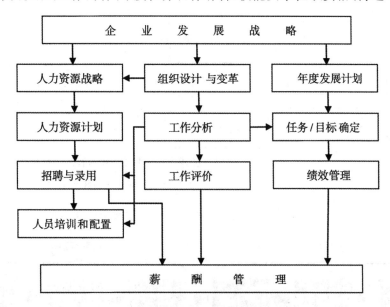

图 1-15 人力资源管理模块关系图

人力资源战略是企业为实现其战略目标而在雇佣关系、甄选、录用、培训、绩效、薪酬、激励、职业生涯等方面所做决策的总称,依据企业发展战略和组织设计与变革的结果,通过科学的分析预测组织在未来环境变化中人力资源的供给与需求状况,制定必要的人力资源获取、利用、保持和开发策略,确保组织在需要的时间和需要的岗位上,对人力资源在数量上和质量上的需求得到满足,使组织和个人获得不断的发展与利益。

员工招聘与录用的依据是人力资源计划和岗位说明书;员工培训也须根据岗位说明书对技能的要求进行培训;根据岗位说明书进行岗位评价,评价出每个岗位的价值、确定岗位等级,从而建立工资等级制度,制订相应的工资福利等薪资方案;以及根据企业年度发展计划设定部门和岗位的年度工作要实现的目标,进行目标绩效考核,根据考核结果决定奖金和晋升。

第三节 组织设计与工作分析的内容框架

组织设计和工作分析在整个企业管理中的逻辑关系如图 1-16 所示。

进一步的,组织设计与工作分析的流程和内容可以分成战略层面和运营层面两个部分(见图 1-17),组织结构设计属于战略层面,工作分析属于运营层面。

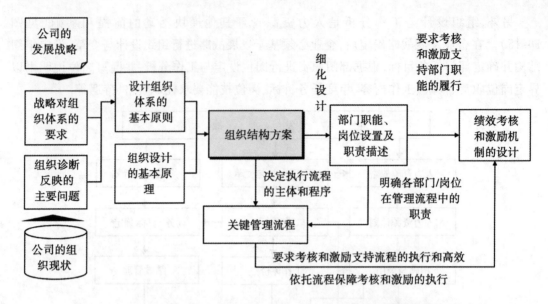

图1-16　组织设计和工作分析在整个企业管理中的逻辑关系

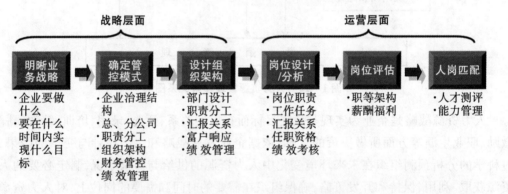

图1-17　组织设计与工作分析的流程和内容

具体的,在企业业务战略明确后,组织结构设计应从价值链分析开始,分析企业的业务流程和管理支持流程,设计公司治理与决策体系,确定公司管控模式,进行部门职能定位,根据部门职责设计岗位体系(见图1-18)。

图1-18　组织结构设计的流程和内容

可见,组织结构设计不仅仅是部门设置和定员定岗这么简单,而需要从流程开始,把握管控机制的核心,进行分层次的思考,提出系统解决方案(见图1-19)。

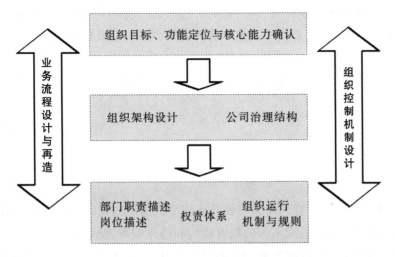

图1-19　组织结构设计的逻辑体系

在部门职责和岗位体系确定后,就需要进行工作调查和工作分析了,工作分析的最终结果就是形成职位说明书(见图1-20)。

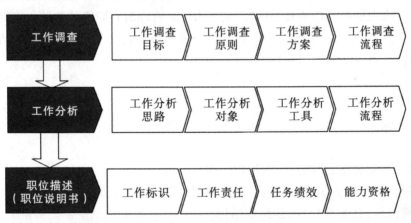

图1-20　工作分析的流程和内容

根据上述组织设计与工作分析的流程和内容,本书用八章进行深入阐述。

第一章导论阐述组织设计与工作分析的重要性及其定位,以及内容框架。

第二章介绍组织设计的基础理论,详细阐述组织理论的演进及新发展,为组织设计与工作分析提供理论支撑。

第三章介绍组织设计的权变因素,包括环境、战略、技术、员工素质、企业生命周期、规模等方面,这些权变因素既是组织结构诊断分析的依据,也是组织设计时必须考虑的因素。

第四章介绍组织结构设计的内容和方法,主要包括垂直的层级设计,横向的部门设计,协调方式的设计,以及基于战略和流程的组织设计方法。

第五章介绍岗位与编制设计,本章首先介绍了岗位和岗位设计的含义、内容和重要性等,以及岗位设计的理论基础和实操方法;然后介绍了定编定员的原则和方法。

第六章是组织设计实务,用具体的案例来熟悉组织设计全过程的各个环节。

第七章是工作分析,主要介绍工作分析的流程、方法、结果与应用,特别是岗位说明书的详细编写方法。

第八章是工作分析实务,通过具体的案例来让读者熟悉工作分析的流程、方法、结果与应用。

本章小结

为了实现组织的目标,管理者需要设计出相应的组织结构。在组织中,对同样数量的人,采用不同的组织结构,形成不同的权责结构和协作关系,就可能产生完全不同的效果。组织结构的作用是使组织资源形成一个有机的整体,从而有效地发挥整体功能大于个体功能之和的优势。优良的组织设计是保证组织目标最终实现的基础。

组织设计与工作分析既是管理活动组织职能的具体体现,又是计划职能的落实保障,也是管理的其他职能如领导职能和控制职能的基础。组织设计与工作分析属于组织形态学的范畴,是人力资源管理的核心内容,是人力资源管理所有职能的基础和前提。

组织设计与工作分析的流程和内容可以分成战略层面和运营层面,组织结构设计属于战略层面,工作分析属于运营层面。

拓展与延伸

1. 了解中国、日本、美国政府的组织结构。
2. 了解自己所在大学、名古屋大学、斯坦福大学的组织结构。
3. 了解海尔、TOYOTA、GE 的组织结构。
4. 了解中国红十字会、联合国的组织结构。
5. 了解漕帮、天地会、红花会的组织结构。
6. 画出某个你熟悉的组织的结构图,分析它的结构类型,简单说明其结构的优缺点,并试着提出改进之处;写出该组织行之有效的一条制度,并分析其成功的原因;写出该组织某岗位的职责及角色特点。
7. 熟读华为基本法第三十九条"组织建立的方针",第四十条"组织结构的建立原则",第四十一条"职务的设立原则"。

案例分析:IBM 的组织创新

IBM 作为全球最大的计算机制造商,拥有 39 个生产基地,3 个基础研究部,22 个产品研究所和 13 个科研中心,在 132 个国家设有分支机构。在如此庞大的规模下,IBM 努力使其管理创新与产品技术、企业规模和经济形势相适应,在不同的阶段都会推出新的管理构架。自 20 世纪 70 年代以来,其整个创新过程可分为四大阶段:

第一阶段 20 世纪 70 年代开始,由于科技的快速发展(特别是在电子领域),产品的更新周期日益缩短,世界范围内众多企业产品层出不穷。IBM 在此局势下,为了加快开发新产品的速度,扭转被动局面,首先进行组织改革试点,建立开发新产品的"风险组织",以激发公司产品创新的活力。IBM 的风险组织包括两种形式:一是独立经营单位;二是战略经营单位,它们均是拥有较大自主权的相对独立的业务单位。其中,独立经营单位为 IBM 首创,它既具有小企业的灵活性,又具有大公司的实力。公司总部除了提供必要的资金和审议其发展方向外,不干涉其任何具体经营活动,故有"企业内企业"之称。设立这种组织的目的在于激发小组织内部个人的创造性和企业家精神,使大企业在总体上更有活力。这一举措使 IBM 在小型机和微型机等急速发展的高科技领域中推出了很多有竞争力的产品。

第二阶段 20 世纪 80 年代,IBM 进一步按专业化、效率化、科学化、民主化和智能结构合理化的要求,对管理体制进行大规模的调整和改革。首先,IBM 改革了最高决策机构,把原本由董事长和总裁组成的办公室和作为协调机构的经营会议改组为企业管理办公室,原成员由 6 人增加到 16 人。这一改组是为了吸收更多的经理参与最高决策,从而改进决策层的智力结构,加强集体决策。其次,公司建立政策委员会和事业运营委员会,前者是企业管理办公室决策的战略指导机构,后者是企业管理办公室的执行机构。再次,公司调整了行政层级,形成"公司总部—事业部—地区子公司—工厂"的四级管理体制。同时,公司突出了信息和通信事业部的重要地位,并裁减、合并和淘汰了下属事业部。在这个时期,IBM 公司得以进一步明确了个人电脑、中小型机和通信产品的发展方向。

第三阶段 IBM 公司进一步改革子公司等部门的领导体制,公司总部允许事业部扩大自身的销售职能,如新建的信息系统事业部增设了地区销售部门,同时公司总部对新的事业部和地区子公司体系采用分散化管理原则,使它们在开发、生产和销售上比原有的子公司具有更大的自主权,以适应市场迅速变化的需要。

第四阶段 进入 20 世纪 90 年代以后,IBM 把经营管理的重点延伸至发展与经营伙伴的关系上。70 年代以前公司的产品实行自身行销,80 年代开始寻求与外部厂商的合作,至 90 年代则彻底改革了与合作营销商的关系。原先 IBM 的各产品部门按销售地区寻找各自的代理商,这不仅限制了代理商的发展,也阻碍了 IBM 技术与产品的推广。而当时 IT 市场竞争激烈,产品差异缩小,因此寻求长期的合作伙伴关系成为高科技产品营销的关键。为了适应这种情况,IBM 公司于 1998 年开始推行"种子计划",大力扶持那些能够充分覆盖大中城市以外地区客户的营销伙伴,以及支持具有开发行业应用解决方案能力的代理商。此外,IBM 公司还对其已有的总代理商和各类合作企业提供多层次的技术和管理培训,并将国际上成功的经验系统介绍给合作伙伴,以巩固长期合作关系。

作为一个高科技公司,IBM 的长盛不衰在很大程度上得益于它适时的管理创新,企业具备了在不同阶段都能进行不同管理创新的能力。

请根据上述案例,回答下列问题:

1. 在 IBM 公司管理创新的第一阶段,你认为它主要进行了哪种创新?请阐述这种创新的内涵及主要源泉。运用这种创新的相关理论知识,并结合材料,来具体分析 IBM 公司。

2. 在 IBM 公司管理创新的第二阶段,你认为它主要进行了哪种创新?请阐述这种创新的内涵及发展趋势。运用这种创新的相关理论知识,并结合材料,来具体分析 IBM 公司。

3. 在 IBM 公司管理创新的第三、第四阶段,你认为它主要进行了哪种创新?请阐述这种创新的内涵及主要内容。运用这种创新的相关理论知识,并结合材料,来具体分析 IBM 公司第三、第四阶段创新的主要动力,以及成功的原因。

第二章
组织设计基础理论

知识目标

1. 掌握组织相关概念、分类；
2. 掌握不同时期的组织理论。

学习目标

灵活运用组织理论来指导实践。

第二章
目视设计基础原理

导入案例:斯隆的组织革命

1921年,被称为"现代组织之父"的美国通用汽车公司总裁斯隆为了提高公司的竞争力,进行了组织机构的改革,提出了"集中政策、分散管理"的事业部制。这是一次管理体制的伟大变革,它是以组织机构形式固定下来的决策与执行的专门化的纵向分工。分工,同时意味着分权,因此,这又是一次集权与分权之间的组织革命。斯隆的革命提高了组织效率,但也留下了没有回答的问题。

1. 通用汽车的管理史,集权与分权的平衡

通用汽车的管理史,实际上是试图在不断变化发展的工业环境之中,设法在集权和分权这两个极端之间达成相互平衡的领导体制发展史。

通用汽车最初采用的是分权制。创始人威廉·杜兰特把许多小企业并入了通用汽车公司,并且允许它们的经营管理一如从前,只要在很模糊的意义上有一点公司的整体观念就行了。这点儿整体的观念可以在现金的控制方法上体现。每一个业务单位均可处置管理现金,所有收入都存在本单位的账户名下,并从那里支付一切开销。公司没有直接收入,也没有实在的现金调拨程序。它不能随便命令一个部门调出现金给另一个需要现金的部门。如果公司需要用现金来支付股息、税款或其他费用,那么公司的司库便只有向各业务单位提出索取现金的要求以敷急用。但是,各个单位均希望保持尽可能多的现金来满足自身的需要,而且它们的所有财会人员都非常精于拖延向上级汇报手头现金余额的伎俩。因此,司库就只好自己推测一个部门手里有多少现金,以此决定他能向这个部门索取的数额。他得去找到这些部门的负责人,先讨论一些其他的一般问题,然后在谈话快结束时假装漫不经心地提起关于现金的话题。他们永远会对他提出的索取数额表示吃惊,有时候还会试图抵制,借口拿不出如此巨额的现款。

分权的优点是能使企业的决策在各基层单位进行。但是,它也能引起某种现实的危险。这些决策有可能只是根据某一特定工作部门自身的最佳利益做出的,而对公司整体的最佳利益未予以考虑。由于存在着讨价还价、相互扯皮的局面,要使公司能以一个整体有效地做出全部现金的决策是件伤脑筋的事。事实上,各部门主管都像是独立部落的酋长,完全不听"王命"了,通用汽车的组织是一盘散沙。后来,通用汽车不得不建立一个高度集权的现金管理体制,即以通用汽车的名义开立账户,由总会计室负责控制,所有收入一律记入公司贷方,招兵买马有支出也都在公司名下的各户头上支付。这样,各户头的主

管会计之间便可以在全国范围内迅速而简便地调拨现金。当一个单位急需现金时,就从另一个存有现金的单位调拨过去。至于各地分公司收付金额上下限的规定,公司间结算手续的简化,以及现金预约计划的制定等业务,全部都在公司总会计室的控制之下。

集权方式有着指挥灵活和决策迅速等优点,但它同时给最高负责人背上了极为沉重的担子。在许多决策上,这位最高负责人可能表现得像一位天才人物,然而在另一些决策上,他又可能是任意的、非理性的和迟钝的。集权能建立起一系列的协调机制,如协调购置设备,统一广告宣传活动,监督设计和施工等。但是如果不想让总部的管理人员打击各部门的管理积极性,那么分权显然又是必要的。

2. 发动机事件与斯隆革命

通用汽车公司在饱受分权之苦后采用了高度集权管理,随之而来的也是一大堆问题。19世纪20年代初关于引擎冷却问题的一场争论使该公司出现的裂痕,充分说明了这一点。

那时,通用汽车公司总部的研究部门搞出了一种革新型的风冷发动机,并且得到了当时董事长埃尔·杜邦的大力支持。于是,总部决定在全公司范围内推广,硬性要求各分厂全部改型生产这种新式发动机。然而,各生产单位的主管人员却对此表示抵制。他们的理由是这一新型发动机尚未在生产和使用上得到检验。斯隆自己没有足够的能力在技术上去考察这一新型发动机的优劣之处,但他从管理人员的角度进行了一番分析。他得出的结论是:公司的指挥中心如果强行要求下级管理部门执行改型的决定,而毫不顾及后者的抵触情绪,那么便无异于越俎代庖。这种程度的集权管理显然是不合适的,也是不切实际的。因此,他转而全力支持各生产单位的立场,并建议在公司的研究发展部下组建一个特别机构,以这种新型发动机为基础,迅速研究与之配套的汽车。这个建议被采纳了,而且实际进行的结果终于证明这种发动机在当时的技术条件下是很不实用的。发动机事件引起了斯隆的思考,他认为高层管理的基本任务是给高级行政人员提供努力工作的动力和个人发展的机会。所谓"动力"主要是通过优先认购股权等办法给他们的工作以某种刺激性的补偿;而"机会"则指通过分权化的管理体制使他们得以充分发挥自己的聪明才智。好的领导是建立在集权与分权的和谐一致的基础之上的。

为了在这两个极端中达成正确的结构平衡,斯隆提出了"集中政策,分散管理"的事业部制。这是一次管理体制的伟大变革。公司的最高层——董事会或总经理——负责企业大政方针的决策,而计划、组织、财务、销售等日常管理事务则由各事业部负责。其实质是经营权和管理权的分开,即决策与执行的分离,领导与管理的分离。决策与执行的分离使组织决策和执行都更为有效,既保证了上层统一领导,又保证了下层根据自己的实际情况充分行使自主权,调动了下属执行者的积极性,也使决策能够更有效地付诸实施。这种新的管理体制使通用汽车公司超过了当时的福特汽车公司,跃居汽车工业之首。

3. 斯隆没有解决的问题

斯隆革命提出的"集中政策,分散管理"的企业事业部制实现了决策与执行的分离,大大提高了组织工作效率,因而被世界各国大公司所采用。

哈佛大学企业史教授钱德勒说:"一项制度在这样短的时间内就变得这样重要,这样广泛,这在世界历史上是少有的。"但是,斯隆的企业事业部制不能保证决策科学化,不能保证组织的长治久安,因为它贯彻的是决策和执行两权分离,而不是决策、执行和监督三权分离。决策与执行的分离是决策科学化和权力制衡的一个充分条件,但是,只有决策和执行的分离却不足以建立一套自我调节与反馈的机制。决策正确,效果显著,自然皆大欢喜,但决策错误,"一着不慎,满盘皆输"的事并不少见。而因为缺少第三种权力即监督权,决策权与执行权很可能只是貌似分离,实质上无法分割,相互依存。如何保障决策科学化和组织的长治久安,这是斯隆没有回答的问题,但又是现代组织迫切需要解决的问题。

(资料来源:http://bbs.pinggu.org/thread-1367470-1-1.html)

本章将主要阐述组织的概念、构成要素、作用意义、类型,以及组织理论的演进和最新发展。

第一节 组织概述

一、组织的定义

"人,力不若牛,行不如马,而牛马为用,何也?曰:人能群。"
"君者,善群者。群而无分则争,争则乱,乱则离,离则弱,弱则不能胜物。"

——荀子

荀子的话说明了组织的重要作用。组织这一形式早在古代文明国度中就已经出现,如在古代的中国、希腊和印度。但是,到了现代工业化社会,我们才能找到相当数量的、用来执行许多完全不同任务的组织。今天,组织已经成为现代社会中一个突出的特点,正如美国著名社会学家塔尔科特·帕森斯(Talcott Parsons)所说:"组织已经发展成为高度分化社会中的主要机制,通过这个机制,人们才有可能完成任务,达到目标。"

组织一词使用甚广,含义各异。但是大致可分为两类:一是作为一个动词,指组织工作或活动;二是作为一个名词,指一个组织体。

作为动词使用的组织,极为常见。在管理学研究中,"组织"作为一个动词,最早见于法国古典管理学家法约尔提出的"组织是管理的重要职能"。法约尔认为"组织一个企业,就是为企业的经营提供所有必要的原料、设备、资本、人员"。美国管理学家哈罗德·孔茨(Harold Koontz)、西里·奥唐奈(Cyril O'Donnell)认为,"高明的人和愿意合作的人一定会非常有效地在一起工作的,因为他们知道自己在相互协作中所起的作用,知道彼此职务之间的联系……设计和保持这种职务系统基本上就是管理人员的组织工作的职能"。在现代组织理论看来,作为动词使用的"组织"这一概念至少可以有三种不同的解释:一是组织是井然有序地、高效率地安排人员、资源、知识和任务的管理活动;二是组织是一切有组织活动的总称;三是组织是泛指有组织的任何事务和活动。

作为名词使用的组织是常见的。法约尔认为组织有物质组织与社会组织,一般管理学中谈到的是社会组织。人们将一个企业、学校、医院或政府机关都称为组织,还将组织划分为营利组织与非营利组织、正式组织与非正式组织等。作为一个名词的组织有多种说法。简单地说,组织就是一个有效的工作群体。法约尔在管理研究中提出,把人们组织成有效的工作群体一直是管理过程的核心。古典组织理论的研究者詹姆斯·D. 穆尼(James D. Mooney)认为,组织是一种人群为了达到某种共同目标联合起来的形式。切斯特·I. 巴纳德(Chester I. Barnard)认为,组织就是有意识地协调两个或两个以上的人的活动或力量的协作系统。詹姆斯·G. 马奇(James G. March)和赫伯特·A. 西蒙(Herbert A. Simon)认为,组织理论的对象为"相互关联的活动的系统,这种系统至少包含几个主要的群体,而且通常具有这样的特点,按照参与者的自觉程度,其行为高度理智地朝向人们一致认识到的目标"。这里,我们注意到,巴纳德、孔茨、马奇和西蒙都强调组织是一种特定的体系。我们认为,组织这种特定的体系可以有两种理解:一是把组织作为现存事物的存在,它是事物内部(及其与外部)按照一定结构与功能关系构成的体系;二是过程性的演化体系,它是指事物朝着空间、时间上或功能上的有序组织结构方向演化的过程体系。后一种情况,往往又被称为"组织化"。

一些学者提出了静态的观点,他们认为组织是指社会集团,指一套人与人和人与工作的关系的系统或模式,如工厂、学校等。他们主要分析社会各种组织的断面结构,侧重对组织各种职责权限的分配、部门层级的关系等问题进行研究。约翰·M. 高斯(John M. Gaus)是持这种观点的代表人物,他认为组织就是经过工作和责任的分配,以便于实现共同的目标而进行的人事配合。

还有学者从动态的角度来研究组织,认为组织是一个动态系统,是组织管理者把分散的、没有内部联系的人、财、物、时间、信息、知识、环境等因素,在一定空间和时间内联系和配置起来而创造的一个有机整体。他们注重从组织成员的交互行为、组织活动的过程上来研究组织的意义。其主要代表人物有伦纳德·怀特(Leonard White),他在《公共行政研究导论》(*Introduction to the Study of Public Administration*)一书中提出:"组织是人们工作关系的配合,是人类所要求的人格联合,不是非生物的堆积。"

此外,还有些学者从发展的角度看待组织,认为组织不仅有静态的结构,动态的运动与功能,而且还是一个有机的生长体,是随时代环境的演变而不断地适应、自动调整的社会团体。他们主要强调组织的性质及结构形态不是一成不变的。其代表人物为帕森斯,他认为,组织必须能解决四个基本问题,否则就不能称之为组织,即如何适应环境;如何决定目标并动用所有可利用的资源来全力完成它;如何协调和统一组织中各个成员的关系,发挥其干劲,使组织成为一个动作一致的整体,完成共同目标;如何维持组织成立时的目标不放弃。

最后,还有人从心理的观点对组织做了定义。他们认为组织是组织成员根据自己特定的地位,扮演一定的角色,并由此构成的等级体系的人际关系网络。同时,成员明确自己的归属,成员之间在心理上发生共鸣,产生一定的情感、意识以及对目标的认同,并能彼此相容,有着接近或一致的价值观念和规范。此类定义强调了组织的协调作用。代表人物为巴纳德,他认为:组织是两人以上有意识的协调力量和活动的合作系统;组织并非单纯的集团,而是协力关系,是人与人之间相互作用的体系。

由此可知,组织可定义如下:一群人为了达到共同目标,通过权责分配和层次结构所构成的一个完整的有机体。它随时代及环境的改变而不断自行调整和适应,同时人员之间建立起一种团体意识和规范。

二、组织的构成要素

组织主要由有形要素与无形要素构成。有形要素主要包括:①实现预期目标所需实施的工作;②实施工作的人员;③必备的物质条件;④责权结构。无形要素主要有:①共同的目标;②组织成员工作的主动性与积极性;③良好的沟通网络和制度;④和谐的人际关系;⑤有效配合和通力合作。

另外,组织有三个条件:

(一)人群集合

组织由至少两名成员组成。它是应社会生活的需要而产生,从事一般单个个体无法承担的社会活动,或者因组织的形成而在社会活动中发挥比单个个体更大的功能。

(二)目标

组织的活动总是朝向一定的目标。这种活动目标既反映了社会分工的结果,又决定了组织作为社会存在的必要性和合理性。在这个目标的指导下,组织才可以将其成员或部门的行为统一和协调起来,并使组织成员的个人利益与组织利益相一致,至少不发生冲突和对抗。实现了组织的目标,也就有可能实现组织成员个人的目标。在追求组织目标的过程中,组织既要满足组织成员的基本需要,这样才能维系成员对组织的向心力,又要抑制组织成员的某些需要,这样才能有效地把不同成员结合在一起,共同实现组织目标。

(三)分工协调

组织内部总有一定的结构和分工,组织通过一定的规章制度等规范系统,确定成员之间、部门之间的关系,工作活动的范围、地位、权力和利益的分配。

三、组织的基本作用

抽象地研究组织,我们可以发现组织有两种基本作用,即人力汇集作用和人力放大作用。

(一)人力汇集作用

社会中单个的人对于自然来说,力量是渺小的,单个的人有时甚至不能维持自己的生存。在自然选择面前,人们需要联合起来,相互协作,共同从事某些活动。这种联合与协作是以各种组织的形式完成的,它实际上是个人力量的一种汇集,"积细流以成江河",把分散的个人汇集成为集体,进而在同大自然的搏斗中实现个人存在的价值。

（二）人力放大作用

组织的力量绝不等于个体力量的算术和,正如亚里士多德指出的:"整体大于各个部分的总和。"因此,社会组织具有一种放大人力的作用,即对汇集起来的个体力量的放大。人力放大是人力分工和协作的结果,而任何人力的分工和协作都必然发生于一定的组织体系之中。

四、组织的功用

现代社会是有组织的社会,现代竞争也是有组织的竞争。作为个人,或许可以天马行空,独来独往,只要不触犯法律,不为生计犯愁,可以游离于任何组织之外。但作为一个人才,只要从事某项工作或某种事业,就必然从属于某个组织。离开了组织,个人的孤身奋斗将一事无成。反过来说,每个组织都由许多个人组成,组织的竞争必然依赖于组织的成员,组织的竞争力也就与其成员的总体素质直接相关。但一个人才荟萃的组织并不必然是一个具有最强竞争力的组织,这就是组织的产生带来的最基本的问题,这也可以说是组织管理学产生的根源。

一个企业不管其人、财、物等资源多么丰富,总是需要经过一定的组织活动才能产生综合使用效益。组织之于企业,就像人的骨骼系统之于身体一样,是企业生存发展不可缺少的重要条件。实践证明,良好的组织可以奠定企业腾飞的基础,不良的组织不仅会造成机构臃肿、人浮于事,还会带来无休止的扯皮、冲突和内耗,影响企业的生存和发展。现代企业管理组织是合理组织生产力,顺利进行生产经营活动的必要手段,是维护和发展生产关系的必要工具,是实现企业使命和目标,完成企业任务的重要保证,是提高企业经济效益的有力手段。就好像石墨与钻石都是碳原子构成的,但两者的硬度和价值无法相提并论,根本原因在于它们原子之间结构的差异。

优良的组织具有两大基本功用:一是组织的力量汇集作用,即把分散的个体汇集成集体,拧成一股绳,让一加一等于二。二是组织的力量放大作用,即整体大于各个部分的总和,让一加一大于二。

如何评判组织是否有效?主要从以下三个方面来评判。

（一）绩效标准

绩效标准是对组织所取得的成果与所运用的资源之间转化关系的一种更全面的衡量。组织绩效的高低,表现在效果、效率两个方面。

所谓效率(Efficiency)是指投入与产出的比值。例如,设备利用率、工时利用率、劳动生产率、资金周转率及单位产品成本等,这些是对组织效率的具体衡量。由于组织所拥有的资源通常是稀缺、有价的,所以管理者必须关心这些资源的有效利用。对于给定资源的投入,如果你能获得更多的成果产出,那么你就有了较高的效率。类似的,对于较少的资源投入,你要是能够获得同样的甚至更多的成果产出,你便也有了效率。

然而,管理者仅仅关心组织活动的效率还是不够的,管理工作的完整任务必须是使组织在高效率的基础上实现正确的活动目标,这也就是要达到组织活动的效果(Effectiveness)。效果的具体衡量指标有销售收入、利润额、销售利润率、产值利润率、成本利润率、资金利润率等。利润就是销售收入与所销售产品或服务总成本的差值。利润是经市场检验的衡量效果的一项客观的指标。

效率和效果是两个有联系但并不相同的概念。效率涉及的只是活动的方式,它与资源的利用相关,因而只有高低之分而无好坏之别。效果则涉及活动目标和结果,不仅具有高低之分,而且可以在好和坏两个方向上表现出明显的差距。如果说高效率是追求"正确地做事",好效果则是保证"做正确的事"。在效果为好的情况下,高效率无疑会使组织的有效性增大,但从本质上说,效率性和有效性之间并没有必然的联系。有时,一个企业的效率可能比较高,但如果所生产的产品没有销路,或者说不能满足顾客的需要,这样效率越高反而会导致有效性越差,因为此时产品生产得越多,库存积压也就越多,从而企业赔钱也越多。所以,一个有效的管理者,一方面应该既能够指出应当怎么做才能使组织保持高的效率,另一方面又能指出应当做什么才能取得好的效果,这样组织才具有最大的有效性。

(二)性能标准

性能标准有两个指标,分别是组织的稳定性和适应性。稳定性(Stability)是指使高效、稳定的运行制度化。适应性(Adaptability)是指使变革和创新制度化。

(三)形态标准

形态标准含有三个指标,分别为复杂性(Complexity)、集权化(Centralization)、正规化(Formalization)。

五、组织的类型

对组织的进一步理解还来自于组织归类。正确划分组织类型,有利于发现各种组织之间共性、个性及差别,从而能够更全面地了解组织现象,摸清组织结构,搞好组织设计。

组织分类就是对组织的式样、种类进行归纳和组合。

不同的人可以从不同的角度根据不同的标准将组织划分出多种类型。美国学者帕森斯按组织的社会功能,将组织划分成生产组织、政治组织、整合组织和模型维持性组织。其中,生产组织是指从事物质生产的企业组织和服务型组织;政治组织是指为了保证整个社会达到自己的目标进行权力分配的组织,如政府机关组织等;整合组织是指协调各种冲突、引导人们向某个既定目标发展的组织,如政党等;模型维持组织是指维持固定的形式,确保社会发展的组织,如社团等。

彼得·布劳(Peter Blau)等人按组织成员的受益程度将组织划分为互利组织、商业组织、服务组织和公益组织四种类型。

A. 埃齐奥茨(A. Etziozi)按组织成员的控制方式不同,将组织分为强制性组织、功利性组织和规范性组织三类。

除了以上几种常见的分类方法之外,也可以按照组织的性质、目标和活动内容将组织划分经济组织、政治组织、科技文化组织、群众组织和宗教组织等。

(一)按照组织成员关系的不同划分

在组织行为学中,按照组织成员关系的不同,将组织划分为正式组织和非正式组织是比较典型的组织分类方法。

1. 正式组织

正式组织是指为了实现工作目标,按有关规定确定组织成员的关系,明确各自的职责、权利与义务的一种群体机构。通常当人们能够相互沟通信息,乐于尽职以及具有共同的目的时,正式组织便产生了。正式组织有其特定的结构,并要求指挥系统规范化、组织成员纪律化和管理科学化。

正式组织的特点有:目标明确且一致;有计划、有组织、有纪律;有固定的工作程序和结构;注重效率和利益,以及部门之间的协调;分担角色任务,形成成员关系的层次;建立权威,贯彻命令,组织内个人的职务可以轮换或取代等。

2. 非正式组织

根据霍桑实验,在组织内部存在着非正式组织的因素。所谓非正式组织是指组织成员关系为非官方规定,在自发的基础上为满足某种需要而有意或无意形成一种不定型的组织。非正式组织的特点有:具有自发的、不定型的、满足某种需要的关系;任何正式组织的形成一定伴随着非正式组织的产生,既可能产生于正式组织内,也可能独立于正式组织之外;其行为规范与正式组织可能一致,也可能不一致;非正式组织以情感为维系的纽带,来满足不同个人的心理需要,具有很强的聚合力等。

(二)按组织对环境的不同适应划分

美国学者 T. 伯恩斯(T. Burns)和 G. 斯托克(G. Stalker)最早提出,按照组织对环境的不同适应可将组织划分为机械组织和有机组织。他们在研究科学技术对组织成员及组织结构的影响时提出一种新的组织概念,即机械组织结构(Mechanical Organization System)和有机组织结构(Organic Organization)。他们两人研究了英国及苏格兰的许多公司,那些公司过去的作业方法、科技及市场环境等均很稳定。当时,这些公司均准备进入电子产业,而电子产业的科技发展速度较快,进而市场环境也不稳定,这必然促使公司转型。经研究发现,各公司在转型期间,管理组织系统呈现出重大变化。原先这些公司所采用的是机械组织结构,在科技的推动下,各公司逐渐发展演变成了另外一种管理组织系统,即有机组织结构。

1. 机械组织

机械组织结构特点是:组织结构刚性强;有正式的职位说明;组织系统内强调理性和逻辑关系;强调组织机构的健全;强调程序规则、职责划分和职权明确等。在这样的结构下,每个人做什么、怎么做、在谁的领导和指挥下去做、要做到一个什么程度,均一一做出明确规定,人与人之间的关系及行为是以理性为基础来进行规范的。

机械组织结构图如图2-1所示:

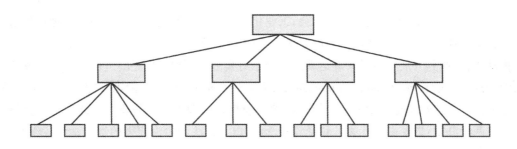

图2-1 机械组织结构简图

2. 有机组织

有机组织是指对外部和内部能够灵活应变的柔性或活性组织,组织内部结构有利于发挥成员的个性、能动性和创新性,是一种人性组织形态。它具有以下特点:强调非理性因素和非逻辑关系;强调情感因素和弹性;不会过于程序化和分工过细等。有机组织的管理人员需要更频繁的交流,沟通也必须改变过去那种单纯以垂直沟通为主的做法,而应改成横向沟通为主。公司管理者在这样高度变化的环境中,为了维持组织的生存和发展,还必须改变原有的直线参谋的关系,以保持更大的灵活性和适应性。人与人之间的关系注入了更多的感情色彩,非正式的关系大为增加,员工的行为规范也不再过分依赖纪律、权威与强制,而是更多地依靠自我调节、自我指挥、自我控制。

有机组织结构图如图2-2所示:

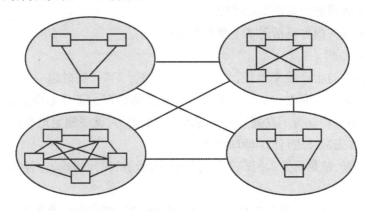

图2-2 有机组织结构简图

第二节 组织理论的演进

一、古典组织理论

19世纪末、20世纪初的西方社会,工业化革命进程的推进让企业取得了迅速的发展,同时也对企业组织的管理提出了新的要求。在弗雷德里克·W. 泰勒(Frederick W. Taylor)的推动下,企业界开展了科学管理运动。法约尔对其多年管理工作经验进行总结而写成的《工业管理与一般管理》(Administration Industrielle Et Générale)一书,标志着完整的古典组织理论的形成。法约尔也因此成为概括和阐述一般组织管理理论的先驱。至此,古典组织理论形成两大分支:以泰勒为代表的科学管理学派,以及以法约尔为代表的组织学派。组织学派的另一位大师级人物马克斯·韦伯(Max Weber)从纯理论角度提出了理想的行政组织体系,这种官僚模型具有明确的职务和权力等级,专业化程度高,分工明确,制度规范。韦伯认为,理想的组织模型是超越了人事因素的普遍适用的高效率组织形式,对个人的感情和个性因素不予考虑。值得一提的是,美国的詹姆斯·D. 穆尼(James D. Mooney)、卢瑟·H. 古利克(Luther H. Gulick)和英国的林德尔·F. 厄威克(Lyndall F. Urwick)对古典组织理论进一步系统化、条理化的研究,使之成为更加完整的组织理论。

(一)泰勒的科学管理理论

科学管理理论是由美国的泰勒首先提出,并在他和他的追随者的不断努力下形成的一个理论体系。因此,在很多管理学著作中,泰勒都被称为"科学管理之父"。1895年、1903年他先后发表了"计件工资制度"和"车间管理"等文章,1911年,他出版了现在被认为是管理学经典著作的《科学管理原理》(The Principles of Scientific Management)。

泰勒的科学管理思想如图2-3所示:

泰勒科学管理的内容概括起来主要有五条:

1. 工作定额原理

泰勒发现当时的生产效率很低,工人们经常"磨洋工"。经过进一步的研究和分析,他认为主要原因是由于雇主和工厂对工人一天究竟能做多少工作心中无数,而且工人工资太低,多劳也不多得。为了发掘工人们劳动生产的潜力,就要制定出有科学依据的工作量定额。为此,首先应该进行时间和动作研究。

所谓时间研究,就是研究人们在工作期间各种活动的时间构成,它包括工作日写实与测时。

工作日写实,是对工人在工作日内的工时消耗情况,按照时间顺序进行实地观察、记录和分析。通过工作日写实,可以比较准确地知道工人的工时利用情况,找出时间浪费的原因,提出改进的技术组织措施。如某位工人在工作时间内,进行工作准备用了多少时

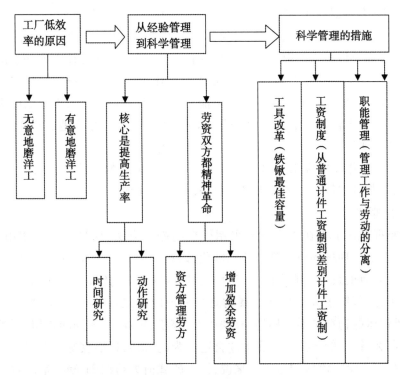

图 2-3 泰勒的科学管理思想

间,干活用了多长时间,聊天用了多长时间,满足自然需求用了多长时间,停工待料用了多长时间,清洗机器用了多长时间等等,都可以通过工作日写实清楚地记录下来,然后加以分析,保留必要时间,去掉不必要的时间,从而达到提高劳动生产率的目的。

测时,是以工序为对象,按照操作步骤进行实地测量并研究工时消耗的方法。测时可以研究、总结先进工人的操作经验,推广先进的操作方法,确定合理的工作结构,为制定工作定额提供参考。

所谓动作研究,是研究工人干活时动作的合理性,即研究工人在干活时,其身体各部位的动作,经过比较、分析之后,去掉多余的动作,改善必要的动作,从而减少人的疲劳,提高劳动生产率。

泰勒进行了一项很有名的实验。当时,他在伯利恒钢铁公司研究管理,初到该公司,发现搬运铁块的工作量非常大,有 75 名搬运工人负责这项工作。每个铁块重 40 多公斤,搬运距离为 30 米,尽管每个工人都十分努力,但工作效率并不高,每人每天平均只能把 12.5 吨的铁块搬上火车。泰勒经过认真的观察、分析,最后计算出一个好的搬运工每天应该能够搬运 47 吨,而且不会危害健康。他精心地挑选了一名工人开始实验。泰勒的一位助手按照泰勒事先设计好的时间表对这位工人发出指示,如搬起铁块、开步走、放下铁块、坐下休息等等。到了下班时间,这名工人如期地把 47 吨铁块搬上了火车。而且从这以后,他每天都搬运 47 吨。泰勒据此把工作定额提高了将近 3 倍,并使工人的工资也有所提高。

工作定额原理认为工人的工作定额可以通过调查研究的方法,科学地加以确定。

2. 能力与工作相适应原理

泰勒认为,为了提高劳动生产率,必须为工作挑选第一流的工人。第一流的工人包括两个方面,一方面是该工人的能力最适合做这种工作;另一方面是该工人必须愿意做这种工作。因为人的天赋与才能不同,他们适合做的工作也就不同。身强力壮的人干体力活可能是第一流的,心灵手巧的人干精细活可能是第一流的,所以要根据人的能力和天赋把他们分配到相应的工作岗位上去。而且还要对他们进行培训,教会他们科学的工作方法,激发他们的劳动热情。

所谓能力与工作相适应原理即主张改变工人挑选工作的传统,而坚持以工作挑选工人,每一个岗位都挑选第一流的工人,以确保较高的工作效率。

3. 标准化原理

标准化原理是指工人在工作时要采用标准的操作方法,而且工人所使用的工具、机器、材料和所在工作现场环境等都应该标准化,以利于提高劳动生产率。

泰勒在这方面也做过一项实验。当时伯利恒钢铁公司的铲运工人每天上班时都拿着自己家的铲子,这些铲子大小各异。泰勒观察一段时间之后发现,这样做是十分不合理的。每天,所铲运的物料是不一样的,有铁矿石、煤粉、焦炭等,相同的体积、每铲的重量却相差很大。那么,铲上的载荷究竟多大才合适?为此,他几星期改变一次铲上的载荷。最后,泰勒发现,对于第一流的铲运工人来说,铲上的载荷大约在 21 磅时生产效率最高。根据这项实验所得到的结论,泰勒依据不同的物料设计了几种规格的铲子:小铲用于铲运重物料如铁矿石等,大铲用于铲运轻物料如焦炭等。这样就使每铲的载荷都在 21 磅左右。以后工人上班时都不自带铲子,而是根据物料情况从公司领取特制的标准铲子。这种做法大大地提高了生产效率。这是标准化原理的一个典型例子。

4. 差别计件付酬制

泰勒认为,工人磨洋工的重要原因之一是付酬制度不合理,计时工资不能体现按劳付酬,干多干少在时间上无法确切地体现出来。计件工资虽然表面上是按工人劳动的数量支付报酬,但工人们逐渐明白了一件事实:只要劳动效率提高,雇主必然降低每件的报酬单价。这样一来,实际上是提高了劳动强度。因此,工人们只要做到一定数量就不再多干。个别人想要多干,周围的人就会向他施加压力,排挤他,迫使他向其他人看齐。

泰勒分析了原有的报酬制度后,提出了自己全新的看法。他认为,要在科学地制定劳动定额的前提下,采用差别计件工资制鼓励工人完成或超额完成定额。如果工人完成或超额完成定额,计酬标准可比正常单价高出 25%。不仅超额部分,而且定额内的部分也按此单价计酬。如果工人完不成定额,则按比正常单价低 20% 计酬。泰勒指出,这种工资制度会大大提高工人们的劳动积极性。雇主的支出虽然有所增加,但由于利润提高的幅度大于工资提高的幅度,所以对雇主也是有利的。

5. 计划和执行相分离原理

泰勒认为应该用科学工作方法取代经验工作方法。经验工作方法的特点是,工人使用什么工具、采用什么样的操作方法都根据自己的经验来定。所以,工效的高低取决于他们的操作方法与使用的工具是否合理,以及个人的熟练程度与努力程度。科学工作方法就是前面提到过的在实验和研究的基础上,确定标准的操作方法和采用标准的工具、设备。泰勒认为,工人凭经验很难找到科学的工作方法,而且他们也没有时间研究这方面的问题。所以应该把计划同执行分离开来。计划由管理当局负责,执行由工长和工人负责,这样有助于采用科学的工作方法。这里的计划包括三个方面的内容:

- 时间和动作研究;
- 制定劳动定额和标准的操作方法,并选用标准工具;
- 比较标准和执行的实际情况,并进行控制。

以上所述就是科学管理的主要内容。泰勒认为科学管理的关键是工人和雇主都必须进行一场精神革命,要相互协作,努力提高生产效率。当然,雇主关心的是低成本,工人关心的是高工资。关键是要使双方都认识到提高劳动生产率对双方都是有利的。泰勒对此有这样的论述:"劳资双方在科学管理中所发生的精神革命是,双方都不把盈余的分配看成头等大事,而把注意力转移到增加盈余的量上来,直到盈余大到这样的程度,以至不必为如何分配而进行争吵……他们共同努力所创造的盈余,足够给工人大量增加工资,同样给雇主增加大量利润。"这就是泰勒所说的精神革命。遗憾的是,泰勒所希望的这种精神革命一直没有出现。

科学管理理论对组织理论所做的主要贡献:

根据劳动分工和专业化的原理,泰勒要求在企业中单独设置智能机构,把计划职能(即相当于现在的管理职能)同执行职能(及工人的生产操作)分开。让不同的人员分别专门执行这两种不同的职能,这是人类首次从理论上运用专业化原理对企业组织结构进行系统构造的行为,这对提高组织效率、促进组织发展有重大的理论意义和实践意义,也是现代组织理论的基本原则之一。

提出例外原则,主张组织内部的权力适当分散和下授。泰勒认为,高度集中的管理方式不利于提高组织运行效率,应该在上下级之间实行合理分工,实行一定程度的权力下授,即上级把一般的日常事务授权下级管理人员去处理,而只保留对例外、特殊的管理事务的决策权,以及对下级工作的监督权。这就是组织管理中的著名"例外原则",至今仍然是组织管理的一个基本原则。

(二)法约尔的管理过程理论

泰勒研究企业组织,主要着眼于企业内部的生产过程;而法约尔研究企业组织的视野要宽广得多,他以整个企业为研究对象,提出了整个企业的管理职能和管理原则。1916年出版的《工业管理和一般管理》一书,是阐述其基本思想的代表著作。

法约尔的管理思想概括起来主要有以下几点:

1. 企业的六大职能活动

法约尔将"经营"和"管理"的概念区分开来,他认为经营是指导或引导一个整体趋向一个目标,而管理则是经营的一部分。经营包含六种活动:

(1)技术活动,包括生产、制造和加工;
(2)营业活动,包括购买、销售和交换;

(3) 财务活动,包括资金的筹集、控制和运用;

(4) 安全活动,包括设备和人员的安全;

(5) 会计活动,包括编制财产目录、制作资产负债表、成本核算和统计表;

(6) 管理活动,包括计划、组织、控制、指挥和协调等要素(职能)。

法约尔认为,与六种活动相对应的六种能力,即技术能力、营业能力、财务能力、安全能力、会计能力和管理能力应是所有经营人员所必须具有的,但因其活动不同而有所侧重。一般的原则是:对基层工人主要要求其具有技术能力;对管理人员,随着其在组织层次中职位的提高,技术能力的相对重要性就降低,而管理能力的要求则逐步加大,并且随着企业规模的增大,管理能力显得更加重要,而技术能力的重要性则降低。

2. 管理的五大职能

(1) 计划职能。它包括预见和计划两部分。预见未来成为决策职能的一部分,而计划则发展成为计划职能。计划的制定不仅应该考虑各方面的因素,还应将全面计划和专门计划相结合、短期计划和长期计划相结合、灵活性和精确性相结合。

(2) 组织职能。它包括有关组织结构、活动和相互关系的规章制度,以及职工的招聘、评价和训练。组织活动就是要为组织提供所需的原料、工具、资本、人员等,以确保组织目标的实施。

(3) 控制职能。控制是核实情况的发展是否与计划、原则相符合,以便及时发现问题和错误,并加以解决和纠正,保证实际情况与计划活动始终一致。法约尔强调,为了进行有效的控制,必须做到迅速、及时、公正、独立和全面。

(4) 指挥职能。指挥是管理者使组织中的成员履行其职责,并通过组织运转而实现组织的整体目标。法约尔还归纳出指挥者必须遵循的原则:正确拟定雇佣合同;充分了解下属并要求其团结、努力、忠诚和富于主动性;实行不充分的授权;解雇不称职者;坚持以身作则;定期检查工作;充分利用助手;避免陷于琐事。

(5) 协调职能。协调是让企业人员团结一致,力图使组织的所有活动和努力得到统一与和谐。法约尔认为收入与支出之间、计划与组织之间、授权与集权之间都需要协调,这就像机器的运转不能缺少润滑油一样。

法约尔对于管理职能的分类以及部分管理职能的分析,为现代管理理论奠定了基础,直到现在还对管理理论产生着重要的影响,现代管理理论仍然沿袭着法约尔的管理理论框架。

3. 一般管理的十四条原则

法约尔在他的《工业管理与一般管理》一书中,提出了一般管理的十四条原则:

(1) 劳动分工。实行劳动的专业化分工可以提高效率。这种分工不仅适用于技术工作,也适用于管理工作。但专业化分工要适度,不是分得越细就越好。

(2) 权力与责任。权力与责任是互为依存、互为因果的。权力是指"指挥他人服从的力量"。而责任则是随着权力而来的奖罚。法约尔认为,一个人在组织阶梯上的位置越高,明确其责任范围就越困难。避免滥用权力的最好办法是提高个人的素质,尤其是道德方面的素质。

法约尔将管理人员职位权力和个人权力划出明确的界限。职位权力由个人的职位高低决定。个人权力则是由个人的智慧、知识、品德及指挥能力等个性形成的。一个优秀的领导人必须兼有职位权力及个人权力，以个人权力补充职位权力。

(3) 纪律。法约尔认为，纪律是企业领导人同下属人员之间在服从、勤勉、积极、举止和尊敬方面所达成的一种协议。纪律是领导人创造的。无论哪种社会组织，其纪律状况取决于领导人的道德状况。一般人在纪律不良时，总是批评下级。其实，不良的纪律来自不良的领导。高层领导人和下属一样，必须接受纪律的约束。

(4) 统一指挥。无论什么时候，在任何活动中，一个人只能接受一个上级的命令。多重命令对于权威、纪律和稳定性都是一种威胁。

(5) 统一领导。凡是具有同一目标的全部活动，只能在一个领导和一个计划下进行。这对于正常组织中行动的统一、力量的协调和集中有着至关重要的意义。

(6) 个人利益服从集体利益。集体的目标必须包含员工个人的目标。但个人均不免有私心和缺点。这往往使员工将个人利益放在集体利益之上。如何协调个人与集体之间的关系在管理上至今仍然是个难题。

(7) 合理的报酬。薪酬制度应当公平，对工作成绩与工作效率优良者应有奖励。奖励应以能激起职工的热情为限，否则将会出现副作用。

(8) 集权和分权。提高下属重要性的做法就是分权，降低这种重要性的做法就是集权。集权与分权作为一种管理方法，无所谓好坏。一个组织机构，必须有某种程度的集权，但程度如何将决定管理的效果，这需要根据组织的规模、条件和管理者的个性、道德、品质及下属的素质来决定。

(9) 跳板原则。企业管理中的等级制度是从最高管理人员直到最基层管理人员的领导系列，它显示出执行权力的路线和信息传递的渠道。

在一个企业里，并行的相邻部门发生必须两者协商才能解决的问题时，可先由这两个部门直接协商解决；只有在两者不能达成协议时，才各自向双方上一级报告，由双方上级再协商解决。这样，一般的问题就能在较低的一级层次解决；只有在各级都不能达成协议以及下级难以处理时，才需由高级层次做出决定。跳板原则既能维护命令统一原则，又能迅速及时地处理一般事务，是组织理论上的一个重要原则。

(10) 秩序。法约尔认为秩序是一种对应关系。"凡事各有其位"，如设备、工具要排列有序，人员要有自己确定的位置。合理的秩序是按照事物的内在联系确定的。他认为要使人们做到这点，不仅有赖于有效的组织，而且也有赖于审慎地选人。

(11) 公平。法约尔认为公平和公道是有区别的，公道是执行已订立的协定。制定协定时人们不可能预测到将来所发生的一切事情，因此，要经常地补充、完善它，克服它的不足之处。公平就是由善意和公道产生的。公平对待下属是领导者特别要注意的基本原则。

(12) 保持人员稳定。一个人要有效地、熟练地从事某项工作，需要相当长的时间，领导者的工作更是如此，熟悉工作的过程需要更长的时间。人员多有变动的机构必然是不成功的。人员不必要的流动是管理不善的原因和结果。鼓励和保持各级员工相对稳定地为企业工作是极为重要的。

(13)创新精神。创新精神是创立和推行一项计划的动力。全体成员发挥创新精神,对整个组织来说是一种巨大的动力。

(14)人员的团结。一个机构内集体精神的强弱取决于这个机构内职工之间的和谐和团结情况。培养集体精神的有效方法是严守统一指挥的原则并加强情况的交流,多用口头沟通。在一个企业中,全体成员的和谐与团结是这个企业发展的巨大力量。

以上的十四条管理原则是法约尔一生管理实践经验的结晶,后来的很多管理文献都不同程度地采用了这些思想和有关术语,因此被认为是管理思想发展过程中的一个里程碑。

(三)韦伯的行政组织理论

韦伯科学管理的核心是强调组织管理的高效率,为此他对政府、教会、军队和经济等各种组织进行了长期的研究,他认为等级制度、权力形态和行政制度是一切社会组织的基础,并从此着手进行分析,最终将其发展为一个完整的理论体系——"理想的"行政组织理论。行政组织也可以直译为"官僚制"。

韦伯行政组织理论的主要内容:

1. 权力的基础

韦伯首先从组织的等级制度开始进行分析。他认为组织等级源于组织结构,而组织结构源于组织层次。他从各类组织中归纳出一种由主要负责人、行政官员和一般工作人员三个层次组成的结构。主要负责人的主要职能是进行决策,行政官员的主要职能是贯彻决策,一般工作人员的主要职能则是进行实际工作。

韦伯将权力归纳为三种基本形态:

(1)合理合法的权力。它是以"合法性"为依据、以规则为基础的,其前提是在已经存在了一套等级制度的情况下,人们对确认的职务和职位所带来的权力的服从。

(2)传统权力。这是以古老传统的不可侵犯性和执行这种权力的人的地位的正统性为依据、以传统的信念为基础的。对这种权力的服从实际上是对这种不可侵犯的权力地位的服从。

(3)"神授"的权力。这是以对个别人的特殊的、神圣的、英雄主义或模范品德等的崇拜为依据,以对个人尊严、典范品格的信仰为基础的,对这种权力的服从是源于追随者对信仰或被崇拜者的威信的服从。

韦伯认为,任何组织的存在都必须以某种形态的权力为基础,缺少某种权力形态的组织不但会混乱不堪,而且也难以达到组织目标。在"理想的"行政组织管理中应以"合理—合法"的权力作为基础,因为,这是一种理性的权力,管理者是在能胜任其职责的基础上被挑选出来的;这是一种合法的权力,管理者具有行使权力的合法地位;这是一种明确的权力,所有的权力都有明确的规定,并限制在完成组织任务所必需的范围内。

2. 官僚制的特征

韦伯指出高效率的组织在行政制度的管理上应具备下列主要特征:

(1)劳动分工。把实现组织目标所需的全部活动划分为各项基本的工作,并分配给每个组织成员。同时,明确规定每个职位的权力和责任,并使之合法化、制度化。

(2)职权等级。组织中各种职务和职位按照职权的等级原则严格划分,并形成一个自上而下的指挥体系。各级管理者对自己的决定和行为不仅要向上级负责,而且还要向下级负责。

(3)正式选拔。组织成员的任用应根据职务的要求,通过公开的考试或培训,以及严格的选择标准择优录用。这种不因人而异、人人平等的录用方式,不仅要求任用者必须称职,还要求其任用后不可随意被免职。并且,组织成员能领取固定的薪金。

(4)正式规则和制度。管理者必须倚重正式的规则和制度进行管理,必须严格执行组织规定的规则和纪律。

(5)非人性化。规则和控制的实施具有一致性,不能受个人感情和偏好的影响。

(6)职业定向。管理人员是"专职"的职业人员,从组织领取固定的薪金,而不是其所管理的组织的所有者。

综观古典组织理论可以发现,泰勒的科学管理学派是站在基层管理者的角度探讨适合于企业日常生产的组织管理模式;法约尔则是立足于企业组织的高层管理,对企业全部活动进行组织设计;而韦伯是从技术层面设计一种普遍适用的理想组织模式。科层制度是古典组织理论对组织结构设计提出的最重要贡献。虽然科层制度在进行工作时更精确、更迅速、更高效的科学管理摧毁了在管理中束缚生产力的封建关系,但随着人的因素在组织管理中的日益重要,科层制度的缺点也日益体现。在非人格化的管理思想指导下建立起的过分严格的规章制度与机械的组织模式使组织中的沟通易被曲解,组织冲突频繁,这就对管理提出了新的要求——对人要更加重视。在这一背景下,新古典组织理论应运而生。

新古典组织理论以古典组织理论的层级结构为基础,同时吸收了心理学、社会学关于"群体"的理论观点和知识,是在对古典组织理论进行修正与补充的基础上形成的。其主要特点是:在集权与分权的关系上主张分权;在组织形式上倾向于扁平形的组织,主张部门化;在组织结构方面,提出了"非正式组织"概念,承认并重视与非正式组织同存的组织结构。

新古典组织理论虽然有许多不完善和不成熟的地方,但把人的因素引进组织理论,可以说是对古典组织理论的质的飞跃。古典组织理论的缺点是把人当作活动的机器,完全忽视了人性、情感对组织效率的影响,而新古典组织理论在行为科学和心理学知识的指导下,深入研究了以人的感情为纽带而建立起来的非正式组织的存在原因与正副作用问题,为组织理论的发展指明了方向并奠定了理论基础。于是一个重点研究人在组织中的作用,以及如何处理人际关系和激励人的行为科学的组织理论便顺势产生了。

二、现代组织理论

(一)行为科学

行为科学理论重视研究人的心理、行为等对高效率实现组织目标的影响作用。这个研究起源于以 G. E. 梅奥(G. E. Mayo)为首的美国国家研究委员会与西方电气公司合作进行的霍桑实验。实验结论是:员工是"社会人"而非"经济人";企业中存在非"正式组织";新型的领导能力在于提高员工的满意度。霍桑效应引起了管理学者对人的行为的研究兴趣,而相应的理论研究逐步扩展到对个人行为、团体行为与组织行为的研究。这一时期代表性的研究成果有:

(1)马斯洛的需要层次理论。该理论认为,人的需要分为生理需要、安全需要、感情需要、尊重需要及自我实现等五个层次。在任何时候,主管都必须随机制宜对待人们的各种需要。

(2)赫兹伯格双因素理论。该理论把影响人员行为绩效因素分为"保健因素"和"激励因素"。前者指"得到后没有不满,得不到则产生不满"的因素,后者指"得到后满意,得不到则不满意"的因素。主管必须抓住能促进员工满意的因素。

(3)麦格雷戈的X-Y理论。该理论专门研究企业中人的特性。X理论是对"经纪人"假设的概括,而Y理论是根据"社会人""自我实现人"的假设归纳了马斯洛及其他类似观点后提出的,是行为科学理论中比较有代表性的观点。随着对人的假设发展至"复杂人",又有人提出了超Y理论。

(4)波特—劳勒模式。该模式由 L. M. 波特(L. M. Porter)和 E. E. 劳勒(E. E. Lawler)合作提出,认为激励不是一种简单的因果关系,人们努力的程度取决于报酬的价值及自认为所需要的能力和实际得到的报酬的可能性,管理者应仔细评价其报酬结构,把"努力—成绩—报酬—满足"这一连锁关系结合到管理系统中。梅奥等人的最主要贡献是认为组织不仅是个技术——经济系统,而且是个社会系统,对人的激励不仅有经济方面,还有社会和心理方面。组织成员社会心理方面的满足对组织效率的提高至关重要。巴纳德的社会系统理论与行为科学学派有着密切的联系。从严格意义上讲,"巴纳德可以称作是传统理论与发展中的行为科学理论之间过渡的理论家"。他所提出的关于协作和其他组织的理论,为行为科学组织理论发展提供了借鉴。马斯洛对人的需求五层次论,赫茨伯格的双因素理论,麦克莱兰的激励需求理论,麦格雷戈X和Y理论以及舒恩的四种人性假设理论,波特—劳勒模式等都对行为组织理论的研究做出了重要的贡献。这些理论都是在对人需求的不同理解的基础上提出了不同的组织管理的激励问题。

(二)管理理论丛林

从20世纪40年代到60年代,随着经济社会空前发展,除了行为科学理论得到长足发展外,学者们都从各自不同的角度发表了自己对管理学的见解。

第二次世界大战以后,世界逐渐趋于稳定,大多数国家都致力于大力发展本国经济,生产力水平得到了飞速提高,经济发展对管理水平及管理理论提出了更高、更新的要求。现代管理理论和思想得到了迅速发展,各种新思想、新理论层出不穷,学派林立,大致可分为这几种类型:以美国为代表的西方管理理论;以日本为代表的东方资本主义管理理论;以苏联和东欧为代表的社会主义管理理论。而西方管理理论又分为七大学派,所以,这一时期被称为是"管理理论丛林"时期。本部分主要介绍在现代管理思想中占主导地位的西方管理理论的七大学派及管理理论发展的新趋势。

现代管理理论中西方管理思想大致可分为七大学派,即管理程序学派、行为科学学派、决策理论学派、系统管理理论学派、权变理论学派、管理科学学派和经验主义学派。所谓学派也就是一种看法,并在这种看法的基础上建立起一套理论。管理理论中的各学派虽然都有自己的独到之处,但他们所研究的对象基本是一致的,并都在接受着实践的检验。

1. 管理程序学派

管理程序学派是在法约尔管理思想的基础上发展起来的。代表人物有美国的孔茨和奥唐奈。他们合著的《管理学》(*Management*)是该学派的代表作。

第二次世界大战后,法约尔的名著《工业管理和一般管理》在美国广为流传。法约尔将管理分为计划、组织、指挥、协调、控制五种职能,使管理程序学派开阔了视野,迅速成长,发展成为一个完整的学派,并普遍为人们所接受。这一学派的主要特点是:

(1)将管理视为一种程序,并把管理分为若干相互联系着的职能,主要职能都含有计划、组织和控制;

(2)将管理职能逐一进行分析,归纳出若干原则作为指导,以便于更好地提高组织效力,达到组织目标;

(3)提出了一个分析研究管理的思想构架,其内涵广泛,易于理解;

(4)强调管理职能的共同性,任何组织尽管其性质不同,但所应履行的基本管理职能是相同的。

但该学派也存在明显的缺陷:

(1)将管理看成是一些静态的不含人性的程序,忽略了管理中人的因素;

(2)归纳出的管理原则适用性有限,对静态、稳定的生产环境较为合适,难以适应动态、多变的生产环境;

(3)管理程序的通用性值得怀疑,管理职能并不是普遍一致的,不仅因职位的高低和下属的情况而异,也因组织的性质和结构的不同而发生变化。

2. 行为科学学派

行为科学学派是在人群关系理论的基础上发展起来的。代表人物有:美国的亚伯拉罕·H. 马斯洛(Abraham H. Maslow),其代表作是《动机与人格》(*Motivation and Personality*);弗雷德里克·赫兹伯格(Frederick Herzberg),其代表作是《工作的激励因素》(*The Motivation to Work*)等。行为科学学派认为,管理是经由他人达到组织的目标,管理中最重要的因素是对人的管理,所以要研究人、尊重人、关心人,满足人的需要以调动人的积极性,并创造一种能使下级充分发挥力量的工作环境,在此基础上指导他们的工作。行为科学学派和人群关系理论的共同点都是重视组织中人的因素。这一学派的特点是:

(1)由单纯强调感情的因素、搞好人与人之间的关系转向探索人类行为的规律,提倡善于用人,进行人力资源的开发;

(2)强调个人目标和组织目标的一致性,从个人因素和组织因素这两方面着手,使组织目标包含更多的个人目标,不仅改进工作的外部条件,更重要的是改进工作设计,从工作本身满足人的需要;

(3) 认为传统的组织结构和关系容易造成紧张气氛,对组织的各层职工均有不利的影响。主张在企业中恢复人的尊严,实行民主参与管理,改变上下级之间的关系,由命令服从变为支持帮助,由监督变为引导,实行职工的自主自治。

3. 决策理论学派

决策理论学派是从社会系统学派发展而来的。代表人物是美国的卡内基梅隆大学的教授赫伯特·A. 西蒙(Herbert A. Simon),其代表作是《管理决策新学科》(*The New Science of Management Decision*)。西蒙凭借在决策理论方面的贡献,荣获 1978 年的诺贝尔经济学奖。

该学派认为管理的关键在于决策,因此,管理必须采用一套制定决策的科学方法,要研究科学的决策方法及合理的决策程序。有人认为,西蒙的大部分思想是现代企业经济学和管理科学的基础。决策理论的主要观点有如下四个:

(1) 决策是一个复杂的过程。决策理论学派认为,决策是一个非常复杂的过程,包括决策前的了解、调查、分析过程,以及在此后的评价过程。决策过程从大的方面可分成四个阶段:提出制定决策的理由;尽可能找出所有可能的方案;在诸行动方案中进行抉择,选出最满意的方案;对该方案进行评价。每一个阶段都含有丰富的内容,并且各个阶段有可能相互交错,因此决策是一个反复的过程。

(2) 程序化决策和非程序化决策。西蒙认为,根据决策的性质可以把它们分为程序化决策和非程序化决策。前者是指反复出现和例行的决策,这种决策的问题由于已出现多次,人们会制定出一套程序予以专门解决。后者是指那种从未出现过的,或者其确切的性质和结构还不很清楚或相当复杂的决策。两类决策的方法在一般情况下是各不相同的,两者的划分并不是严格的。因为随着人们认识的深化,许多非程序化决策将转变为程序化决策。

(3) 满意的行为准则。西蒙认为,由于组织处于不断变化的外界环境的影响之下,收集到决策所需要的全部资料是困难的,人的知识和能力也是有限的,制定决策时,很难求得最佳方案。实际上,即使求出最佳方案,出于经济方面的考虑,人们也往往不去追求它,而是根据令人满意的准则进行决策。也就是说,制定出一套令人满意的标准,只要达到或超过了这个标准,就是可行方案。这种看法,提示了决策作为环境与人的认识能力交互作用的复杂性。

(4) 组织设计的任务就是建立一种制定决策的人机系统。由于计算机的广泛应用,它对管理工作和组织结构产生了重大影响。这使得程序化决策的自动化程度越来越高,许多非程序化决策已逐步进入了程序化决策的领域,从而导致了企业中决策的重大改革。由于组织本身就是一个由决策者个人所组成的系统,现代组织又引入自动化技术,就是要建立这种制定决策的人机系统。

4. 系统管理理论学派

系统管理理论侧重于一般系统理论和控制论。它的代表人物为弗里蒙特·E. 卡斯特(Fremont E. Kast)、詹姆斯·E. 罗森茨韦克(James E. Rosenzweig)等人,卡斯特的代表作是《系统理论和管理》。

系统管理理论认为,组织是人们建立起来的、相互联系并且由共同工作着的要素所构

成的系统,这些要素被称为子系统。根据研究的需要,可以把子系统分类。比如,可以根据子系统在企业这个系统中的作用划分为:

- 传感子系统,用来量度并传递企业系统内部和周围环境的变化情况;
- 信息处理子系统,用来进行会计、统计等数据处理工作;决策子系统,用来接受信息、制定决策;
- 加工子系统,用来利用信息、原料、能源、机器加工和制作产品等。

根据管理对组织中人的作用可划分为:个人子系统,群体子系统,士气子系统,组织结构子系统,相互关系子系统,目标子系统,权威子系统等。

系统的运行效果是通过各个子系统相互作用的效果决定的。它通过和周围环境的交互作用,并通过内部和外部的信息反馈,不断地进行自我调节,以适应自身发展的需要。

该学派将系统管理理论概括为由系统哲学、系统管理和系统分析三个方面内容构成的体系。卡斯特等人认为,所谓系统哲学是建立在系统思想上的一种观念,它主要强调系统本身是一种有组织的、综合的整体,并强调其各个组成部分之间的关系。所谓系统管理是指一种管理方式,其目的是建立一种使组织各部分和各种资源按照系统的要求,进行正常和有效运转的、具有良好的投入和产出的关系。其特征包括:在保证系统有效性的基础上强调系统的目标;强调系统整体的优化而非部分的优化;在明确管理任务的基础上强调明确管理的责任;强调人的系统是一切管理目标得以实现的基础。所谓系统分析是解决具体问题或做出决策的技术,它包括提出和认识问题、分析和综合各种因素、确定有关变量和建立模型,以及最终确定解决方案的过程。

系统哲学是系统管理理论的核心。为此,在论述系统哲学时,卡斯特曾引用了托马斯·霍布斯(Thomas Hobbes)所概括的系统原理:

(1)整体是基本,部分是派生;
(2)一体化是一种事物的各部分相互联系的状况;
(3)各部分组成一个不能分解的整体,以至没有一个部分能够在不影响其他各部分的情况下而受到影响;
(4)各部分是按照整体的目的发挥其作用的;
(5)各部分的性质和职能是由其在整体中的地位确定的,其行为是受整体和部分的关系限定的;
(6)整体是一种能的系统,或能的综合体,或能的结构,它如同单个部件一样地运转;
(7)一切事物都应以整体为基础,各部分的相互关系应自然地发展。

这种观点给我们提供了一种思想方法,即要求管理者在运用系统理论时应把强调整体、强调部分或分系统之间和整体与它们之间的相互作用的关系放在首要的位置。管理是什么?管理就是把一些本来毫无关系的因素联系起来、集合起来,但这种联系并非简单堆积,而是在一个目标下组成一定关系的一个整体。

卡斯特等人将系统管理理论应用于企业管理,进而建立起"企业系统管理理论"。这是一种把企业视为一个系统整体而进行的研究。他们认为,在企业这个系统中,系统哲学、系统管理和系统分析各有特色,且在不同的分系统中的地位和作用是不完全一致的。

他把企业分成了战略分系统、协调分系统和作业分系统。

系统哲学主要适用于战略分系统,即从系统的观念出发,采用理性的方法,设计全面的计划,将企业和环境一体化;系统管理主要适用于协调分系统,即从重实效的观点出发,采用综合的方法,强调协调企业内部相互之间的关系;系统分析主要适用于作业分系统,即根据优化准则,采用既定的模式,以有效地利用资源,完成规定的目标。

在上述观点的基础之上,所谓企业可以概括为:一个以人为主体的一体化的系统,它是一个由许多分系统组成的开放的、相互影响的社会技术系统。

在企业各部分的相互关系中,"人"是主体,其他不过是被动的组成部分。首先,企业组织的核心是"人"。卡斯特在分析企业组织的特征后,强调组织的中心是"人",并进而确定了企业组织的目标和准则分系统、社会心理分系统、技术分系统和组织结构分系统。其次,企业组织中最大的变量是人的行为变量。

企业是一个开放的系统。卡斯特认为,以往的企业管理理论都是建立在孤立的、封闭的企业系统观点之上的,它们强调只要研究企业组织内部的结构、内容等就可以解决一切问题。而企业系统管理理论则不然,它强调企业是一个系统,同时还是一个更大系统的分系统,这个系统不仅受环境的影响,而且还影响环境,它是在与环境的相互影响中达到动态平衡的。企业从周围环境系统中接受能量、信息和资源,然后经过其内部的转化系统,将形成的产品和服务输出,返还给环境系统。在这一过程中,企业的最终目标不是单纯消极地与环境相适应,而是积极地、有成效地与环境相适应,即企业按照环境系统的要求,在遵守其准则的前提下,执行其所赋予的职能,并最终完成目标、做出贡献。

企业由许多分系统组成。企业,特别是大型企业是由许多分系统组成的,而这些分系统又由许多子系统组成,在子系统下还能细分,这样就构成了企业组织的等级结构。层次的多寡应视企业的规模而定,同时还应注意层次间内在的关系。如前所述,企业一般可分为:目标和准则分系统、社会心理分系统、技术分系统和组织结构分系统等。

尽管这个学派在20世纪60年代到达它的鼎盛时期,以后逐渐衰退,但它的一些思想还是有助于管理研究的。

5. 权变理论学派

权变理论是一种较新的管理思想,它的代表人物是英国的琼·伍德沃德(Joan Woodward)等人。伍德沃德的代表作是《工业组织:理论和实践》(*Organization: Theory and Practice*)。权变理论认为,组织和组织成员的行为是复杂的、不断变化的,这是一种固有的性质。而环境的复杂性又给有效的管理带来困难,从而以前的各种管理理论所适用的范围就十分有限,例外的情况越来越多。它强调根据不同的具体条件,采取相应的组织结构、领导方式、管理机制。把一个组织看作社会系统中的分系统,要求组织各方面的活动都要适应外部环境的要求。所以说,没有任何一种理论和方法适用于所有的情况,因此,管理方式或方法也应该随着情况的不同而改变。为了使问题得到很好的解决,要进行大量的调查和研究,然后把组织的情况进行分类、建立模式,据此选择适当的管理方法。

组织领导者采用何种领导方式,应考虑两个权变因素:

第一,职工的个人特点。如受教育程度、对成就的需求、领悟能力、愿承担责任的程度、对独立的需求程度等。

第二，环境因素。包括工作的性质、正式权力组织、非正式组织等。

建立模式时应考虑如下因素：

(1) 组织的规模。组织中人的数量是影响管理的最主要因素，人多，协调的工作量就越大。当一个组织规模发展了之后，就应发展更加正规的、高级的协调技术。

(2) 工艺技术。为了达到组织目标，就要采用一些技术，把资源输入转换成顾客满意的产品或服务这种输出，如流水生产。

(3) 管理者位置的高低。这直接影响到其所采用的管理方式。

(4) 管理者的位置权力。不同的管理位置所需要的位置权力有所差别。

(5) 下属个人之间的差别。这直接关系到管理者对他们的影响。

(6) 环境的不确定程度。管理者要受到组织外部因素(政治、技术、社会、经济等)的影响。

6. 管理科学学派

管理科学学派又称数理学派，它是泰勒科学管理理论的继续和发展，它的代表人物为美国的 E. S. 伯法(E. S. Buffa)等人。伯法的代表作是《现代生产管理》(*Modern Production/Operations Management*)。管理科学学派的特点是：

(1) 力求减少决策的个人艺术成分。依靠建立一套决策程序和数学模型以增加决策的科学性。将众多方案中的各种变数或因素加以数量化，利用数学模型研究各变数和因素之间的相互关系，寻求一个以数量表示的最优化答案。决策的过程就是建立和运用数学模型的过程。

(2) 各种可行的方案均是以经济效果作为评价的依据。例如成本、总收入和投资利润率等。

(3) 广泛使用计算机。建立模型后依靠计算机完成极为繁重、复杂的统计和运算，得出最佳方案。

管理科学学派重点研究的是操作方法和作业方面的管理问题。现在管理科学也有向组织更高层次发展的趋势，但目前完全采用管理科学的定量方法来解决复杂环境下的组织问题还面临着许多实际困难，有待于进一步的研究，也有待于其他科学的发展。

7. 经验主义学派

经验主义学派的代表人物主要有：欧内斯特·戴尔(Ernest Dale)，其代表作是《伟大的组织者》(*The Great Organizer*)、《管理：理论和实践》(*Management: Theory and Practice*)；彼德·德鲁克(Peter Drucker)，其代表作是《有效的管理者》(*Effective Executive*)。

这一学派主要是从管理者的实际管理经验方面来研究管理，他们认为成功的组织管理者的经验是最值得借鉴的。组织管理应从实际出发，以成功企业的管理经验为研究对象，或将经验升华为理论，或将经验传授给管理者，向他们提出有益的建议。因此，他们重点分析了许多组织管理人员的经验，然后加以概括，找出他们成功经验中具有共性的东西，然后使其系统化、理论化，并据此向管理人员提供实际的建议。

经验主义学派主张企业组织实行分权的决策体制：提倡在组织中实行分权的等级制决策结构。为使分权的等级制组织明确化，德鲁克提出了三项措施：

（1）分权的依据是决策的种类和性质。组织决策应由尽量低的层次进行，唯一的约束是进行决策的层次应能确保一切有关活动得到充分的考虑。

（2）"组织结构要使管理工作层次尽可能少，建立尽可能简单的指挥系统"，因为"管理层次每多一个都会使取得共同方向和相互了解更加困难。每多一个层次都会使目标受到歪曲和把注意力引到错误的方向。管理系统每多一个环节都造成更多的压力，造成又一个惰性、摩擦和松懈的来源。"如果企业组织实施目标管理，就可以用"管理责任跨度"取代"控制跨度"，从而使组织层次减少，结构简化。

（3）分权的等级制决策结构的具体形式是"联邦分权制"，即事业部制。

分散的和横向的信息有助于组织发展。对于企业组织的信息系统建设有两项独特意见：一是主张信息不宜过于集中，要避免由传递渠道控制信息（失真、丢失）。可直接与信息产生源接触。二是信息传递渠道应与责任关系网络（上下左右的目标关系网络）吻合。向下看是集权的要求，向上看是分权的思路，要重视横向关系的分析和横向渠道的建立。

第三节 组织理论新发展

自18世纪60年代第一次技术革命以来，人类社会共出现了四次技术革命，即生产过程的机械化、电气化、自动化和智能化。这四次不同的技术革命对组织的生产过程、组织结构和管理理念都产生了深刻而不同的影响。前三次技术革命可以看作是对机械技术的改变，是对人类体力的解放，对体能的延伸。由于机械技术具有分工明确、操作程序化和功能单一的特点，因此，出现了与此相适应的标准化的层级结构，对员工的要求只是调动工作积极性以提高劳动效率。而第四次技术革命是对机械技术的彻底革命。正在形成的智能技术是对人类大脑的解放，提高的不单是劳动效率，还有智力活动效率。因此，对员工智能的开发成为组织制胜的关键。由于智能技术具有分工不明确，操作非程序化和互动的性质，这对规范的层级组织结构是一种严峻的挑战。另外，组织内部成员的构成也发生了明显的变化，脑力劳动者比例不断上升并占据主体地位，使组织采用信息技术和专业知识技术的能力在增强，范围在扩大，应付多变环境的能力也大大提高了。所有这些，都迫使组织结构必然发生彻底的改变以适应技术革命与外部环境的变化。自20世纪80年代以来，组织流程再造、虚拟组织、学习型组织、团队组织、网络组织等新的组织形态的大量涌现，就是对上述变化的一种适应。因此，把组织管理重点由物质层次、管理层次转向意识层次，强调组织文化在组织发展中的作用成为组织理论新的发展趋势。

一、学习型组织

自从进入20世纪90年代，随着信息技术革命和知识经济的兴起，企业所处的环境日益动荡和复杂，未来的不可预知性、环境的不确定性、技术的日新月异、经济的全球化、竞争的国际化等都充分表明,传统的管理理论已越来越不能适应环境急剧变化的需要,企业迫切需要建立一种能够适应周围环境急剧动荡变化的一整套管理理论和行为模式。在这种背景下,美国麻省理工学院的彼得·M. 圣吉(Peter M. Senge)教授与其同事将系统动力学与组织学、创造原理、认知科学、群体深度对话与模拟演练相融合,创造出一种崭新的企业管理模式——学习型组织。学习型组织被认为是 21 世纪全球企业组织和管理方式的新趋势。

所谓学习型组织,是指通过培养整个组织的学习气氛,充分发挥员工的创造性思维能力而建立起来的一种有机的、高度柔性的、扁平化的、符合人性的、能持续发展的组织。这种组织具有持续学习的能力,具有高于个人绩效总和的综合绩效。学习型组织具有下面几个特征:

1. 组织成员拥有一个共同的愿景

圣吉认为,"愿景"是指一个特定的结果、一种期望的未来景象或意象。它是人们真心追求的终极目标,而非达到目的的手段;它发自人们的内心而非外在的强制。组织的共同愿景(Shared Vision),来源于员工个人的愿景而又高于个人的愿景,它是组织中所有员工共同愿望的景象,是所有员工的共同理想,它能使不同个性的人凝聚在一起,朝着组织共同的目标前进。

2. 组织由多个创造性团体组成

在学习型组织中,团体是最基本的学习单位,团体本身应理解为彼此需要他人配合的一群人。组织的所有目标都是直接或间接地通过团体的努力来达到的。

3. 善于不断学习

这是学习型组织的本质特征。"善于不断学习"主要有四点含义:一是强调"终身学习",即组织成员只有养成终身学习的习惯,才能形成组织良好的学习气氛,促使其成员在工作过程中不断地学习;二是强调"全员学习",即企业组织的决策层、管理层、操作层都要全身心投入学习,尤其是经营决策层,他们是决定企业发展方向和命运的重要阶层,因此更需要学习;三是强调"全过程学习",即学习必须贯穿于组织运行的整个过程之中,不是把学习和工作分割开,而是强调必须边学习边准备,边学习边计划,边学习边推行,突出从干中学、从用中学;四是强调"团体学习",即不但重视个人学习和个人智力的开发,更强调组织成员的合作学习和群体智力的开发。学习型组织正是通过这种不断学习,及时铲除发展道路上的障碍,不断突破自身的成长极限。

4. "地方为主"的扁平式结构

传统的企业组织通常是金字塔式的,学习型组织的组织结构则是扁平的,即从最上面的决策层到最下面的操作层次极少。它尽最大可能将决策权向组织结构的下层移动,让最下层单位拥有充分的自决权,并对产生的结果负责,从而形成以"地方为主"的扁平化组织结构。例如,美国通用电器公司目前的管理层次已由 9 层减少为 4 层。只有这样的体制,才能保证上下级的不断沟通,下层才能直接体会到上层的决策思想,上层也能亲自了解到下层的动态。

5. 自主管理

学习型组织理论认为,每个人都是一个充满智慧而又完整的实体,都愿意为崇高的生命发挥出自己的精神力量。通过自主管理,员工能够自觉地挖掘出这种创造未来的精神力量,形成组织不断创造未来的能量源泉。

6. 组织的边界将被重新界定

学习型组织的边界界定,建立在组织要素与外部环境要素互动关系的基础上,超越了传统的根据职能部门划分的"法定"界限。例如,把销售商的反馈信息作为市场营销决策的固定组成部分,而不是像以前那样只是作为参考。

二、虚拟企业

当今企业管理者面对的是一个变幻莫测的竞争环境。这种环境的形成原因包括技术的飞速发展、市场的全球化及其他一些发展趋势。传统的以泰罗制、福特制为标志的企业模式已经很难适应新的市场环境;同时企业还要保持较低成本及较短的交付周期,这对旧的组织形式提出了挑战。在这种情况下,一种新的企业运行模式——虚拟企业(Virtual Enterprise)脱颖而出。

(一)虚拟企业的概念

20世纪90年代以来,随着科技进步和社会发展,世界经济发生了重大变化。人们根据自己生产、工作和生活的需要,对产品的品种、规格、花色式样等提出了多样化和个性化的要求,企业面对不断变化的市场,为求得生存与发展,必须具有高度柔性和快速反应能力。为此,现代企业向组织结构简单化、扁平化方向发展,于是就产生了能将知识、技术、资金、原材料、市场和管理等资源联合起来的虚拟企业。

1998年,M. K. 阿胡贾(M. K. Ahuja)和K. M. 卡尔利(K. M. Carley)为虚拟企业下了一个定义:它是一种根据地理位置来划分的组织形式,其成员受一个长期的目标和共同利益的约束,并且通过信息技术来交流和协调工作。有效地管理虚拟团队常常需要各种战略有机地结合和灵活运用,它们包括人才管理、关系管理、工作管理、知识管理和技术管理策略;此外,还必须具备客观衡量虚拟工作业绩的手段,如以生产率和成本为基础的衡量方法。虚拟企业实际上就是把由技术革新所激发的虚拟思想引入组织学的领域中。这意味着虚拟企业可以不仅仅通过技术,更重要的是通过各种联合,聚合起更大的力量来完成既定的目标。

(二)虚拟企业的特征

一是虚拟企业使得传统的企业界限模糊化。虚拟企业不是法律意义上完整的经济实体,不具备独立的法人资格。一些具有不同资源及优势的企业为了共同的利益或目标走到一起,组成虚拟企业,这些企业可能是供应商,可能是顾客,也可能是同业中的竞争对手。这种新型的企业组织模式打破了传统的企业组织界限,使企业界限变得模糊。

二是虚拟企业具有流动性、灵活性的特点。企业出于共同的需要、共同的目标走到一起结盟,一旦合作目的的达到,这种联盟便可能宣告结束,因此,虚拟企业可能是临时性的,也可能是长期性的,虚拟企业的参与者也是具有流动性的。虚拟企业正是以这种动态的结构、灵活的方式来适应市场的快速变化。

三是虚拟企业是建立在当今发达的信息网络基础之上的企业合作。在虚拟企业的运行中,信息共享是关键,而使用现代信息技术和通信手段使得沟通更为便利。采用通信数据进行信息交换,使所有参与联盟的企业都能共享设计、生产及营销的有关信息,从而能够真正协调步调,保证合作各方能够较好合作,从而使虚拟企业集成出较强的竞争优势。

四是虚拟企业在运行过程中运用并行工程而不是串行工程来分解和安排各个参与企业要做的工作。虚拟企业在完成某一项目或任务时,项目或任务按照并行工程的思想被分解为相对独立的工作模块,促使承担分解任务的各方能够充分调动和使用他们的资源而不必担心核心技术或核心知识被泄露。并且各个合作模块可以并行作业,项目或任务的主持者可以利用先进的通信手段在其间不断地沟通与协调,从而保证各个工作模块最终的互相衔接。这样既缩短了时间,又节约了成本,同时还促进了各参与企业有效地配置自己的资源,促进了虚拟企业整体资源的充分利用。

五是虚拟企业一般在技术上占有优势。由于虚拟企业是集合了各参与方的优势,尤其是技术上的优势而形成的,因此在产品或服务的技术开发上更容易形成强大的竞争优势,使其开发的产品或服务在市场上处于领先水平,这一点是任何单个实体企业都很难相比的。

六是虚拟企业可以看作一个企业网络。该企业网络中每个成员都要贡献一定的资源,供大家共享,而且这个企业网络运行的集合竞争优势和竞争力水平大于各个参与者的竞争优势和竞争力水平的简单相加。虚拟企业的上述特点,决定了虚拟企业具有较强的适应市场能力的柔性与灵活性,各方优势资源集中更催生出极强的竞争力。

三、战略联盟

(一) 战略联盟的概念

所谓战略联盟,是指两个或两个以上的企业为了实现各自的某种战略目标,通过公司间的协议或联合组织的方式而结合成的一种复合式网络化的联合体。它可以使不同国家和地区的企业共担风险、共得利益、共享资源、共同进入新市场。经济全球化和科技的飞速发展,使得市场竞争日趋激烈。在经历过一番血雨腥风的拼杀之后,人们慢慢认识到仅仅依靠单个组织自身的力量在市场上拼搏已经很难继续生存和发展。只有与其他组织,甚至竞争对手建立强大的联盟,才能使自己在新的竞争环境中长期立于不败之地。随着市场分工的不断细化,越来越多的组织发现自己不可能拥有所有关键性成功要素,如销售网络、品牌信誉、技术、研发能力、核心人力资源等。这样,它们只能选择集中在一个或若干个细分市场,并在选定的细分市场上做到最好。在这样的背景下,战略联盟作为组织间既竞争又合作的一种有效方式受到了越来越多的关注。它为组织以较低的代价从市场上获得适合自己的补充优势来拓展自己的竞争优势提供了可能性。同时,组织联盟也可以让竞争对手从两败俱伤的恶性竞争走向合作双赢、共同发展。事实上,越来越多的组织已经从相互杀戮的市场争夺中觉醒过来,认识到通过建立战略联盟来化干戈为玉帛、握手言和、一致对外的重要性和必要性。

实践表明,组织确实可以从战略联盟中赢得竞争优势,尝到甜头。例如,微软公司的超常发展,很大程度上得益于它与英特尔公司的战略联盟。每当微软推出功能更强的软件后,英特尔集成芯片的需求就上升;同样,当英特尔生产出速度更快的集成芯片后,微软的软件因有了更好的载体而显得更有价值。另外,在21世纪初的美国,正当人们以为网上旅游的市场已被 Expedia.com、Travelocity.com 和 Priceline.com 这些先发者占领,后来者很难再有作为时,美国航空公司、大陆航空公司、德尔塔航空公司、西北航空公司和联合航空公司结成战略联盟,共同推出电子商务旅游网站 Orbitz.com。由于有全美最大的五家航空公司作为后盾,其实力明显高出竞争对手,开业之初业务即超过最乐观的预测。

目前,越来越多的大企业已经达成这样一种共识:如果公司的利润中有20%至30%是依靠战略获得的,如果公司将做出的重大投资决策并完全由自己控制,那么就必须在关系管理方面做得更好。因此,对即将联盟或已经联盟的企业来说,加强联盟关系管理,并将其转化为公司的一种能力就显得十分重要。目前,全球500强企业平均每家约有60个主要的战略联盟。

(二)战略联盟的特征

1. 边界模糊

战略联盟这一组织并不像传统的企业那样具有明确的边界层级,企业之间以一定的契约或资产联结起来对资产进行最优化配置。战略联盟一般是由具有共同利益关系的单位之间组成的战略共同体,他们可能是供应者、生产者、分销商之间形成的联盟,甚至是竞争者之间形成的联盟,从而产生一种你中有我、我中有你的局面。

2. 关系松散

战略联盟由于主要是以契约形式联结起来的,因此合作方的关系十分松散,不像传统企业组织之中主要通过行政方式进行协调管理。另外,战略联盟不是由纯粹的市场机制进行协调,而是兼具了市场机制与管理的特点,合作各方主要通过协商的方式解决各种问题。在时间上,战略联盟存在期限一般较短,在战略联盟形成之时,一般部门有存续时间的协议,或者规定一个固定的时期,或者规定在一定任务完成之后解散。

3. 机动灵活

由于战略联盟主要是以契约的方式所组成的,因此通过并购或内部投资新建来扩展所需时间较短,组建过程相对也十分简单,同时也不需要大量投资。这样如果外部出现发展机会,战略联盟可以迅速组成并发挥作用。另外,由于合作者之间的关系十分松散,战略联盟存续时间又较短,解散十分方便,因此,当外界条件发生变化、战略联盟不适应变化的环境时,可迅速将其解散。

4. 运作高效

由于战略联盟在组建时,合作各方都是把自己最核心的资源加入联盟中来,联盟的各个方面都是一流的。在目前分工日益深化的情况下,战略联盟的实力是单个企业很难达到的。在这种条件下,联盟可以高效运作,完成一些单个企业难以完成的任务。

本章小结

组织是二人或二人以上,用人类意识加以协调而成的活动或力量的系统,以保证组织目标的实现。组织理论不是事实的汇总,而是组织的一种思维方式。组织理论是深入而准确地洞察和分析组织的方法,这种观察和思维方式是以组织设计和行为的方式及规律为基础的。

拓展与延伸

1. 古典组织理论的学者们提出了组织结构的基本模式,你是怎样体会它们的?这些模式对今天的企业还适用吗?
2. 在我国企业管理发展史上,对企业组织结构变革的指导,曾经犯过"一刀切""一个模子"的毛病,你认为其理论上的根源何在?
3. 试论阿里巴巴的合伙人制度。

案例分析:网络时代组织结构创新的方式

网络时代的企业组织创新方式主要包括两种:学习型组织与联网组织。

随着网络经济的来临,全球企业正逐步向学习型组织转化,网络时代的企业组织应是学习型组织。在我国,创建学习型企业组织活动最早出现在上海。早在1980年,杨通谊教授(1930年麻省理工学院毕业,现为该院终身荣誉院士,上海交大、复旦、同济大学等高校的兼职教授)将学习型组织管理理论带回国内。1992年10月21—24日,在上海第二教育学院举办的"上海国际成人教育研讨会"上,美国某教授详细介绍了学习型组织在美国及世界各国发展的情况,为中国的教育界、企业界研究学习型组织提供了信息和资料。1994年10月,由原上海市市长汪道涵同志推荐,经东方编译所编辑,上海三联书店出版了世界著名的学习型组织专家彼得·圣吉的著作《第五项修炼:学习型组织艺术与实务》,为国内各界研究"学习型组织"理论与实践探索提供了值得借鉴的比较系统的论著。1996年7月,上海市成人教育协会、同济大学、宝钢等17个单位的14名教授、3名博士、5名研究员、8名高级工程师、高级经济师等36人组成"学习型组织推进中心";随后又成立了上海明德学习型组织研究所。几年来,"中心"及"研究所"先后承担了鞍山第一轧钢厂、北方铸钢厂、江苏油田、兖矿集团、上海市药材公司、同济大学、大亚集团、伊利集团、宝钢等创建学习型组织的顾问、咨询工作,另对大众汽车、东方航空、友谊集团等几百家大中型企业和政府机关进行了有关学习型组织理论与实务的培训。鞍山地区、鞍山市政府要求所有企业都要努力创建成学习型企业。1998年11月,鞍山市首批15家企业开始创建学习型企业。

内蒙古伊利集团正在努力创建"学习型企业",决心成为中国的"牛奶大王"。原国家建设部、电力部、纺织部、上海船舶工业总公司、中国银行、仪征化纤总公司等部门和大企业都认识到"学习型组织"作为一种未来成功企业的模式,求知若渴。神州大地上,一大批企业正为中华之振兴、经济之发展而积极应对网络经济的挑战,努力创建合格的学习型组织。

网络经济时代另外一种卓有成效的组织模式当推联网组织的宏基模式。台湾宏基集团曾历经十年的快速发展,营业额增长数十倍,这在某种程度上得益于集团董事长施振荣创立的企业"主从架构"与"联网组织"模式。25年前,施振荣创办宏基第一天起,就抱定一个想法:让所有的人都能发挥最大的潜力。然而,随着业务的发展壮大,施振荣发现传统的金字塔结构不仅难以实现他的想法,而且还为内部沟通造成很大的障碍,如最知道前沿情况的A,一定要上报给他的顶头上司B,B又要上报给其顶头上司C,C又必须报告给老板D,层层上报的结果使企业运作起来像蜗牛一样缓慢。美国人在备受这种模式折磨之后,想出了一个解决方案:扁平化组织。这种模式让中间层次尽量减少,同时对基层管理放大授权,却仍然不能完全摆脱金字塔层级架构的阴影。宏基没有走这条路。11年间,宏基内部有人跳出来闹分家,获利好的部门不想和获利差的部门在一个锅里吃饭。宏基接受了这种想法,改造自己的组织结构,发展出各事业单位独立核算利润的架构。这种结构虽然在一定程度上提高了大家的积极性,但由于总部管得太多、太死,依然存在着一些"大锅饭"。为此,施振荣决定给部下放大权力,为他们提供独立的舞台,以充分发挥他们的潜能。"主从架构"应运而生,即宏基所有的企业都当成"主",各自完全自行决策,独立经营,总部退居"二线",成为"从",不再对他们发号施令,只在他们有所求时,出面发挥协调功能。

"主从架构"使总部的权力大大削弱,总部的规模迅速缩小。与此同时,"主从架构"也使宏基蓬勃发展,在原有基础上迅速繁衍出很多的"基",各种"基"多得连施振荣本人也不清楚,宏基因而散得像一盘干沙,整合效率低。随着网络大潮的快速冲击,宏基认识到:新经济时代是一个快速、多变的时代,它要求企业更广泛地整合,才能更有速度、更有效率地适应这时代。它比垂直分工整合来得更为广泛,不仅在垂直线上要求整合,在水平线上也要求整合。在新的游戏规则下,"主从架构"已不适应,宏基开始对内部组织进行改造,让每个"基"(分公司、子公司)都成为真正的独立个体,每个"基"都非常专和精,每个"基"与每个"基"业务均不重复,每个"基"均要遵守事先协议;每个"基"都顶着宏基的品牌,在此基础上,让市场那只看不见的手来牵引众"基"进入超分工整合的游戏。宏基将这一模式称为"联网组织"(International Organization,IO),并认为:主从架构模式有一个"主",一个"从",而联网组织的每一个组织都是完整的,它和总部不是主从关系,而是独立的"主",每个"基"就如互联网上的每一个独立的网站,它们只是通过标准的协议进行沟通。

宏碁的组织结构更像网络组织：他们在做事情的过程中，一定要遵循整个集团里面的一些协定。这个协定包括品牌的使用范围、企业的文化、IT的基础架构或者工商伦理等一些无形的东西。其他经营决策上的事情，总部是不参与的。任何一个子公司都可以决定自己公司里面业务上的事情，它是独立于总部之外的，母公司不能完全控制。

或者A公司要进行人事上的变动，那么在联网组织结构中，也不需要总部的参与，A公司就可以自己做出决定。在网络时代的知识经济里，任务是多元多变的，每天都有着不同的事务要处理，层级结构是难以反应过来的，相比之下，联网组织就灵活得多了。

宏碁董事长施振荣认为，联网组织实际上就是网络时代的无中心组织，董事长本人已大权旁落，他所掌控的总部实际上更像公关部和服务部，集团各"碁"（分公司、子公司）财务完全独立，总部只提供一些法律服务、企业形象和经验传承。各"碁"开发新业务、新产品，总部并不过问，只有当投资风险比较大时，总部才会出面整合大家的力量一起做。内部信息的基础构建，对联网组织的有效运行至为关键。宏碁认为，联网组织是信息经济时代的产物，不仅适合于信息行业，还适合于其他行业里的企业；联网组织不是地缘产物，而是时代产物，它不仅适合亚洲，也适合于全世界。

施振荣的宏碁模式即联网组织虽然还不很成熟，但毕竟是网络环境下企业组织结构创新的一种借鉴，值得我们探讨和研究。

请根据上述案例，回答下列问题：
1. 宏碁公司是学习型组织吗？
2. 宏碁公司是虚拟组织吗？

第三章
组织设计的权变因素

知识目标

1. 理解组织设计权变观点的内涵和意义;
2. 理解并掌握主要的权变因素是如何影响组织设计工作的。

学习目标

掌握环境分析和战略分析的常规方法。

导入案例：腾讯的组织变革

如同大多数处于创业期的企业一样，1998年成立的腾讯在创业初期将企业的重点放在了产品研发和市场拓展方面。当时年幼的"企鹅"规模小、人心齐、管理简单，因此组织设计并不复杂，是职能式的组织架构。腾讯"五虎将"中的马化腾为 CEO，其他四位创始人根据自身所长各管一摊。其中，技术天才张志东分管研发；性格开朗、能言善辩的曾李青分管市场和运营；陈一丹严谨稳重，分管行政、人力资源和内部审计；随和但又不乏主见的许晨晔分管信息部、公共关系等职能部门。可以说，职能式的组织架构保证了腾讯在各专业职能领域的深入发展与经验积累，组织运作效率在当时的组织规模下也发挥至了最优，为腾讯业务的快速成长打下了坚实的基础。

管理学教授 L. E. 格雷纳（L. E. Greiner）在"组织成长中的演变与变革"一文中指出："组织在某一阶段的最佳管理实践将会带来另一阶段的管理危机。"职能式组织架构对腾讯早期的快速扩张发挥了至关重要的作用，至上市前，腾讯的业务部门已增至三十多个，人员规模也达到两三千人。在这种规模下，当时的组织架构已经无法跟上组织发展的步伐，致使公司在管理上出现了一系列问题。与此同时，在外部市场环境方面，网络游戏、网络媒体、移动互联网等市场机会均已出现，在看到这些机会萌芽后，腾讯管理层果断进行了新业务布局，并制定了"打造一站式在线生活平台"的战略发展方向，以期把腾讯做成互联网上的"水"和"电"。

一、由职能式向业务系统制转变

正是基于上述存在的管理问题，以及新的战略与业务布局，在2005年，以上市为分水岭，腾讯提出了"二次创业"的概念，并对组织架构进行了第一次大规模调整，由原来的以职能分工为特征的职能式组织架构调整为以产品为导向的业务系统制组织架构。

如果将组织看作由横向业务分工与纵向决策分工构成的双重分工系统，那么从横向上看，腾讯调整后的组织架构共分为八大系统。其中，B1无线业务系统、B2互联网业务系统、B3互动娱乐业务系统和B4网络媒体业务系统作为生产线，主要承担一线盈收；B0企业发展系统负责国际业务拓展与战略投资，其与S职能系统同直属于腾讯最高层管理机构——总经理办公室；另外两大系统分别为O运营平台系统和R平台研发系统。从纵向上看，腾讯的组织层级主要分为三层：系统→部→组，在这三层之间也存在"线"和"中心"两层选设机构的情况，但在设置上需要满足严格要求，腾讯这样划分组织层级的目的是希望尽量使组织扁平化，从而提高决策效率，快速响应环境变化。

这种以产品为基础的组织架构成为当时业务发展的重要助推器，帮助公司形成了一套非常坚固的产品体系，使其超预期达成了当初设定的战略目标，得到了用户的广泛认可。但随着业务的发展，这种组织架构也为腾讯带来了"大公司病"的困扰。

《时代周报》的"失控的腾讯帝国"及《南方周末》的"腾讯组织架构变革：自己与自己的战争"两篇文章分析了腾讯当时存在的管理问题：各部门产品依赖QQ软件作为资源导入，在激烈争夺资源的过程中，严重破坏了QQ的品牌形象与用户体验，也导致部门矛盾和创新不足；移动互联网时代出现的很多新的产品与领域难以被清晰划归到某一业务系统，出现不同产品团队争夺某一产品的现象，致使很多新产品在研发初期严重内耗；庞杂的业务发布在4大BU(Business Unit，即业务系统)，导致组织决策复杂、层级过多、业务关系混乱、部门设置重复；高层领导拉帮结派，部门官僚气氛严重，各自为政。与此同时，腾讯的业务发展也遇到瓶颈，除游戏业务为"现金牛"持续贡献收入外，当时的腾讯在新业务上并没有太多亮点，这座孤傲的冰山已经开始出现融化的迹象，如果再不主动谋变，将注定失去未来。

二、由业务系统制向事业群制转变

基于上述管理与业务问题，面对用户新需求、新技术、新业务模式层出不穷的市场环境，2012年5月18日，腾讯对自身组织架构进行了7年以来最大规模的调整，从原来的以产品为导向的业务系统制升级为事业群制，对原有业务进行了较为彻底的梳理与重构，重新划分成企业发展事业群(CDG)、互动娱乐事业群(IEG)、移动互联网事业群(MIG)、网络媒体事业群(OMG)、社交网络事业群(SNG)，整合原有的研发和运营平台，成立新的技术工程事业群(TEG)，并成立腾讯电商控股公司(ECC)。

这次组织架构调整根据各个业务的属性，对组织单元的边界划分更加清晰，减少了因业务重叠而产生的部门矛盾，同时也使得组织单元更加专注和聚焦，从而更加深刻理解并快速响应用户需求，发挥了事业群内部的"小公司"精神。此外，互动娱乐、移动互联、网络媒体、社交网络、电子商务五大业务在技术工程与企业发展两个事业群的技术支撑与资源供给下更加协同，充分发挥了"一个腾讯"大平台的整合优势。同时，这次组织架构调整也推动腾讯核心业务从社交一个方向向社交、游戏、网媒、无线、电商和搜索六个方向突进，这样腾讯一直以来赖以生存的根本由一变六。这六块业务也将借此进一步打造开放平台，在各自专业领域纵深发展，通过扶持产业链上的合作伙伴，构建一个开放共赢的有机生态系统。正如马化腾所说："腾讯的立业之本是我们的IM(Instant Messaging，即时通讯)平台。过去的组织结构，都是从这个平台上长出来的，都是从这棵'榕树'衍生出来的枝枝杈杈。可是，虽然枝杈变得越来越多并且落地生根，这还只是一棵树。面向未来，我们必须要向互联网更高的境界迈进。我们需要去构建一个生态系统，与合作伙伴一起培育一片森林。"

三、公司级组织的升级与分拆

继2012年5月组织架构调整之后，腾讯又分别在2013年1月、3月和9月连续对旗下几大事业群的架构进行了一系列调整优化,其中变化较大的是对移动互联网事业群(MIG)相关业务的分拆,使其聚焦于浏览器、安全、搜索、应用平台等平台型业务。

但发生于2014年5月的组织架构调整则体现了腾讯再造一个企鹅帝国的决心。面对公司整体增长放缓的现状,以及移动互联网社交产品微信迅速崛起的机会,2014年5月6日,腾讯宣布成立微信事业群(WXG),并撤销腾讯电商控股公司,将其实物电商业务并至2014年3月刚刚入股的京东,O2O业务并至微信事业群。此次调整使微信由一支产品升级为战略级的业务体系,并承担起腾讯在移动互联时代战略转型与业务持续增长的重任。

继2014年5月组织架构调整后的5个月时间里,腾讯同样持续了一系列组织架构微调,包括7月撤销网络媒体事业群(OMG)的腾讯微博事业部,10月调整互动娱乐事业群(IEG)自研游戏组织体系等。由于变革的效果往往存在滞后性,这一系列调整带来的得失将等待时间去验证。

(资料来源:http://mt.sohu.com/20150531/n414164953.shtml)

案例问题:
从腾讯的组织变革过程中,你能得到什么样的启示?

由于组织的各种活动总是要受到组织内外部各种因素的影响,因此,不同的组织具有不同的结构形式,同一个组织在不同的时间阶段也会有不同的结构形式,也就是说,组织结构的确定和变化都受到许多因素的影响,这些因素称为"权变"因素,组织结构随着这些因素的变化而变化,组织设计时必须充分考虑这些权变因素才能达成有效的设计。

第一节 环境与组织设计

一、组织环境的基本概念

组织环境(Organization Environment)是指所有的潜在影响组织运行和组织绩效的因素或力量。组织环境一般以组织界限(系统边界)来进行划分,可以把环境分为内部环境和外部环境,或称为工作(具体)环境和社会(一般)环境。组织的内部环境是指管理的具体工作环境,影响管理活动的组织内部环境主要包括:物理环境、心理环境、文化环境等。组织外部环境是指组织所处的社会环境,外部环境又可以分为一般外部环境和特定外部环境。一般外部环境包括的因素有社会人口、文化、经济、政治、法律、技术、资源等。一般外部环境的这些因素,对组织的影响是间接的、长远的。特定外部环境因素主要是针对企业组织而言的,包括的因素有供应商、顾客、竞争者、政府和社会团体等。特定外部环境的这些因素,对企业组织的影响是直接的、迅速的。

另一种环境划分的方法是根据环境系统的特性来划分的,这样可以将环境划分为简单—静态环境、复杂—静态环境、简单—动态环境和复杂—动态环境四种类型。组织在面对不同环境时应该调整战略以适应环境,而究竟如何调整应视环境的不利程度而定。

组织环境调节着组织结构设计与组织绩效的关系,影响组织的有效性。组织环境对组织的生存和发展,起着决定性的作用,是组织管理活动的内在与外在的客观条件。因此,我们在组织设计的时候,对组织环境进行分析是很有必要的。

二、组织环境分析

按照组织所处的环境层次可以把组织环境分析划分为外部环境分析和内部环境分析。

外部环境分析又可以分为宏观环境和微观环境两个层次。宏观环境一般包括四类因素,即政治环境、经济环境、技术环境和社会文化环境,简称 PEST(Political, Economic, Social, Technological)。政治环境包括了影响组织行为和价值观的政治活动,以及国家和地方政府的相关法律法规。稳定的政治环境对于组织的发展无疑是更为有利的,政策和法律法规会对组织的发展带来制约或者机遇。经济环境指的主要是组织所在国家或区域的经济发展状况,重要的经济环境因素包括了宏观经济增长状况、居民收入情况、消费支出分配规模、利率、失业率、通货膨胀等。技术环境指的是与组织有关的科学技术现有水平、发展速度和进步趋势,这些因素对企业的影响可能是创造性的也可能是破坏性的。社会文化环境包括了企业所在区域的人口规模、地理分布、教育情况、社会风俗、价值观念、生活方式等因素的形成和变动情况。

微观环境是组织生存与发展的具体环境,对于企业来说,微观环境一般指的是产业环境。产业(或行业)环境分析最有力的工具是由迈克尔·波特提出的五力模型,如图3-1所示。

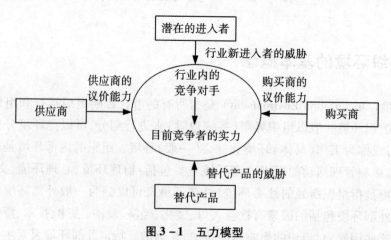

图3-1 五力模型

这一模型认为,产业(或行业)中存在着五种决定竞争规模和程度的力量,这些力量共同影响着产业(或行业)的吸引力及现有企业的竞争战略决策。这五种力量分别为同行业内现有竞争者的竞争能力、潜在竞争者进入的能力、替代品的替代能力、供应商的讨价还价能力、购买者的讨价还价能力。为了更好地理解这一模型,我们下面以唱片制作业为例进行简单的分析。

首先,激烈的利润争夺促进了唱片公司之间的兼并,这使得唱片制作业内部的竞争相当激烈。潜在竞争者方面,一方面艺术家可以建立他们自己的唱片公司或者在网络上以很便宜的价格进行推广;另一方面新的公司不断涌现,基于网络的公司已经出现,这对于传统的唱片制作业都是不小的冲击。其次,替代品方面,mp3、在网络上可以免费收听的音乐文件和盗版唱片都会对唱片公司造成威胁。供应商主要是发行唱片的艺术家或明星,他们大多需要依靠大的唱片公司的力量,很少能独立做主,讨价还价的能力一般。最后,购买者方面,音乐商店依靠唱片公司,但是商店的消费者(二级购买者)却不是这样,他们可以从收音机、网络和电视上获得音乐。

组织的内部环境指的是组织内部的物质、文化环境的总和,包括组织的资源、能力和文化等因素,也称组织的内部条件。组织的资源包括了有形资源和无形资源。有形资源主要是指那些看得见的、可以量化的资产,主要包括了财务资源、组织资源(如正式的汇报结构、计划、协调机制等)、物质资源和技术资源;无形的资源是指那些植根于组织的历史中,随时间不断积累的资产,主要包括了人力资源、创新资源和声誉资源。组织的能力是指组织整合其各种资源并将其发挥作用的技能,对于很多企业而言,市场营销的能力和产品研发能力都是极为关键的。组织文化指的是组织成员共同接受的价值体系,包括思维方式、行为习惯、心理预期和信念体系,它会渗透到组织的各个职能活动当中,对组织和组织成员都具有很大的影响。

对组织外部环境和内部环境的分析可以明确组织目前面临的机会和威胁及企业自身拥有的优势和劣势。针对不同的环境,组织会采取不同的应对策略,要使这些策略具有效力,组织设计的工作方向也需要和这些策略保持一致。

三、环境不确定性分析

组织环境的不确定性指的是决策者在没有获得足够的、有关环境因素信息的情况下必须做出决策,并且难以估计外部环境的变化。组织会试图通过分析使某些不确定因素有一定的参考价值,力求将环境的影响减少到使人们能够理解和可操作的程度。尽管如此,由于没有组织能够掌握完全的环境信息,因此环境的不确定性是始终存在的。这种不确定性增大了组织各种战略失败的风险,并且使得组织很难计算与各种战略选择方案有关的成本和概率,甚至关乎组织的生存和发展。

对于组织环境的不确定性,美国学者邓肯(Duncan)认为应该从两个维度来进行分析:一是组织所面临环境的复杂性,二是组织所面临环境的动态性。

复杂性也可以称为简单—复杂程度,指的是会对组织产生影响的环境因素的数量及异质性。通常来说,环境因素数量越少,异质性越低,环境的不确定性就越小。组织环境的复杂性可能来自于组织面临的环境因素的多样性(例如全球范围内经营的大型跨国公司),也可能来自于处理环境影响所需知识的多寡(例如一家高科技生物制药公司)。

环境的动态性也可以称为稳定—不稳定程度,指的是组织面临的环境因素是否是动态多变的,通常来说,环境因素变化的频率越高,幅度越大,环境的不确定性就越高。不同的组织面临的环境稳定性通常不同,例如,互联网企业通常处于极不稳定的环境中,而公共事业部门则一般处于较稳定的环境之中。

根据简单—复杂程度和稳定—不稳定程度,邓肯把环境的不确定性划分为四个象限,这四个象限构成了环境不确定性的分析框架,如图3-2所示。

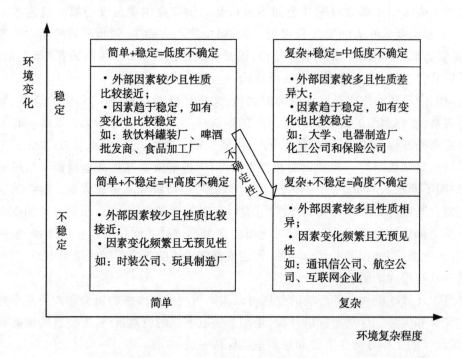

图 3-2 环境不确定性的分析框架

(一)低度不确定的环境

在低度不确定的环境中,组织面临的外部环境因素较少而且相似性高,同时变化不大,趋于稳定。这类组织通常经营范围比较小,技术过程比较单一,竞争和市场在较长的时期内固定,市场和竞争的数量也比较有限。例如,软饮料罐装厂、啤酒批发商、食品加工厂等都具有这样的特点。这些组织的环境因素简单而稳定,市场规律性比较强,对过去环境因素的分析就对组织具有相当重要的意义。

(二)中低度不确定的环境

中低度不确定的环境与低度不确定环境相比,外部环境因素的多样性有所增加,因此不确定性也有所增加,但由于这些因素的变化不大,趋于稳定,总的来说,环境的不确定性还是较低的。例如,大学、电器制造厂、化工公司和保险公司这些组织所处的环境比较复杂但相对稳定,外部因素的变化比较容易预见。因此,这类组织仍然可以通过各种手段对环境进行预测,以制定相应的应对策略。

(三)中高度不确定的环境

中高度不确定的环境与低度不确定环境相比,外部环境因素仍然相对单一,但由于这些因素极不稳定,变化迅速,环境的不确定甚至超过了复杂且稳定的环境。例如,时装公司、玩具制造厂、电子商务企业这些组织就处于简单但不稳定的环境之中,外部因素处于高速变化之中,难以预见。这类组织需要对市场环境进行实时分析,并不断革新自己的产品和服务,以尽量降低风险的冲击。

(四)高度不确定的环境

处于高度不确定的环境中的组织面临的外部环境因素不仅多样,还非常不稳定。通信公司、航空公司、互联网企业这些组织就处于这种复杂且极不稳定的环境中,外部环境因素的变化通常会对组织的策略产生重大影响。例如,对于航空公司来说,政策法规的变化、竞争对手之间的价格战、燃料成本的上升、中东地区的军事冲突、客户需求的变化等因素对其都会产生相当大的影响。这类组织往往一方面要面对复杂的技术革新,或者庞大的供应商网络或顾客群体,另一方面还要承受市场供给和消费者需求的迅速变化给组织带来的风险。

四、不确定环境下的组织设计策略

通过上一节的介绍,相信你已经认识到环境的不确定性对组织可能带来的风险,那么接下来我们要解决的重要问题就是:组织应该采用什么样的策略来应对环境中各种水平的不确定性?组织对环境的应对策略通常也称为内部策略,指的是组织采用权变的方式来应对外部环境的不确定性。接下来,我们将介绍几种重要的且与组织设计相关的内部策略。

(一)设立相关的部门和职位

为了尽可能地降低环境不确定性对组织带来的风险,组织需要加强对外部环境信息的掌控,以精确地对外部环境的变化做出判断。组织通常会采用设立和增加相关的部门和职位来加强企业同外界的联系。这些部门的作用包括了收集、整理、分析和发布外部环境变化的有关信息(例如市场营销部、市场分析岗位);代表企业向外部环境输出信息,以加强外界对企业的认识(例如公共关系部、客户服务岗位);专业化地应对不确定环境因素(例如法务部门、法务主管岗位);起到缓冲作用,以降低环境不确定性对内部生产的冲击和干扰作用(例如人力资源部、招聘岗位),如图3-3所示,缓冲部门能够降低环境不确定性对生产核心的冲击。

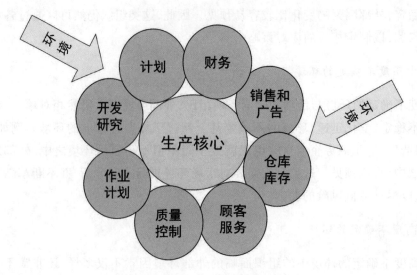

图 3-3　缓冲部门对生产核心的保护

(二) 加强企业管理中的协调和综合职能

保罗·劳伦斯(Paul Lawrence)和杰伊·洛西(Jay Lorsch)曾对十家公司的制造、研究和销售部门进行过调查研究,发现各个部门与不同外界团体发生联系,每个部门都逐渐形成了各自的目标和业务特点(如表 3-1 所示)。

从表 3-1 中我们不难发现,组织内不同部门的目标和方向的差异性还是很大的,这就意味着部门之间的协作会变得非常困难(会消耗更多的时间和资源)。当组织处于高度不确定的环境中时,外部因素的频繁变化要求组织进行更多的信息处理,这就需要组织具有强大的协调和综合能力以确保协作的顺利进行。

表 3-1　组织部门的目标和方向的差别

	研究开发部门	制造部门	销售部门
目标	创新、质量	生产效率	满足顾客需求
时间期限	长	短	短
工作导向	基本以任务为导向	任务导向	社会导向
组织正规化程度	低	高	高

(三) 增强组织结构的柔性

在前面的章节里,我们已经介绍了机械组织结构和有机组织结构的概念,它们又分别被称为刚性结构和柔性结构。从它们各自的特点不难看出,在面对不确定性的外部环境时,具有柔性结构的组织能更好地适应外界因素的变化并迅速地做出反应,因此我们可以通过增强组织结构柔性的方法提升组织对不确定性环境的应对能力。增强组织结构柔性的途径包括建立组织任务导向的临时性团队组织或者工作组,削减组织的纵向层级,对员工进行授权,实现管理层级扁平化等。

(四)强化计划职能和对环境的预测

在管理学中,计划指的是根据对组织外部环境与内部条件的分析,提出在未来一定时期内要达到的组织目标及实现目标的方案途径。预测指的是在掌握现有信息的基础上,依照一定的方法和规律对未来的事情进行测算,以预先了解事情发展的过程与结果。在不确定的环境中,外部环境因素变化迅速,组织要想制定出有效的应对策略,就必须要强化计划的职能,全面和系统地收集、分析信息,从而更好地预测环境的发展趋势。结合环境不确定性的分析框架和不确定环境中的组织设计策略,我们可以得到组织面对不确定性的反应框架,如图3-4所示。

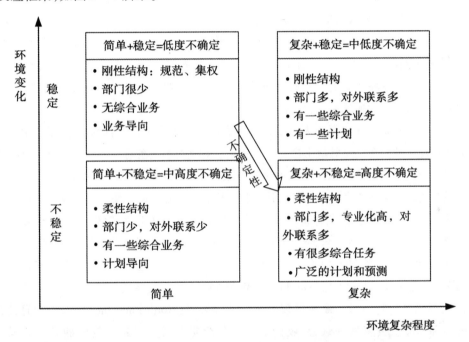

图3-4 组织对环境不确定性的反应框架

从图3-4中我们可以看出,低度不确定时,组织处于简单且稳定的外部环境中,这时候可以采用规范化和集权化的机械组织结构,组织主要以业务为导向,设置少量的部门就可以满足要求。中度不确定时,组织处于复杂但稳定的环境中,这时候仍然采用机械组织结构,不过部门开始增加,对外的联系也会增多,综合业务开始开展,也需要对外部环境的变化制定一些计划。中高度不确定时,组织处于简单但多变的环境中,虽然部门的数量和对外联系比较少,但是为了应对多变的环境因素,组织需要增强结构的柔性,并制定合理的目标和计划。高度不确定时,组织将面临复杂多变的环境,这时候需要采用柔性的组织结构,并设立较多的部门以满足专业化分工和对外联系的需要,同时,组织还需要制订更多的计划对外部环境的变化进行广泛和系统的预测。

 知识拓展

耐克的决策困境

耐克公司的首席执行官菲尔·奈特（Phil Knight）是靠开车沿街叫卖运动鞋起家的，如今，他的公司已经发展成为一家举足轻重的运动鞋制造商。在20世纪80到90年代期间，耐克公司是世界上最赢利的公司之一。随着篮球巨星迈克尔·乔丹（Michael Jordan）的加盟，耐克公司迅速成为人们眼中高品质的时尚企业，其产品风靡全美国，备受青少年的青睐。在外人看来，耐克公司不会做错事，并且能够快速成长、盈利颇丰，似乎都是其首席执行官奈特过去正确决策的结果。然而，就是这样的一家声名显赫的公司，在这个世纪初的发展曾经一度很不乐观，这实在是令人费解。

2001年，由于首席执行官菲尔·奈特的某些决策失误，该公司不仅失去了众多的本可赢利的商业机遇，而且也没采取正确的措施应对新出现的商业挑战与威胁。由于畅销品的存货不足及滞销品的过剩，耐克公司的销售不旺，利润也随之下滑。耐克公司除了对不断变化的顾客需要反应不够敏捷外，还被指责其国外工厂的生产条件差，员工待遇低。而奈特却对这些指责疏于理睬。看起来奈特是做出了一些有问题的决策，并因此而不可避免地影响到了公司的业绩。到底是什么原因致使这家颇受人们赞赏的公司出现下滑的呢？

耐克公司当时的诸多问题都来源于该公司高层决策上的失误，同时也与该公司的管理者未能随着环境条件的变化及时做出应变决策有关。耐克公司的管理者过于倚重产品的内部开发。他们一味地强调所谓的"耐克人"的做事方法，从而使得决策视野不够外向与开放。而耐克公司强有力的公司文化也妨碍了其设计师和管理者关注客户需求及外部环境的变化。

耐人寻味的是，菲尔·奈特也曾从公司外部聘用了一些高级管理人员。这些管理者带来了新观念并试图帮助公司跟上时代发展的步伐。但是，这些人所倡导的做法经常遭到菲尔·奈特和其他管理者的否决，因为在后者看来，那些倡议似乎不适合耐克的公司文化。例如，戈登·O.迈克法登（Gordon O. McFadden）就曾被聘为耐克公司的户外产品总裁。他试图说服耐克公司的高层管理者收购北面公司（North Face Inc.），以占领迅速发展的户外用品市场。麦克法登认为，收购北面可使耐克公司一步跨入最大的户外运动用品生产商之列。菲尔·奈特最终还是否决了他的这个提案，因为耐克公司还不习惯靠收购其他公司来发展壮大。耐克公司的文化决定了只有耐克公司的设计师们心里最明白如何去开发"适销对路"的产品。

耐克公司的文化倾向也导致了其设计师过分强调运动鞋的性能，而不够重视运动鞋的时尚程度或流行样式。这样，耐克的设计师就错过了抓住这些市场中某些变化的机会，例如，面对从白色运动鞋到适合都市生活的深色、多用途鞋的市场变化潮流，他们依旧我行我素，还是强调性能至上。另外，耐克公司投入了过多的资源开发像Shox系列这样高性能、高价位的鞋，每一双鞋的售价高达140美元以上，而这是以牺牲60—90美元一双的中等价位的运动鞋的生产为代价的，要知道，耐克公司在当时有近一半的年收益来自这些中等价位运动鞋的销售。

虽然耐克公司的一些管理者也曾经参与改造该公司僵化的思维定式,以帮助公司做出与时俱进的决策,但他们的努力往往受挫。这些管理者在无奈之余,多是选择了离开该公司。同样,埃勒·特纳(Eller Turner)——前金柯公司(Kinko's Inc.)的高层管理者,曾被耐克公司聘为首席营销官,她尽其所能,努力重振耐克公司的市场营销部门。不久她便明白,公司内部对她的改革行动支持甚少,而这些行动是顺应形势不得不展开的。六个月后,她辞职离开了耐克公司。要想克服上述问题或困难,耐克公司的决策者恐怕首先需要明白这一道理:该公司的产品市场及外部环境都已发生了变化,适合迈克尔·乔丹时代的决策思路未必一直行得通。

思考题:
1. 在不断变化的环境中,管理者如何才能持续做出良好的决策?
2. 为什么说一家企业过去的成功有可能是现在失败的原因?
3. 在一个不确定的环境中,管理者如何才能做出有效、及时的决策?
4. 管理者可通过采取哪些措施以确保创造性的建议得以实施?也就是说管理者该如何促进创新?

第二节 战略与组织设计

一、战略概述

(一)战略的基本概念

战略(Strategy)一词最早是军事方面的概念,起源于希腊语"strategos",意为军事将领、地方行政长官,后来演变成军事术语,指军事将领指挥军队作战的谋略。在中国,战略一词历史久远,"战"指战争,"略"指谋略、施诈。在管理学中,战略指的是在组织与竞争性环境的相互作用中,组织为了实现组织的总体目标而对组织的发展方向、行动计划及资源配置等一系列通往目标的途径和方法所做的总体规划。

(二)战略的分类

从不同的角度出发,可以将组织的战略进行不同的划分。

1. 战略的三个层次

从战略层次的角度出发可以把企业的战略划分为公司层战略、业务层战略和职能层战略。公司层战略,又称总体战略,是企业最高层次的战略,它需要根据企业的目标,选择企业可以竞争的经营领域,合理配置企业经营所必需的资源,使各项业务相互支持、相互协调。公司战略常常涉及整个企业的财务结构和组织结构方面的问题。业务层战略是将企业目标、发展方向和措施具体化,从而形成的本业务单元具体的竞争与经营战略。对于一家单业务公司来说,公司战略和业务战略合二为一;只有对业务多元化的公司来说,公司战略和业务战略的区分才有意义。职能层战略主要涉及企业内各职能部门,如营销、财务、生产、研发、人力资源、信息技术等,如何更好配置企业内部资源,为各级战略服务,提高组织效率是职能层战略所要解决的关键问题,它和组织的结构紧密相关。

2. 波特的竞争战略模型

哈佛商学院的著名学者迈克尔·波特(Michael Porter)从组织如何获取竞争优势的角度出发,对组织战略进行了划分,即分为成本领先战略、差异化战略和集中化战略,其中集中化战略又可以分为集中差异化战略和集中低成本战略。这一模型主要由竞争优势和竞争范围两个维度构成,如图3-5所示。

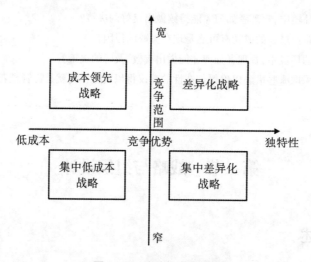

图3-5 波特的竞争模型

当组织处于广泛的竞争环境中时,要想获取竞争优势,要么选择强调独特性的差异化战略,要么选择低成本的成本领先战略。差异化战略主要是指组织通过提供与同行业其他竞争对手不同的产品和服务,而这些产品和服务因为差异化而得以以较高价格出售来为组织获取利润。例如,海底捞因为其提供差异化的服务而在餐饮行业享有盛名。

成本领先战略主要是指组织通过降低成本的方式赢取更多的市场份额来获得竞争优势。例如,世界上最大的连锁零售商沃尔玛就是通过在采购、存货、销售和运输等各个商品流通环节,采取各种措施将流通成本降至行业最低,并将商品价格保持在最低价格线上来赢得成功的。

集中化战略是指将组织的经营活动集中于某一特定的购买群体、产品线的某一部分或某一地域性市场,通过为这个小市场的购买者提供比竞争对手更好、更有效的服务来取得竞争优势(或是差异化优势,或是低成本优势,或二者兼得)的一种战略。例如,联合利华公司在21世纪初期通过企业集中化、产品集中化、品牌集中化、厂址集中化等一系列集中化战略成功实现"瘦身",全球范围内的业务实现了可观的增长,同时巩固和加强了其在行业内的优势地位。

3. 迈尔斯和斯诺的战略分类

雷蒙德·迈尔斯（Raymond Miles）和查尔斯·斯诺（Charles Snow）在1978年出版的《组织战略、结构和过程》（*Organizational Strategy, Structure and Process*）一书中从组织的战略需要与外部环境相匹配的角度出发，把组织战略划分为四类：防御者型、探索者型、分析者型和反应者型。

防御者主要指的是那些在成熟行业中的成熟企业，它们的外部环境比较稳定，采用高效生产、严格控制、连续、可靠的手段，努力寻求保护自己的市场地位。例如，风靡全球的麦当劳和肯德基这样的连锁餐饮公司，它们通常在稳定的市场环境下良好高效地运作，所以具有谋求成本领先的优势，能够在某一特定的领域内进行差异化经营，或者利用既有的标准化技术流程获得低成本，并同时依靠集中化、垂直整合、规范化程序、功能划分等策略来保证效率。

探索者主要是指那些致力于发现和发掘新产品和新市场机会的企业，它们的外部环境变化迅速且频繁，其主要着眼于创新、冒险、寻求新的机会及成长。例如，联邦快递公司和微软公司这类企业，它们的核心技能是市场能力和研发能力，它们通常会面临如何协调经营活动和创新活动之间的关系。优秀的探索者往往能够在难以预测的不断变化的市场环境中谋生存、求发展，最终获取新的机会，获得成功。

分析者处于防御者和探索者之间，它们处于变化的环境之中，既希望保有目前的市场份额，又希望能够及时发现新的市场和产品的机会，即试图在现有产品线的高效率生产和新产品线的创造性开发之间取得平衡。例如，杜克·贾格尔（Durk Jager）领导下的宝洁公司。

反应者并没有固定的行动倾向和机制，不能作为严格意义上的一种战略，而只是以一种随机的方式对环境的威胁和机会做出被动的反应。这种战略没有明确的组织愿景和目标，没有长期的计划，因此会经常导致企业失败。

（三）组织战略规划的总体思路

组织如果想要在面对竞争的时候永远立于不败之地，就必须有自己持久的竞争优势和清晰的发展战略规划作为支撑。常规的组织战略规划的总体思路如图3-6所示，从中我们可以看出，组织的战略规划可以大致划分为三个阶段：战略分析阶段、战略选择阶段和战略实施阶段。

首先是战略分析阶段，这一阶段主要是对组织的战略环境进行分析和预测，并研究环境的变化及趋势对组织产生的影响。战略环境的分析可以分为组织外部环境分析和内部环境分析（详见本章第一节）。对组织的外部环境分析主要是为了找出利于组织发展的机会（Opportunity）和阻碍组织发展的威胁（Threaten），而对组织的内部环境分析则是为了分析出组织自身的优势（Strength）和劣势（Weakness），并确定组织独特的竞争优势。一方面我们可以利用"SWOT"分析框架得出组织可能采取的战略方案（如图3-7）；另一方面，我们通过结合外部的机遇威胁和内部的优劣势，确定组织的愿景和目标。组织的愿景指的是汇集全体组织成员的共同心愿基础上，对组织未来的美好远景和蓝图的展望，组织的目标又可以称为使命，它反映了组织的行动导向和行动将会取得的结果。在组织的愿景和目标确定好了以后，组织战略规划的工作就进入了第二个阶段。

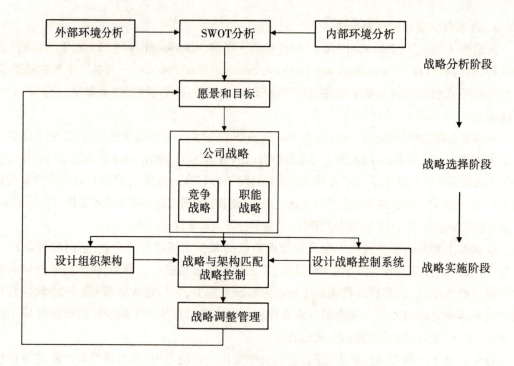

图 3-6 组织规划的总体思路图

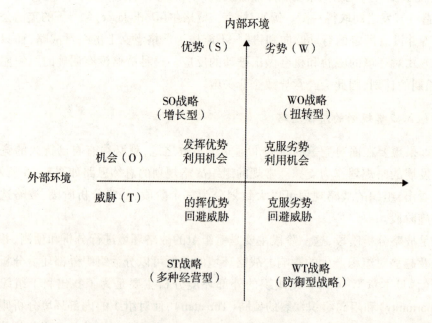

图 3-7 SWOT 分析框架图

第二个阶段是战略选择阶段,这一阶段的主要工作是通过将战略分析阶段提出的方案进行理性地筛选,最终确定好组织的公司战略、竞争战略和职能战略。

在战略被选定好之后,就进入了战略实施的阶段。为了更好地实施组织既定的战略,我们需要通过组织构架和战略控制系统的设计,使得组织的战略和构架能够很好地匹配

(详见下一节的内容),同时能够对战略的实施过程进行一定程度上的控制。战略控制系统的关键的内容之一是要将组织总体的战略目标按不同的实施阶段和实施主体进行分解和细化,最大程度上保障组织的战略目标得以顺利实现。另外,值得注意的是,在战略实施的过程中,组织内外部环境的变化可能会导致组织目标的实现和预计的产生偏离,这需要组织加强对环境的预测和分析并及时做好反馈工作,对战略规划的内容进行动态的调整管理。

> **知识拓展**
>
> **某房地产项目的 SWOT 分析案例**
>
> 通过对某项目的外部环境分析,可以得出该项目的优势、劣势、机会及威胁。
>
> 优势(S):
>
> 1. 开发优势:高水准的开发供方团队:国家级成熟开发商、加拿大 B+H 建筑设计、中建某局的施工建设等;
>
> 2. 规模优势:占地 800 亩,总建 90 万平方米;
>
> 3. 产品优势:产品的定位与产品性价比打造上充分实现差异化,如德式建筑风格、户型面积区间合理化、精巧化;
>
> 4. 环境优势:300 亩原生态山地景观资源,整体绿化率 65%;
>
> 5. 交通基础建设优势:项目所在片区交通形象较好,预示着区域无限的发展潜力。
>
> 劣势(W):
>
> 1. 生活配套劣势:项目周边经济发展相对滞后,生活配套设施欠缺;
>
> 2. 交通环境劣势:目前项目周边公交线路较少,出行较为不便;
>
> 3. 居住氛围劣势:周边欠缺成熟的生活环境。
>
> 机会(O):
>
> 1. 区域发展机会:项目一方面可借势于两型先导区核心建设、市政府板块行政辐射的发展力,另一方面可借助于星城镇招商引资的发展资源;
>
> 2. 产业集群的带动机会:项目周边集结了高新技术园、台商投资园区、晨通工业园等大型园区及品牌、规模大盘,产业集群的发展一触即发。
>
> 威胁(T):
>
> 1. 区域认同威胁;
>
> 2. 区域消费能力威胁;
>
> 3. 区域竞争的威胁。
>
> 根据 SWOT 框架图进行分析,可得出以下结果(见图 3-8):

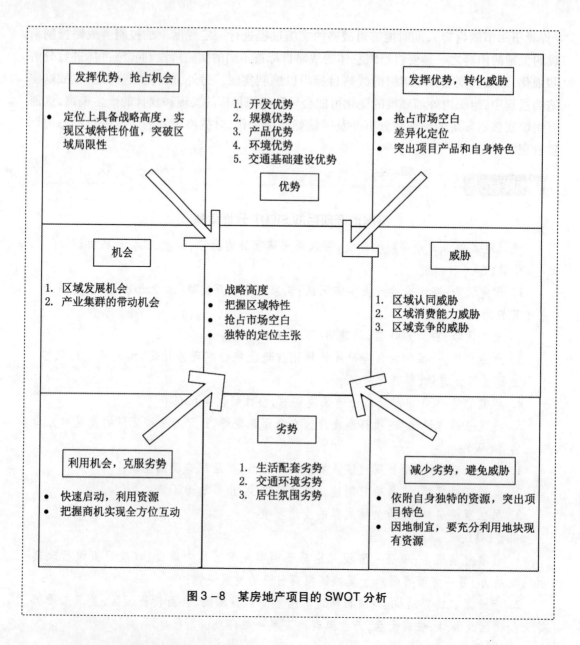

图3-8 某房地产项目的SWOT分析

二、组织战略与组织结构

从前面的介绍中我们不难理解组织结构其实可以看作组织现行战略的执行,同时作为企业内部环境的一部分,又会影响到组织未来战略的制定和实施。为了使组织的战略和目标更好地达成,我们就必须要建立起与组织战略相适应相匹配的组织结构。

(一)钱德勒的研究

美国哈佛大学历史学家阿尔弗雷德·钱德勒(Alfred Chandler)于1962年出版了《战略与结构》(*Strategy and Structure*)一书。在这本书中,钱德勒以美国的杜邦公司、通用汽车、新泽西标准石油公司和西尔斯公司为代表,论述了分部制管理结构产生到完善的过程。他通过研究发现,美国许多大公司的发展,都经历了战略发展的四个阶段,并且每一阶段都有与之相适应的组织结构。基于此,钱德勒提出了组织结构要服从组织战略这一战略和结构关系的基本原则。下面是每一种战略发展阶段和相应的组织设计策略。

1. 数量扩大战略阶段

企业在发展初期,外部环境比较稳定。此时,企业只要扩大生产数量,提高生产效率,便可以获得高额的利润。因此在这种情况下企业采用的是数量扩大战略,即在一个地区内扩大企业产品和服务的数量。此时,企业的组织结构比较简单,往往只需要设立一个执行单纯生产或销售任务的办公室(直线型简单结构)就可以满足需求。

2. 地域扩散战略阶段

随着组织规模的进一步发展,企业向其他地区扩张,以获取更大的市场份额和经营收入。这种地域扩散的战略对部门间的协调和专业化程度有了更高的要求,此时,具有分工协调和技术管理等作用的职能结构便应运而生了。

3. 纵向一体化战略阶段

随着企业发展,竞争日益激烈,为了减少竞争,企业自己希望拥有一部分原材料的生产能力,或者自己的分销渠道,于是产生了纵向一体化的战略。在这种战略下,企业内的部门数量会增加,并且各部门之间存在很强的加工或销售的依赖性,在生产过程中也存在着内在的联系。此时,为了更好地对部门进行管控,企业开始采用集权的职能制结构。

4. 多种经营战略阶段

在发展成熟之后,为了规避各种风险,同时寻求新的利润增长点,企业会采取多元化战略,例如开发与原有产品毫无关联的新产品。此时,企业开始采用分权的事业部制,以适应企业在不同行业或领域参与竞争。

1977年,钱德勒在发表的《看得见的手:美国企业的管理革命》(*The Visible Hand: The Managerial Revolution in American Business*)一书中再一次重申:"经营战略与组织结构关系的基本原则是组织的结构要服从于组织的战略。这就是说,企业的经营战略决定着企业组织结构类型的变化。这一原则表明企业不能从现有的组织结构的角度去考虑经营战略,而应根据外部环境的变化去制定相应的战略,然后根据新制定的战略来调整企业原有的组织结构。"

(二)迈尔斯和斯诺的研究

R. E. 迈尔斯(R. E. Miles)和 C. C. 斯诺(C. C. Snow)(1978)的研究是当代最流行、最有影响力的理论,他们的研究指出战略模式影响结构,一个特定的战略应该被一个有着特殊结构、技术和行政管理环节类型的组织支撑着。下面我们就来介绍一下与他们提出的四种战略类型相适应的组织结构设计策略。

采用防御型战略的组织一般都是处于比较稳定的环境之中,决策者通过高度的集权和专业化分工及程序化、标准化作业活动,使组织稳定地发展,并据此防御竞争对手,这类组织通常都采用职能制形式的设计。

采用探索型战略的组织一般都处于动荡变化的环境之中,决策者需要不断地开发新产品,寻找新市场,组织的目标可以灵活地加以调整,这必然要冒更大的市场风险。组织必须依靠建构更为柔性、分权化的组织结构,使各类人才和各个部门都有充分的决策自主权,最终才能够对市场的最新需求做出灵活的反应。

采用分析型战略的组织所处的环境也是动荡不定的,但决策者的目标比较灵活,尽可能使风险最小而收益最大。这类组织一方面要稳定现有产品的市场份额,即需要实行规范化、标准化、程序化的作业保证市场供给;另一方面,组织又需要跟踪分析更富有市场竞争力的新产品,及时跟进,这时,需要通过建构柔性灵活分权化的组织结构,随时对外在环境的变化做出反应。

采用反应型的组织一般也是处于动荡变化的环境之中,但限于决策者的市场判断能力、内部管理能力、主动应变能力,组织者很难及时对外在环境变化做出反应,只好采用被动反应的战略以应付环境的不确定性。这种战略很明显是低效率的,组织往往面临强大的变革压力。由于战略的不确定性,组织的结构也没有定式。

表 3-2 为不同战略类型及相应的组织结构特征。

表3-2 迈尔斯和斯诺的战略与组织结构

战略类型	战略目标	面临环境	组织结构特征
防守型战略	稳定和效率	稳定的	高度劳动分工,高度规范化,集权化,严密的控制系统
分析型战略	稳定和灵活性	变化的	适度的集权控制;规范化程度高,对一部分实行分权制和低规范化
进攻型战略	灵活性	动荡的	低度劳动分工,低度规范化,部门化松散型结构,分权化
反应型战略	低效性	动荡的	被动反应,低效率,分权化变革

迈尔斯和斯诺的观点得到了学者吉尔布雷斯(Gallbraith)和卡赞简(Kazanjian)的赞同,他们认为,为了有效地实施战略,必须分析和确定实施战略所需要的结构。他们还进一步地提出了战略和结构相匹配的具体原则:单一业务和主导业务的公司应当按照职能式的结构来组织;相关产品或者服务多样化的公司应使用事业部的结构;非相关产品或者服务多样化的公司,应当组成复合或者控股公司的结构。

第三节 技术与组织设计

一、传统技术对组织设计的影响

(一)企业层次技术对组织结构的影响

英国工业社会学家琼·伍德沃德(Joan Woodward)按输入转化为产品的复杂性程度(这里指的是机械化生产的程度)由低到高的顺序把制造型企业分为以下三种类型:

1. 单件小批量生产

这类企业趋向于以制造和装配小批订单产品的作业方式经营,以满足顾客特定的需要,定做就是标准。进行单件小批量生产的组织通常是一种有机组织,灵活性和适应性较强,主要依靠手工操作,机械化程度较低。一个典型的例子就是船舶的制造,成型加工时需要较高技术的专业人员花费大量时间才能完成。

2. 大批量生产

这类企业是以长期生产标准化的零部件为技术标志的机械组织,客户对产品没有特殊的需求,工作流程和生产技术都是规范化和标准化的。大批量生产能给企业带来规模经济效益,装配、电器等行业的技术类型均属于大批量生产。

3. 连续加工生产

这类企业以持续管道型机械化流水进行作业生产,机械化和标准化程度最高,由于是利用机器自动控制进行连续加工,工作结果具有高度可预期性。同单件小批量生产组织一样,连续加工生产的组织也是一种有机组织。例如,炼油、酿酒、印刷等产业均采用连续加工生产的技术。

伍德沃德通过对这些技术复杂程度不同的制造业企业的调研还得出了一些重要发现:

(1)技术的复杂性越来越高,管理层次的数目、经理人员同全体职工的比例、大学毕业的管理人员所占的比重等都明显增加;

(2)高层管理者的管理幅度随技术复杂性程度的提高出现增大的趋势;

(3)工人技能水平逐步提高;

(4)组织刚性呈现两头小中间大的现象。

表3-3显示了不同的技术类型与组织结构特征的相互关系:

表3-3 制造业组织技术类型同组织结构特点之间的关系

组织结构特点	单件生产	大量生产	连续加工
管理层级的数量	3	4	6
高层领导的管理幅度	4	7	10
基层领导的管理幅度	23	48	15
管理人员/总人数比率	低	中	高
工人的技能水平	高	低	高
规范化程序	低	高	低
集权化程度	低	高	低
口头沟通程度	高	低	高
书面沟通程度	低	高	低
整体结构类型	有机	机械	有机

另一个影响力比较大的在企业层次对技术的研究是阿斯顿小组对工作流程一体化(Workflow Integration)的研究。工作流程一体化包括了设备自动化程度、操作流程刚性和

衡量准确程度。

阿斯顿小组研究的主要结论如下：

（1）制造企业工作流程一体化程度高于服务企业；

（2）随着工作流程一体化程度的增加，企业的官僚化特征也随之增加；

（3）技术对结构有影响，但不如伍德沃德研究资料表现得那么明显；

（4）指出服务业区别于制造业的特点（见表3-4）。

表3-4 服务业与制造业的结构特征比较

组织结构特征	提供服务 （如咨询公司）	提供产品和服务 （如零售店）	提供产品 （如食品制造商）
地区上的分散性	是	一般	不是
任务界限	不严格	一般	严格
技术职员的专业化程度	高	中等	低
技术的重点	人际关系	技术和人际关系	技术
决策集权程度	低	中等	高
规范化	低	中等	高

（二）部门技术对组织结构的影响

美国的管理学家查尔斯·佩罗（Charles Perrow）提出用两个指标作为划分部门技术类型的依据：

一是任务的多样性：该部门工作中事先未曾预料到（或规章中没有规定）的新事件发生的频率，反映了部门活动在重复性或突发性方面的特点。

二是工作活动的可分解性：生产或工作活动是否可以分解为具体的工作阶段和工作步骤。

根据任务的多样性和工作活动的可分析性这两个维度建立象限，可以得出四种主要的部门技术：例行性技术、技艺性技术、工程性技术和非例行性技术（见图3-9）。

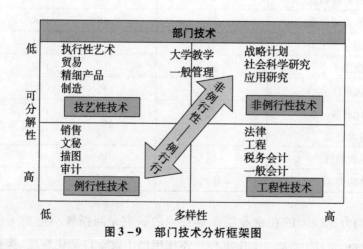

图3-9 部门技术分析框架图

（1）例行性技术。任务具有较低的多样性，但具有较高的可分析性，工作被规范化和标准化。通常指的是一些有方法可循的例行性的工作，例如文秘工作，以及重复性高的销售、审计等。

（2）技艺性技术。任务具有低可分析性和低多样性的特点。部门活动比较稳定，但是活动或任务的完成、问题的解决是员工以经验、智慧和直觉为基础的对无形因素做出的反应，因此执行任务时需要全面的培训和经验。例如贸易、艺术表演和精细产品的制造等。

（3）工程性技术。任务具有高可分析性和高多样性的特点。使用这种技术的部门工作一般是复杂的，因为在任务的完成过程中存在较高的多样性。然而，各种活动通常都是按照已建立的程式、程序或技术处理，因而降低了员工完成此类活动的难度。常见的例子包括工程、法务、会计等相关事务的处理。

（4）非例行性技术。具有低可分析性、高多样性的特点。在非例行性技术中，大量的工作是分析问题，尽量提出解决问题的多个方案，以供选择一个相对较好的解决方案。在这种情况下，雇员的直觉、智慧和经验与其业务技能和能力同等重要，都是解决问题和完成工作必不可少的素质。这样的技术特点一般出现在研发部门、战略与决策部及其他设计新项目或新产品的工作。

采用不同技术的部门的组织结构存在本质的差异，组织需要从技术的角度出发进行部门的结构设计，使得组织结构和部门技术相匹配，提高部门和组织的工作效率。部门的技术类型和组织结构特征的关系如表3-5所示。

表3-5 部门技术类型与组织结构特征的关系

组织结构特征	部门技术类型			
	例行性技术	技艺性技术	工程性技术	非例行性技术
规范化程度	高	适中	适中	低
人员专业素质	稍需专业训练和经验	需要工作经验	需要正规专业教育	需要专业教育和工作经验
管理幅度	宽	适中偏宽	适中	窄
集权程度	高	适中	适中	低
沟通类型与方式	纵向的、书面的	横向的、口头的	书面的、口头的	横向的、口头的
控制方法	规章、预算、报表	训练和会议	报表和会议	明确责权目标、会议
目标重点	数量和效率	质量	可靠性和效率	质量
组织结构类型	机械性	偏向有机性	偏向有机性	有机性

（三）部门间工作流程的依存性对组织结构的影响

依存性指的是各个部门间在完成任务中彼此对资源（人、财、物、信息）的依赖程度。

低依存性是指部门能够独立完成其工作而彼此无须相互作用、协商或交换资源,而高依存性则意味着部门间必须不断地交换资源。美国管理学家詹姆斯·汤普森(James Thompson)从组织内各个部门技术间相互联系的角度来分析技术,并揭示技术与组织结构的相互联系。他把技术分为三大类型:集合性依存、序列性依存和互惠性依存。

1. **集合性依存**

这类技术的特点是各个部门都可以独立地工作,彼此间没有什么生产技术上的联系,它们分别地为企业做出贡献,依存性程度最低,如图3-10所示。如麦当劳餐厅和银行的分支机构。集合性依存技术对结构的要求是:决策权可以适当分散;部门间的沟通和协调要求较低,一般通过执行企业的统一规章、标准和程序来维持各部门间的协调,单位间不需要进行日常的协调。

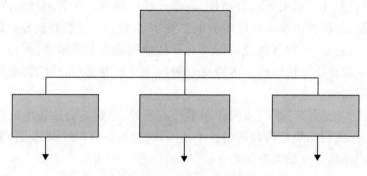

图3-10 集合性依存示意图

2. **序列性依存**

这类技术的特点是:一个部门的产出成为另一个部门的投入,按顺序完成产品的制造任务或某项管理业务,依存性处于中等程度,如图3-11所示。序列性依存技术对结构的要求是:要求决策权适当集中,以加强各部门的协调配合;部门之间的沟通协调要求较高,一般通过加强计划工作,统一安排计划进度来协调各单位的活动,保证生产和工作的衔接,为解决例外事项,同时必须实行各部门间的协调和调度。

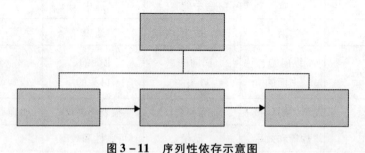

图3-11 序列性依存示意图

3. **互惠性依存**

这类技术的特点是甲部门的产出是乙部门的投入,而乙部门的产出又是甲部门的投入,相互联系非常紧密,互相提供资源,依存性程度最高,如图3-12所示。互惠性依存技术对结构的要求是:要求决策权有较多的集中,以加强各部门的协调和配合;不仅要加强计划和调度,必要时还要随时召集碰头会议,实行有关部门面对面地沟通和相互调整。

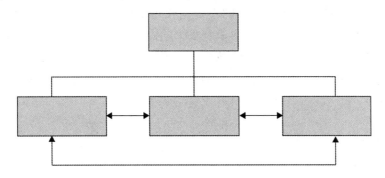

图 3-12 序列性依存示意图

在组织设计的过程中,我们除了要考虑到企业层面和部门层面的技术因素以外,还需要考虑到部门间工作流程的依存性对组织结构产生的影响,并依据这种影响做出合理的设计。部门技术的依存性与组织结构的关系如表 3-6 所示。

表 3-6 部门技术的依存性与组织结构的关系

部门技术 类型	组织结构特征			
	依存程度	集权程度	沟通要求	主要协调方式
集合性依存	低	低	低	规章、标准、程序
序列性依存	中等	中等	中等	计划和进度表
互惠性依存	高	高	高	相互协调、小组会议

二、信息技术的发展对组织结构的影响

(一)信息技术及影响

信息技术(Information Technology,IT)指的是主要用于管理和处理信息所采用的各种技术的总称,包括传感技术、计算机与智能技术、通信技术和控制技术等。信息技术区别于一般技术的特征在于其服务的主体是信息,核心功能是提高信息处理与利用的效率、效益。同时,由信息的秉性决定信息技术还具有普遍性、客观性、相对性、动态性、共享性、可变换性等特性。

20 世纪 90 年代以来,现代信息技术快速发展,人类进入一个充满机遇和挑战的新时代。一方面,信息技术推动着传统产业的技术升级,信息产业逐渐成为经济增长的引擎。信息技术在组织中的广泛应用减少了交易过程中的信息不完全和不对称的情形,使得组织处理信息、进行决策和管理的手段和方法都发生了革命性的变化,组织结构也随之发生了变化。例如,通信技术的应用(如电子邮件、视频会议)使得信息扩散迅速,减少了信息

流通的中间环节,也减少了对中间层次的需求,推动了组织结构的精简。另一方面,信息技术引发的一系列变革使得组织面临的不确定性也变得越来越强,传统的组织结构可能已经不再适应组织发展的需要,信息技术对组织结构提出了新的要求。例如,知识共享对现代组织越来越重要,但传统的机械性结构不利于部门之间的横向沟通,过多的管理层级也会阻碍信息的有效传递,因此这就需要加强组织的横向联系,扩大管理幅度,促进组织结构的扁平化。

(二)信息技术与组织结构

1. 组织结构的扁平化

管理学大师德鲁克曾经提出:"未来的企业组织将不再是一种金字塔式的等级制结构,而会逐步向扁平式结构演进。"传统的管理组织形式是金字塔式,从上到下,递进控制的层次结构,其严格的等级体系和明确的责权统一保证了用人工方法收集和传递信息的准确性,但过多的管理层级带来了巨大的中间成本。现代组织在面临高度不确定性的外部环境时,信息能否及时有效的传递以便组织快速做出应对措施,已经成为组织生存和发展的必要条件。而基于网络化的信息系统可以减少信息传递的中间环节,促进组织结构的扁平化,而且信息传递速度快、成本低,组织管理者和员工间的合作和协调也能得到很好的改善。

2. 组织结构的集权化和分权化

信息技术提高了信息的传递速度和效率,加强了管理人员处理信息的能力,使其可以集中精力处理更多的决策,同时也带来了信息共享,使一线员工有机会接触到更多的信息,增加决策能力和市场反应能力。一方面,希望集权的人可以自己处理更多的决策;另一方面,希望分权的人也可以把决策大量地分给下级管理人员来做。同时,网络化信息通道可以把内化的信息连为整体,避免信息割据与扭曲,也为分权化创造条件。

3. 组织结构的网络化

在信息技术环境下,组织为了获得更多的市场机会,就必须使组织的触角渗透市场的各个角落,这就要求组织结构必须向网络化进行转变。组织结构的网络化指的是管理组织中的决策点由一个变为多个,多个决策点形成多个信息中心,每个信息中心上都汇集着大量的信息,并且相互之间保持着密切的联系,这些信息中心组织结构的网络化强调组织内部的个体、群体和部门之间以及它们与组织环境的关键成分之间的相互依赖性,能快速适应外部环境。网络化的组织结构使得严格的等级制形式的命令链被网络化形式的沟通所取代,传统的命令沟通方式变为协商式的沟通方式,从而带来了交易成本的显著降低和管理效率的极大提高。

4. 组织结构的柔性化

传统刚性组织的基本特征是命令和信息的传递主要依靠纵向渠道,指挥和反馈以纵向等级链为基础。由于刚性组织实行集中决策,命令自上而下地逐级下达,实行统一指挥,在外部环境稳定的条件下,是一种运行效率较高的组织结构形式。随着信息时代的到来,组织环境因为信息的迅速传播而变得更为复杂和不确定,刚性组织比较刻板,很难迅速做出应对,同时信息社会个性化的生产与消费方式的兴起,使其面对数量巨大的"一次性"决策问题,这将使擅长处理程序化决策的刚性组织无所适从。因此,以严格的纵向和横向分工为基础并强调工作的程序化和规范化的刚性组织显然不能适应时代的要求,因而将可能被具有柔性特征(高度弹性、流动性与分权)的组织所取代。

5. 组织结构的无边界化

传统的组织为保证内部的稳定和秩序,在各层次和各部门之间、供应商与顾客之间、不同地理位置之间存在着明显的界限,并通过一系列行政和市场的控制手段来加强组织运作的稳定性。然而信息技术的普及和推广,使得企业之间、产业之间、地区之间甚至国家之间的壁垒比较容易被打破,企业的经营活动将越来越不受时空的局限。同时,过分僵硬的界限束缚了企业的活力,妨碍员工最大限度地发挥创造力。因此,需要组织放松控制,以保持一定的灵活性。组织的无边界化并不意味企业组织外延无限扩大,不需要任何界限,而是企业不再用工具和构架将人员、任务、工艺及地点分开,而是建立一种有足够柔性的结构,打破原有僵硬的分工体系,可随环境的变化不断整合其机构和业务流程。随着企业更加注重顾客和日益被市场所驱动,职能边界将让位于对不断变化的顾客需求和竞争性的产品供应。

> **知识拓展**
>
> ### 从"云计算"到"云组织"
>
> "云计算"(Cloud Computing)的概念最早是谷歌的 CEO 埃里克·施密特(Eric Emerson Schmidt)在 2006 年的搜索引擎大会上提出的。现阶段广为接受的是美国国家标准与技术研究院(NIST)定义:云计算是一种按使用量付费的模式,这种模式提供可用的、便捷的、按需的网络访问,进入可配置的计算资源共享池(资源包括网络、服务器、存储、应用软件、服务等),这些资源能够被快速提供,只需投入很少的管理工作,或与服务供应商进行很少的交互。简言之,云计算就是人们可以通过计算机网络使用所有的资源,并且这些资源可以自动达到最优配置而无须人工的干预。可以设想一下,如果把这种信息技术应用到组织设计中,会产生怎样的效果?
>
> 早在 2010 年,腾讯的掌门人马化腾就对组织的变革作了如下畅想:"未来的组织架构,是要通过信息技术和互联网技术将社会的各个资源在它需要的时候,快速地聚集起来,完成一项任务后立刻消散,又能够进行下一轮新的组合。"这似乎很契合"云计算"的本质。回到我们所处的时代,多元化、个性化和快速变化的用户需求推动着传统组织模式的转型,要满足互联网时代的用户需求只能通过类似于"云"的结构将多种资源进行整合。即将资源集中到一个"云台"上充分共享、随时调用。由此,一种新的组织模式——"云组织"诞生了。
>
> 在"云组织"中,人力资源被上传到了所有需求者能接触到的"云端"或"云台"上,能够随需求被调用,利用效率提高至最大,而任何需求都能得到"云"的回应。从经济学的角度上来看,这种组织形式显著降低了企业内部的交易成本。不仅是在组织内部,

> 当需求超过了一定的限度时,组织内部的人力资源已经无法形成有效给予,就需要引入外部资源。云计算技术的出现和发展降低了市场交易的成本,这使得组织更倾向于采用市场的形式,企业会更加乐意采用外包等方式来实现价值链上的环节。事实上,不管是对企业封闭的内部市场还是开放的外部市场,只要能够改善信息的交流,组织都有可能进入新的形态。当用户、企业和外包商随时互联,随时在线时,通过大数据分析线上的沉淀,就可以使信息接近完全对称,以实现人力资源的高效率。
>
> "云组织"的本质,是基于"云台"运行"市场机制"的平台模式。"云组织"并不是传统的科层机制,而是要去行政化,让位于业务单元和个人的主观能动性。管理者不以行政命令来调配资源,他们的任务是让这个生态更加活跃,而不是替代他们做出决策,束缚他们的自由。由于"云组织"可以智能地配置资源,产业价值链上企业个体的选择以及在价值链中的分工及安排则可以由云计算自动智能的完成,这就使得组织的边界模糊化,组织之间的关联更加动态。
>
> 总之,信息技术的快速发展已经不可避免地影响到了组织设计的工作,"云组织"是顺应时代和社会发展的产物,它很可能成为新型组织结构的代表,并将在未来发挥其重要作用。

第四节 规模与组织设计

一、组织规模的定义

组织规模(Organizational Size)即组织的大小。对企业规模的衡量,可以用多种指标,常用的有:职工人数、企业生产能力(年产量)、年销售额、企业投资额、企业总资产等。不过,在组织设计领域中,80%以上的组织理论研究者认为,组织规模主要是指一个组织内拥有人员的数量。组织的规模在某种意义上对组织结构的影响是决定性的。

二、组织规模与组织结构

(一)彼得·布劳的研究

美国组织学家彼得·布劳在分析总结组织规模对组织结构的影响时,明确指出:"规模是影响组织结构最重要的因素,但是,在组织初期组织规模对组织结构的影响要大于当组织规模达到一定程度后再扩大时对组织结构的影响程度。"例如,当一个组织的总人数从原来的600人增加到700人时,其对组织结构的影响程度就大于从原来2 600人增加到

2 700人的影响,如图3-13所示。从图3-13中我们很容易得出结论:组织规模对组织结构的影响程度随组织规模的增加是逐渐递减的。

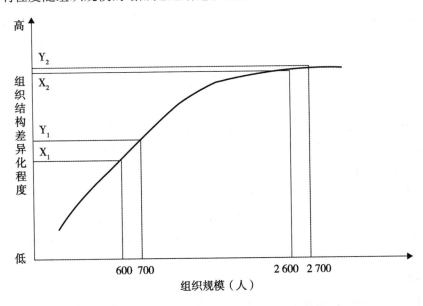

图3-13 组织规模对组织结构的影响程度

(二)大规模和小规模

组织规模是不是应该越大越好呢?为了回答这个问题,我们先来看一下大型组织和小型组织的不同之处,如表3-7所示。

表3-7 大型组织和小型组织间的差异

大型组织的特点	小型组织的特点
实现全球性经济规模	实现地区性反应与灵活性
纵向层级、机械性	扁平化结构、有机性
结构复杂	结构简单
稳定的市场	寻找适当的位置
"组织人"	"企业主"

资料来源:改编自John A. Byrne "Is Your Company Too Big?" *Business Week*, 27 March 1989. 84-94。

从表3-7中可以看出,大型组织的结构比较复杂,拥有较多的纵向层级,采取机械性运作的方式,而小型组织结构比较简单,具有扁平化、有机性和自由流动性的管理方式。实际上,大规模的组织通常是标准化的,为了完成复杂的工作、生产复杂的产品,以及参与广阔的市场竞争,组织结构也相应比较复杂,同时这类组织往往会产生官僚制,降低组织的效率。相比较而言,小规模的组织具有较强的灵活性和环境适应性,能对市场和顾客做出迅速反应。值得注意的是,通常小规模的组织在成长壮大的过程中可能会不可避免地逐渐注重纵向层级制的机械性结构转化,同时产生大量的"组织人"而非"企业主"。能否将大规模组织的资源优势和小规模组织的灵活性结合起来呢？通用电气的前 CEO 杰克·韦尔奇(Jack Welch)提出了一个"大公司和小公司的混合"的观点，即把大企业重组划分成小公司集团，以获得小公司的思维模式。目前这种观点正被越来越多的公司所采纳，例如中国的互联网巨头腾讯科技公司，根据业务和产品类型把整个企业划分成不同的事业群，每个事业群再由若干个小的工作团队组成，这既保留了大组织整合资源的能力，又实现了小组织的简单和灵活性。

(三)组织规模对组织结构的影响

大多数研究表明，大规模组织和小规模组织的组织结构的差异性主要体现在以下方面：组织的正规化、组织的集权化、组织人员的比例以及组织结构的复杂性。

1. 组织的正规化

一般来说，大规模组织的正规化程度要高于小规模组织。这是由于大规模的组织依赖于条例、程序和文件来实现标准化和众多部门和雇员的控制，因此组织的正规化程度较高。而小规模组织主要是通过管理者的个人观察来对部门和雇员进行控制，相应的正规化程度较低。

2. 组织的集权化

随着组织的不断成长和壮大，组织内部的部门和人员也越来越多，专业化的分工也会更加明显。这时，如果决策权力只是集中在最高层，不仅会影响到决策的效率，也会使管理层疲惫不堪。因此，当组织规模扩大时，组织的集权化程度就会降低。

3. 人员结构

在组织相关的研究中，一般采用人员的比率来描述组织的人员结构，其中，最经常研究的是管理人员的比率和专业人员的比率。大型组织和小型组织相比，具有更完善的体制机制，这使得来自高层的监督需要减少，同时由于部门的增加和专业化分工需要，组织规模的扩大会带来专业人员的比例上升和中高层行政人员的比例下降。

4. 结构的复杂性

复杂性包括了纵向的复杂性(纵向的层级数)和横向的复杂性(横向部门或事业部数)。随着组织规模的扩大，企业的组织结构越来越复杂。一方面是员工人数的增加，为保持合理管理跨度，组织需要增加纵向的层级；另一方面，伴随规模的扩大，专业化分工的需要也日益突出，组织将设立更多的部门或者事业部。

不同规模的组织相应的组织结构要素情况如表 3-8 所示。

表 3-8 大型组织和小型组织的结构要素对比

结构要素	小型企业	大型企业
管理层次数目	少	多
部门和职务数量	少	多
分权程度	低	高
技术和职能的专业化	低	高
正规化程度	低	高

续表

结构要素	小型企业	大型企业
书面沟通和文件数量	少	多
专业人员比率	小	大
文书、办事人员比率	小	大
中高层行政人员比率	大	小

第五节　生命周期与组织设计

一、组织的生命周期

组织的成长过程,如同人的成长要经历幼年、青年、中年、老年等阶段一样,也要经历不同的阶段,在每一阶段上,都具有独特的组织特征和不同的组织危机,组织的这种成长过程和阶段,称为组织的生命周期。1972 年,美国哈佛大学的拉里·E. 葛瑞纳(Larry E. Greiner)教授在"组织成长的演变和变革"一文中,第一次提出了组织生命周期的概念。1983 年,美国的罗伯特·E. 奎因(Robert E. Quinn)和金·卡梅隆(Kim Cameron)在"组织的生命周期和效益标准"一文中,把组织生命周期简化为四个阶段:创业阶段、集合阶段、正规化阶段、精细阶段,如图 3 – 14 所示。

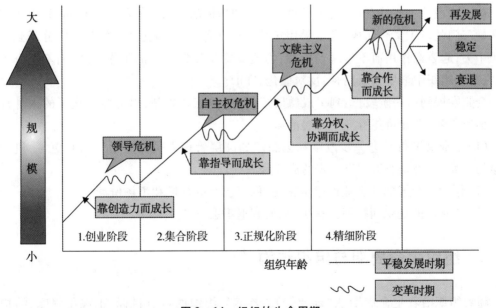

图 3 – 14　组织的生命周期

1. 创业阶段

这一阶段的主要特点包括:公司创建者多是技术人员或企业主,他奉行技术导向和市场导向,把全部精力集中在制造和销售新产品上,并不重视管理方面的活动;企业往往还没有正式的、稳定的组织结构,分工粗,员工间的交流多采用非正式的方式;每日工作时间较长,依赖适当的报酬或分享股权;对企业内部活动的控制,主要依靠创业者亲自监督。此时,组织面临的主要危机是领导危机,可以通过创业人自己学会当管理者或聘请一名新的优秀领导人的方式来解决。

2. 集合阶段

这一阶段的主要特点包括:企业建立按职能划分的组织结构,人员有较明确的职责和分工;主要的管理制度(财会制度、人力资源制度等)初步建立起来;初步建立职工的激励制度和工作标准,以部分代替领导人的亲自监督;职工之间的沟通开始采用正式的、书面的沟通方式;公司经理及其高级助手掌握各项指挥、决策权力,下层管理人员只能是职能专家,执行命令,没有自主权。此时,组织面临的主要危机是缺乏自主权危机。组织可以通过实行分权,并在分权后强调管理的正规化的方式以寻求适当的控制和协调。

3. 正规化阶段

这一阶段的主要特点包括:实行分权制的组织结构,日常的生产经营权下放到由较低的管理层次来行使;高层管理主要从事经营战略和重大的财务、人事决策,以及处理公司的例外性事务;组织结构强调专业化、制度化、规范化,规章制度得到进一步健全并得到严格执行;对下级职工的考核和激励,不凭领导者个人的感情和印象,而依靠正规的、客观的奖惩制度;书面的、正式的信息沟通方式大大增加。此时,组织面临的最大危机是文牍主义(官僚)危机,可以通过实行协作、团队的新观念和更具柔性、灵活性的管理方式来应对。

4. 精细阶段

这一阶段的主要特点包括:注意通过小组的群体活动来迅速解决各种问题,该小组由各职能部门的员工集合而成;常常采用矩阵的组织结构;削减公司总部职员,分派到各个小组中去,起咨询作用而不是现场指挥;物质奖励是依据小组的工作成绩,而不是个人成绩;在整个组织中鼓励创新精神,反对僵化、守旧。

企业发展到这一阶段,达到了成熟阶段,但它仍需要更新,以适应变化了的内外部环境。面对更新,企业可能有三种发展前途:

(1)企业又进行了进一步改革和创新。如高层管理人员的经常培训和更替,机构和规章的精简,使得企业得到进一步的成长和发展。

(2)作为一个成熟的企业而稳定存在,保持已有的规模和市场份额。

(3)遇到新的危机而得不到解决,从而衰退下去。

二、组织生命周期与组织结构

随着组织沿着生命周期从"幼年"到"老年",组织的重点目标、正规化程度、结构形式、集权程度等组织特点都将发生变化,如表3-9所示。

表 3-9　生命周期中的组织特点

	创业阶段	集合阶段	正规化阶段	精细阶段
重点的目标	生存	成长	声望,稳定性扩大市场	独特性,完善的组织
正规化程度	非正规化	初步正规化	正规化	正规化
组织形式	直线制	职能制	职能制或事业部制	职能制加矩阵结构
集权程度	个人集权	上层集权	有控制的分权	有控制的分权
高层领导风格	家长式	有权威的指令	分权	参与
奖励方式	凭个人印象和感情	个人印象和制度各半	有正归的考核和奖励制度,不靠个人印象和感情	系统考核,按小组奖励

从表 3-9 中可以看出,组织从创业阶段逐步过渡到精细阶段的过程中,组织的重点目标从基本的生存到形成自己的特色和完善的体系,正规化程度不断增强,集权程度不断减弱,领导风格从家长式到民主式,奖励方式从随意性到系统性,组织的结构也从最简单的直线制逐步发展到强调管控又不失灵活的职能制加矩阵结构的模式。其实对于组织设计者来说,最重要的一点就是无论组织处于生命周期中哪一个发展阶段,都要设计出与组织发展相匹配和适应的组织结构模式。

第六节　人员素质与组织设计

一、人员素质对组织设计的影响

人员的素质是指一个人学识、才华、品德、风格等方面的基本素质。组织的人员素质包括员工的价值观念、思想水平、工作作风、业务知识、管理技能、工作经验和年龄结构等。

人员素质对组织结构设计的主要影响表现在以下几个方面:

1. 集权与分权的程度

组织的人员素质的状况是决定集权、分权的重要条件之一,组织成员的业务水平高、工作态度好、自我驱动力强,则企业有条件较多的放权;反之,则以较多的集权为宜。

2. 管理幅度大小

如果组织的管理者的专业水平、管理经验、组织能力较强,就可以适当地扩大管理幅度;反之,则应当缩小管理幅度,以保证管理工作的有效性。

3. 部门设置的形式

不同的部门设置形式对人员素质特别是部门的领导者的人员素质的要求是不同的。例如,要实行事业部制,一个重要的条件就是干部要有比较全面的领导能力,才能取得好的效果;又如,实行矩阵结构,则项目经理的人选也要求在职工中有较强的威信和良好的人际关系,具有较多的专业知识和工作经验,具有较强的组织能力和人际关系技能。

4. 定编人数

机构的定编人数,要受到组织现有人员的素质制约。如果人员素质高,综合能力强,则一人可以身兼多项任务,减少编制;反之,编制可能会臃肿或超员。

5. 横向沟通的效率

人员的思想水平、工作作风和业务素质对于加强横向联系也有影响。良好而协作的风格可以在某种程度上弥补协调机制在设计上的缺陷。两个部门之间,在相同的沟通和协调方式下,如果双方协作风格高,都从组织发展的全局观察问题,则办事就顺利和迅速。

6. 对组织变革的态度

人员的素质也是影响组织变革是否顺利的一大重要因素。如果组织的人员结构严重老化,管理知识陈旧,人员的改革意识淡薄,则必然思想趋向保守,形成组织变革的重大阻力,阻碍变革的顺利进行,甚至是各种改革方案屡屡告吹。

二、因事设人和因人设事

因事设人指的是首先确定组织结构和编制,然后据此配备必要数量和质量的人员。而因人设事指的是首先要任用具体的干部和人员,然后根据这些人员的素质特点,设计相应的组织结构和职位。到底是因事设人还是因人设事,这是组织设计实践中令人困惑的问题。

著名的管理学大师德鲁克对这个问题旗帜鲜明地表述过自己的观点:我们要坚持因事设人而非因人设事。那在德鲁克眼里,为什么因人设事不可取呢?

第一,因人设事可能会导致组织紊乱,因为个人而影响组织。组织中任何一个职位的变更都会造成一连串的连锁反应。职位设计是把组织作为有机体看待的,各个职位都是相互联系、相互依存的,有的组织为了吸引或挽留人才而特意设置一个职位,必然使组织中其他职位上的人都受到牵连。另外,每一个职位,必然对应一个权力和责任体系,整个组织可能都会因为一个新的职位的出现而发生震荡和调整。

第二,坚持因事设人而非因人设事才能为组织提供所需的各种人才,也只有这样,"我们才能容忍各色人等的脾气和个性"。因为只有能容忍这些差异,"企业内部关系才能保持以任务为重心,而非以人为重心"。德鲁克说,衡量成就的高低,应该按照贡献和绩效的客观标准。而只有在职位的设计和划分不以人为中心时,这种衡量才有可能。他尖锐地指出了在很多企业身上存在的一个通病:用人的时候,只考虑"我喜欢这个人吗"或"这个人能用吗",而不会考虑"这个人在这个职位上能不能干得非常出色"。

第三,"因人设事的结果,是必将产生恩怨派系"。这确实是一个现实中比较敏感的话题,但却是客观存在的。尤其在中国,因人设事而并非都是"用人唯贤",却是"任人唯亲"。人事的决策缺失了公平和公正,就会赶走了好人或破坏了好人的干劲。而派系的形成必然导致群体思维,企业丧失了不同的声音,将缺乏组织变革的能力。

当然,因人设事也并非完全不可取。例如,在组织发展的初级阶段,组织规模不大,业务工作也较为简单,此时因人设事能提高效率,对组织的迅速发展有利。另外,对于组织需要的且稀缺的特殊人才,组织也可以考虑单独设置职位以发挥其作用。当然,组织需要权衡这种特殊人才给组织带来的收益和组织动荡调整的损失的大小。此外,组织在设置职位的时候,要尽可能地降低因人设事对组织产生的负面影响,比如可以设置独立于原来业务的"项目经理"。

事实上,因事设人和因人设事并不是绝对的,组织设计应将因事设人与因人设事相结合。一方面,组织设计的根本目的是保证组织目标的实现,使目标活动的每项内容都落实到具体的岗位和部门,使"事事有人做",这就要求因事设人,保证工作的完成;另一方面,在组织设计的过程中要保证人尽其才,使有能力的人能有机会去做他们真正胜任的工作,因此必须考虑到人与事的有机结合。并且,组织设计不是一蹴而就的,要经过反复和动态的调整。一般来说,第一步是因事设人,按照理性的要求,来确定完成既定职务应当具备的人员素质和编制;第二步是拿设计要求同现实条件作对照,根据实际情况对原定的设计和编制做出适当的修正。总之,因事设人是正确的组织原则,但是,在特定条件下,因人设事也是合理的、必要的。

知识拓展

宇宙冰箱厂案例

某市宇宙冰箱厂近几年来有了很大的发展,该厂厂长周冰是个思路敏捷、有战略眼光的人。早在前几年周冰已预见到今后几年"冰箱热"会渐渐降温,变畅销为滞销,于是命该厂新产品开发部着手研制新产品,以保证企业能够长盛不衰。果然,近来冰箱市场急转直下,各大商场冰箱都存在着不同程度的积压。好在宇宙厂早已有所准备,立即将新研制生产出的小型冰柜投放市场,这种冰柜物美价廉,一问世便受到广大消费者的欢迎,不仅保证了原有的市场,而且又开拓了一些新市场。但是,近几个月来,该厂产品销售出现了一些问题,用户接二连三地退货,要求赔偿,影响了该厂产品的声誉。究其原因,原来问题主要出在生产上。主管生产的副厂长李英是半年前从本市二轻局调来的,她今年42岁,是个工作勤恳、兢兢业业的女同志,口才好,有一定的社交能力。但是,她对冰箱生产技术不太了解,组织生产能力欠缺,该厂生产常因所需零部件供应不上而停产,加之质量检验没有严格把关,尤其是外协作件的质量常常不能保证,故产品接连出现问题,影响了宇宙厂的销售收入,原来较好的产品形象也有一定程度的破坏。这种状况如不及时改变,该厂几年的努力也许会付诸东流。周冰为此很伤脑筋,有心要把李英撤换下去,但又为难,因为李英是市二轻局派来的干部,和上面联系密切,并且她也没犯什么错误,如硬要撤,搞不好会弄僵上下级之间的关系(因为该厂隶属于市二轻局主管)。若不撤换,厂里的生产又抓不上去。长此以往,企业很可能会出现亏损局面。周厂长想来想去不知如何是好,于是就去找咨询顾问某大学王教授商量,王教授听罢周厂长的诉说，思忖一阵，对周厂长说："你何不如此这般……"周厂长听完，喜上眉梢，连声说："好办法！"于是，回去便按王教授的意图组织实施。果然，不出两个月，宇宙厂又恢复了生机。王教授到底如何给周厂长出谋划策的呢？

原来，他建议该厂再设一个生产指挥部，把李英升为副指挥长，另任命懂生产、有能力的赵翔为生产指挥长主管生产，而让李英负责抓零部件、外协件的生产和供应，这样既没有得罪二轻局，又使企业的生产指挥的强化得到了保证，同时又充分利用了李、赵两位同志的特长，调动了两人的积极性，解决了一个两难的问题。

本章小结

面对竞争日趋激烈的外部环境和不确定的市场需求变化，组织会察觉到管理日趋复杂和能力有限，这就必须把权变的组织设计观引入组织设计的思想中。权变的组织设计观是指以系统、动态的观点来思考和设计组织，把组织看成是一个与外部环境有着密切联系的开放式组织系统。组织设计需要考虑的权变因素有很多，其中最重要的包括了组织的环境、战略、技术、规模、生命周期和人员素质。

组织环境指的是所有的潜在影响组织运行和组织绩效的因素或力量，按照界限可以把组织环境划分为外部环境和内部环境，按照系统特性可以划分为简单—静态环境、复杂—静态环境、简单—动态环境和复杂—动态环境四种类型。组织在面对不同环境时应该调整应对策略以适应环境，这也是组织环境分析的意义所在。现代社会中，组织正面临着越来越强的不确定性，组织可以通过增设相关部门和岗位，加强企业管理的协调和综合的职能，增强组织结构的柔性，加强企业计划职能和对环境的预测等方式来应对这一挑战。

战略指的是在组织与竞争性环境的相互作用中，组织为了实现组织的总体目标所做的总体规划。从战略层次、组织如何获取竞争优势、组织的战略需要与外部环境相匹配等不同角度出发可以对战略进行不同的划分。钱德勒提出了组织结构要服从组织战略这一战略和结构关系的基本原则，并给出了企业每一种战略发展阶段和相应的组织设计策略。迈尔斯和斯诺的研究指出战略模式影响结构，一个特定的战略应该被一个有着特殊结构、技术和行政管理环节类型的组织支撑着，因而组织无论是防御者、探索者、分析者还是反应者，都应该采取和战略模式相适应的组织设计策略。

传统的企业技术和现代的信息技术对组织设计都有很大的影响作用。传统的企业技术又可以划分为企业层面的技术、部门技术和部门间依存性技术。琼·伍德沃德对企业技术复杂程度的研究和阿斯顿小组对工作流程一体化的研究是企业层面技术对组织结构影响研究中最具影响力的。查尔斯·佩罗按照任务的多样性和工作的可分解性两个维度把部门技术进行划分，每一类型的部门技术都有相对应的组织设计策略。此外，我们还不能忽略部门间工作流程的依存性对组织结构产生的影响。现代信息技术的快速发展和广泛应用对组织设计提出了新的要求,信息技术对组织结构的扁平化、集权化、网络化、柔性化和无边界化都具有重要影响。

人员的数量是衡量组织规模最重要的指标之一。彼得·布劳的研究指出组织规模对组织结构的影响随组织规模的扩大呈边际递减。组织规模并不是越大越好,大型组织和小型组织都具有各自的优势,而如何结合这两者之间的优势成为当前越来越多的组织在进行变革时所考虑的重要问题。研究表明,不同规模的组织的组织结构的差别性主要体现在组织的正规化、组织的集权化、组织人员的比例以及组织结构的复杂性等方面。

组织的成长过程,如同人的成长,也要经历不同的阶段,在每一阶段上,都具有独特组织特征和不同的组织危机,这些不同的成长阶段就是组织的生命周期。在进行组织设计工作的时候,我们需要了解当前组织所处的成长阶段及特征,并提出与当前阶段所匹配的策略。

人员素质对组织设计也有影响,主要体现在集权与分权的程度、管理幅度大小、部门设置的形式、定编人数、横向联系的效率和对组织变革的态度等方面。大多数情况下,组织设计应当遵循因事设人的原则,但是在某些特定条件下,因人设事可能也是合理的和必要的。

总之,本章内容最核心的就是要告诉管理者要用权变的观点来思考和设计组织,而这种权变观点的本质就是要采取与组织当前面临的环境、采取的战略、组织的技术特点、组织规模、所处的生命周期和组织内人员素质等影响因素相适应和匹配的组织设计策略。

拓展与延伸

1. 组织设计的权变因素主要有哪些?
2. 组织环境分析有哪些层次?在不确定的环境中,组织应该如何进行组织设计?
3. 组织战略的含义及分类是什么?如何对组织进行战略分析?组织战略与组织结构的关系如何?
4. 传统的企业技术和现代信息技术的发展都会对组织设计会产生什么影响?
5. 如何衡量组织的规模?组织规模如何影响组织结构?
6. 组织在不同的生命周期会面临什么样的问题?如何设计与组织生命周期相匹配的组织结构?
7. 人员素质对组织设计有哪些影响?因人设事和因事设人哪个更合理,为什么?
8. 分析信息技术对组织结构的影响。
9. 分析中兴通讯的组织变革。

案例分析：中兴通讯的组织变革

中兴通讯股份有限公司(以下简称"中兴通讯")是中国最大的两家国际化通信设备制造企业之一，其主要产品为无线通信系统、光通信及数据系统、手机三大类。中兴通讯2016年全年营业收入1 012.33亿元，净利润54.14亿元，同比增长25.82%。

本案例回顾了中兴通讯发展过程中的五次组织变革。

一、中兴通讯的历史

1. 1985年到1992年

1978年改革开放以后，我国通信业的发展进入了一个崭新的时代，到了80年代中后期，落后的通信设备与高速增长的通信需求之间的矛盾日益突出。通信成为制约国民经济发展的瓶颈。中兴通讯就是在这样的行业背景下于1985年在深圳成立的。当时注册资金280万元人民币，处在西安的国有企业691厂占总股本的66%。该厂的技术科长侯为贵任总经理。

中兴通讯从开展来料加工电子小产品(如电话机)业务开始，逐步发展，进而从1988年开始转为生产我国市场急需的数字程控交换机，并初步具备了自主研发程控交换机的能力，并以此开拓农村市场。中兴ZX 500用户数字程控交换机被认为是国内具有知识产权的第一台国产化数字程控交换机。

2. 1993年到1995年

1993年年初，中兴进行了股份制改制，691厂等在内的国有股份占51%股份，包括侯为贵在内的技术管理人员占49%的股份，并在国内首创了"国有民营"的新机制。1995年3月，中兴通讯研制出万门机，并由一家生产中小容量的交换机厂商转变为一家生产万门以上大容量交换机的主流电信设备制造商。万门交换机的推出满足了中兴通讯由农村市场转向城市市场的市场转型。这时，中兴提出了"互相尊重，忠于中兴事业；精诚服务，凝聚顾客身上；拼搏创新，集成中兴名牌；科学管理，提高企业效益"为核心的企业价值观。

3. 1996年到2000年

1996年中兴通讯开始了第三次战略转型。总裁侯为贵明确提出实施公司战略上的"三个转变"：产品结构突破单一的交换设备，向交换、传输、接入、视讯、电源等多元化产品领域扩展；目标市场由农话网向本地网、市话网扩展；由国内市场向国际市场扩展。

1997年，通过股份制改造，深圳市中兴通讯股份有限公司成立，并在深圳证券交易所挂牌上市。1997年7月和2001年3月两次在股市融资20多亿元，从而为中兴在3G、数据和光通信等领域的研制提供了巨大的经济后盾。由于上市给公司带来的透明化，公司的战略从过去"立足于行业内部公认的领先企业"过渡到"成为社会公众眼中的优秀通讯企业"。

4. 2000年到2005年

2000年前后，中兴进行了第五次战略转型。在国内传统固定电话网络设备投资增速趋缓、电信重组的背景下，中兴正式确定了移动通信、数据通信、光通信三大战略领域。结果,移动通信战略领域明显见效,尤以 CDMA 和 PHS 为代表,而数据通信和光通信收效不大。故中兴把战略重点从固话通信向移动通信转变。

2002 年,中兴通讯确立了手机、国际化、3G 等三大战略领域。2004 年,中兴通讯仍把战略重点放在这三个方面,确保国际业务、手机终端、3G 三大战略领域的发展。为符合公司发展和国际化战略的长远要求,2003 年 6 月深圳市中兴通讯股份有限公司正式更名为"中兴通讯股份有限公司"。2004 年,合同销售额历史性地突破 10 亿美元,达到 16.44 亿美元,由此中兴通讯由国内市场为主,进入到国际、国内并重,打造世界级企业的阶段。2004 年,中兴通讯股票成功在香港联交所挂牌上市,成为中国"A to H"第一股,共募集资金逾 35 亿港元。

5. 2005 年至 2008 年

2005 年是中兴通讯成立 20 周年。这一年,公司制定了第三个十年规划。规划确定了"中兴通讯,业界领先,为全球客户提供满意的个性化通信产品及服务;重视员工回报,确保员工的个人发展和收益与公司发展同步增长;为股东实现最佳回报,积极回馈社会"的使命和愿景;制定了"以人才国际化为根本,市场国际化为重点,资本国际化为依托,积极迎接挑战,打造全球范围的中兴通讯的知名品牌,力创世界级的卓越企业"的总体发展目标。而当时的近期目标是"2008 年成为国际化运作的跨国企业,2010 年国际合同销售额超过公司整体销售额的 60%"。

2007 年年底,中兴通讯全年营业收入 347.77 亿元,同比增长 49.81%;其中海外收入占 57.77%。凭借在无线产品(CDMA、GSM、3G、WiMAX 等)、网络产品(xDSL、NGN、光通信等)、手机终端(CDMA、GSM、小灵通、3G 等)和数据产品(路由器、以太网交换机等)四大产品领域的卓越实力,中兴通讯已成为中国电信市场最主要的设备提供商之一,并为 100 多个国家的 500 多家运营商,及全球近 3 亿人口提供优质的、高性价比的产品与服务。

二、中兴通讯的经营战略

1. 战略目标与经营理念

中兴在 2008—2010 年的战略目标是完成从"优秀到卓越"的飞跃。中兴将"从优秀到卓越"的目标定义为:在国内,继续通过优质的产品及服务塑造强势品牌;在国外,完成从廉价、技术跟随型的中国企业形象逐步向行业领先、值得依赖的世界一流水平企业全面转型。总裁殷一民这样描述中兴通讯的目标市场:"中兴通讯定位为一家全球性的综合电信设备制造商,其目标客户是那些全球的跨国综合运营商。"

董事长侯为贵在 20 世纪 90 年代中期就确立了如下的经营理念:"我们的企业首先不是为了追求规模大。我们在企业经营管理方面有个重要的原则,'现金流第一,利润第二,规模第三',也就是说不能够单纯追求规模扩张。"这个原则一直保持到现在。另外,他一直坚持抓技术与市场,认为这是中兴通讯的主要竞争能力。下面是他经常强调的话:"如果没有技术和市场很好的结合,一个企业很难竞争,很难发展。技术力量的规模和质量是企业的核心能力。市场营销力量也是企业非常重要的能力。这是中兴发展的基础。"

2. 竞争战略

(1) 与华为的竞争。

中兴在国内的竞争对手是在同城的华为技术公司。2006年华为的销售收入为人民币656亿元,其中65%销售额来自海外市场。华为的产品领域为移动网络、下一代网络NGN、光网络、数据通信、软件及应用及IP等。中兴和华为70%的产品趋同,它们在产品、技术、营销、管理等各个方面都没有明显的差异性,相互间的竞争经常表现为价格拉锯战。

但两家企业面对面的竞争也促进了相互的学习和发展。在人力资源方面,华为早期做SDH的骨干中,就有一些是来自中兴的(当中兴将传输划拨到深圳后),而在中兴占有优势的CDMA和PHS领域,则有一些又是来自华为的(当华为放弃CDMA95和PHS后)。在数据和其他领域,这种人才的相互"调剂"也大量存在;在战略方面,两家公司从2001年起都把重点放在了移动、光通信、数据三个领域。在代表未来趋势的3G和NGN领域,两家公司也几乎是给予了同样的重视。而在其他时候,两家公司则相互扮演战略实验者的角色,比如最早介入接入网的是中兴,但当这个市场被证明有前景时,华为迅速跟上。而华为在数据方面的成功经历,又成为中兴提供战略定位的标杆;在管理和营销方面,两家公司更是在务实的大氛围下,相互借鉴各自适合于对方的一些做法。比如,两家公司都非常重视对客户的增值服务,如为客户提供管理等方面的一些培训;华为规定新入职的市场人员尤其是应届生,必须在客服部门干满一年才能到市场部,而中兴后来也越来越多采用这种方式。

(2) 与海外对手的竞争。

全球最大的通信设备制造商按2008年年初发布的市场份额排名依次为:爱立信(32%)、诺基亚—西门子(23%)、阿尔卡特—朗讯(14%)、华为(12%)、北电网络(6%)、中兴(5%)、摩托罗拉(4%)。这些都是中兴通讯的全球性主要竞争对手。

在海外市场,中兴主要采取差异化竞争战略。用价格优势和优质服务来弥补其在技术上的后发劣势。但值得一提的是,价格战推动中兴和华为稳步增长的同时,国际电信厂商与国内厂商竞价差距正在缩小,从大约70%—80%缩小到目前的20%左右。因此,中兴通讯在价格敏感的低端市场以价格开辟市场,以长期投入培育市场;而在品质敏感的高端市场,则用自己的优势技术和品牌稳步扩张谋求利润。在CDMA无线数字集群、GoTa(全球唯一基于CDMA2000的数字集群标准)等领域,中兴通讯拥有的议价能力堪与世界任何巨头比肩,所以中兴GoTa已经多次在高出所有竞争对手价格的情况下中标。

2008年年初,总裁殷一民对中兴通讯在国际市场上的优势与弱点做过如下的总结:

中兴通讯在国际市场上有如下的优势:①以产品技术的独特优势建立差异化市场优势地位。多年来坚持自主创新并建立以技术驱动的战略联盟,使中兴在PHS、TD–SCDMA、Home Gateway等产品方面有明显的独特技术优势;在一些国际区域市场也从比较优势转化为竞争优势;公司利用多产品线优势而采取的产品融合,也是一个相对优势。②低成本的人力资源、运作成本及强大的学习能力。中兴在国际化经营上之所以能以低价打开市场抢夺客户,很大程度上依赖于其较低的研发成本,而低的研发成本则来自于中国低成本的人力资源和研发人员强大的学习、模仿和创新能力。③与国家战略结合的国家优势。中兴作为中国通信行业的领头企业,在国际化道路上得到了中国政府的许多支持和优惠,公司在制定相关战略时也时刻把握与国家战略思路保持高度一致。在国际化经营中,中兴更多的是考虑如何为中国通讯事业贡献力量,如何为中国通讯企业争光,因而也得到了中国政府的大力支持,更便捷地深入到各地市场中。④从设备供应商向服务提供商转型。中兴在国际市场上加强售前、售中及售后服务的力度,不仅是为了改变国外运营商对中兴乃至对中国通信企业的固有看法,更是从设备供应商向服务提供商战略转型的一种表现。如今,中兴在服务的快速响应优势,尽可能快速满足个性化客户需求及贴身服务优势,"本地合作伙伴+全球化无时差客户服务体系"等方面表现十分出色。

中兴通讯也具有如下的弱点:①企业国际品牌形象不突出。②文化差异,即客户差异和员工本地化问题;中兴目前的解决办法是加强人力资源的国际化。③高端人才稀缺,中兴高端研发人员的稀缺影响集成能力(将概念变成产品的能力)不强。

3. 产品与服务战略

(1)产品组合与技术水平。

中兴通讯的产品集中在通信系统、光通信及数据系统、手机等三大类产品上。与主要竞争对手相比,技术水平上采取总体跟随,局部领先的战略。在产品的技术关联性上,采取了无线传送、手机科技成果相互渗透和交换及接入、数据通信科技成果相互渗透的战略。

由于通信设备有显著的寿命周期特征,中兴通讯在产品组合上和推出上,把握各主营业务生命周期的特质,形成互补,使公司总盈利增长平稳化,为中兴带来长期稳定并不断增加的收入。表3-10描述了中兴通讯的产品战略演变阶段。

表3-10 中兴通讯产品战略演变阶段

阶段	模仿创新 1986—1996	改进创新 1996—2002	集成创新 2002—2007
市场环境	中国通信市场开始起步,初期仍由国外厂商主导,但市场进入机会较多,一批本土厂商开始进入国内低端市场	中国通信市场快速发展,本土厂商开始在国内主流市场及海外低端市场上实现群体突破,与国外厂商展开侧面竞争	全球通信市场重大调整,中国通信市场竞争加剧,本土厂商开始在国际主流市场上寻求局部突破,与国外厂商展开正面竞争
技术环境	交换机技术从模拟到程控的跨越式发展	通信技术从固网到移动的跨越式发展	移动通信技术从2G到3G的跨越式发展
战略路径	交换机国产化	业务多元化	企业国际化
重要决策	1986年开始自主开发交换机产品	1996年2月提出"三大转变"	2002年提出新三大核心战略领域:手机、国际化、3G
代表产品	ZX 500第一台国产化数字程控交换机;ZXJ 10大容量局用交换机	全套GSM 900/1800双频移动通信系统;ZXC 10 CDMA全套移动通信系统	基于CDMA 2000技术的Go-Ta数字集群系统;全套TD-SCDMA商用设备
能力瓶颈	技术的吸收能力	市场的开拓能力	技术与市场的整合能力
学习模式	干中学	用中学	合作中学
组织模式	直线职能制组织	"准事业部制"组织	产品经营团队

(2) 市场驱动的产品开发与自主创新。

中兴通讯的技术自主创新战略,始终坚持把满足市场需求作为目标,将客户价值最大化放在首位。一是提出"50%原则",要求无论是市场人员还是系统设计人员都必须将50%的工作时间用到深入市场第一线,了解客户需求。二是根据市场需求和公司战略驱动公司、事业部各级技术创新和产品开发投资决策流程,决定开发什么产品,取消或重新确定项目的优先次序,分配开发资源。在新产品开发的每个阶段结束时,确定项目继续、取消还是变更方向,根据阶段决策调整资源分配。三是将市场需求管理贯穿产品研发的始终,产品开发管理从产品的全生命周期角度考虑,使市场、物流、财务等跨职能部门协同,成为产品开发运作的主体。这种系列化的市场驱动行为,使中兴通讯的技术创新紧贴市场节奏、顺应市场需求,并通过与国际著名的战略及运营咨询公司合作,建立了市场驱动的产品开发流程,把市场意识融入技术创新的每个环节,提高了技术创新的投资回报。

如侯为贵所言,中兴通讯的核心竞争力"既不是单纯的技术研发能力,也不是单纯的市场能力,而是技术与市场结合的能力""企业自主创新不应该是关起门来搞研究,其成功的标准应该是所研究出来的东西是否被市场所接受,而不是满足于发表论文或通过鉴定"。市场驱动研发的思路在公司的一些文件中被称为"市场导向战略"。

(3) 服务战略。

中兴通讯认为,优质的服务也是竞争取胜的关键。①"精诚服务,凝聚顾客身上"是中兴通讯的核心价值观之一。这渗透在中兴通讯向全球用户提供的多种通信网综合解决方案及服务中。②中兴通讯全球客户中心成立于2002年10月,采用7×24小时工作制全天候为客户提供中兴通讯设备售后技术支持工作。该中心拥有9个子中心、多个设立于研发基地的实验室和一支训练有素的技术支持工程师团队;拥有完善的技术问题解决方案库和先进的模拟实验室环境,能够在全球范围内快速有效地调度和使用技术资源。中兴通讯全球客户支持中心采用中央集中式受理客户技术问题和实时监控解决客户技术问题的全过程开放模式。③中兴通讯还建立了中兴通讯学院,为客户提供技术和管理培训。学院依托中兴通讯强大的技术力量,凭借12年的专业培训经验,利用先进的培训设施,规范的培训管理和优秀的讲师队伍,每年为50 000名客户提供技术与管理类培训,其中包括来自海外20多个国家的数千名外籍客户。

4. 其他战略

(1) 深入运营战略。在发展中国家纷纷开放电信运营的大形势下,相当多新兴电信国家运营商缺乏运营经验。中兴通讯早已开始通过"设备+运营"的思路扶植起属于自己的运营商,这成为长期稳占市场、避开对手竞争的上选之策。

(2) 促销沟通战略。在营销沟通方面,中兴采取了体育事件营销、明星代言传播、通过勇担社会责任树企业形象、通过企业家品牌促品牌形象等战略。

(3) 价格战略。中兴通讯与国外对手的竞争采取了"低价格开辟市场,优服务守住战场"的战略。

(4) 供应链管理战略。中兴通讯的供应链管理实质上是以客户为核心,与整个供应链条上的供应商结成"战略联盟",以竞合关系取代竞争关系,以供应链整体价值最大化为目标的运作理念,这种理念能够灵活应对市场变化,更适合未来激烈的竞争环境。总裁殷一民非常强调供应链的重要性。他认为:"如要一个公司在供应链运作方面没有竞争优势,那就索性别去竞争。全球性的竞争使市场变化太快,单个企业依靠自己的资源进行自我调整的速度赶不上市场变化的速度。但中兴通讯本身必须具有核心竞争能力,供应链业务伙伴关系才会持久。"

(5)品牌建设战略。中兴的品牌管理可分为三个层面:公司层、区域层和产品层,各方面都要承担相应的品牌推广工作。① 在公司层面,公司掌控着整体的品牌战略及品牌工作计划的发布,进行重点项目的数据整理,人力以及物力的支持。②在市场片区里,以本地市场为主导制定品牌战略,但前提是不违背公司的品牌战略原则。负责区域品牌建设的部门主要是各营销事业部,他们根据当地市场的需要开展展会专题或其他宣传活动。③在产品层面,由于"区域是跨产品的,产品是跨区域的",各产品事业部也负有一定的品牌建设职能。

三、中兴通讯的组织结构演变

随着中兴的发展,其组织结构模式在不断调整。中兴通讯组织变革是基于问题导向的,即当原有的结构不能满足企业发展的需要时就进行变革。当然,新的组织结构也未必能解决所有的问题,这时中兴通讯会在此基础上进行调整,或引入新的机制。

1. 1998年以前的直线职能制

中兴通讯在1998年之前采取的是典型的直线职能制,下设五大体系:市场体系、研发制造生产体系、财务体系、人事行政体系和综合管理体系。市场体系和研发制造生产体系为核心业务体系。当时主管的两位副总经理分别是史立荣和殷一民,他们在公司资历深、威信高,当时称副总裁。其他体系为辅助支持体系。中兴通讯1998年以前的组织结构简图见图3-15。

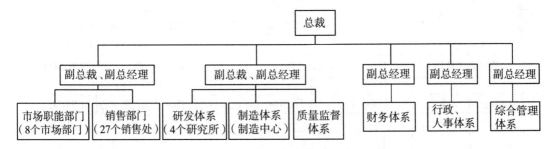

图3-15 中兴通讯1998年以前的组织结构

在市场体系内部,按职能和营销区域划分8个市场部门和多个销售区域部门,由两个副总经理分管。市场职能的8个部分别为负责接待的一部、负责商务的二部、负责宣传和品牌的三部、负责专网的四部、负责国际业务的五部、负责接入网推广的六部、负责联通等新兴运营商的七部、负责接入网以外的新产品的八部。其中一、二、三部是按照专业来分工的,而四、六、八部按产品来划分,五、七部则按客户来划分。这种做法可以使中兴对市场的需要做出快速反应。这种从局部入手的做法,使中兴一直保持着一定的灵活性。

2. 1998年以后的准事业部制

诱发组织变革的主要原因是,1996—1998年期间公司产品结构、销售规模、员工人数

的迅速增长。公司的一份内部文件将原因分为三个方面:

(1) 产品线结构发生质的变化。由单一交换机扩展至交换机、接入网、移动、传输、视讯、电源监控、宽带数据等。其中,接入网 ZXA 10 迅速成长为第二大产品线,1998 年仅接入网产品销售额就突破 10 亿元大关。同时,移动、传输等产品也相继快速成长。

(2) 市场响应速度下降、研发脱离客户需求倾向抬头。这表现为①技术与市场脱节越来越严重(平台越来越多)。②分工越来越细,协调性越来越差;环节多、信息不畅。③压力不足,许多人进了"岛心",感受不到来自市场这个"汪洋大海"的竞争压力,不同程度地滋生了追求稳定、安逸、大锅饭的情绪和现象,责、权、利的关系不那么紧密了,过去小公司的紧迫感、危机感越来越少。④研发项目越来越多,形成的职能平台也越来越多,技术与市场脱节越来越严重。专业化分工越来越细,响应市场的速度却在不断下降,整体组织协调性越来越差,面向一线市场的决策环节越来越多,信息沟通越来越不畅,层级增加,经营压力传递受阻,员工压力不足。

(3) 管理干部缺乏、角色能力转换面临困难、管理幅度过大。由管事到管人、由技术到管理转换速度不够快,习惯性观念和思维占主导。许多本应该在低层解决的事情都需要高层领导出面,使高层领导整天忙于"救火",难于对公司战略管理投入更多精力。

面对三个突出的问题,中兴不得不加紧进行组织调整工作,由集权向分权转化。1998年 12 月,公司决定进行大的组织结构调整,由集权管理的直线职能制改为准事业部制,划分为 4 个产品事业部和 3 个营销事业部,实行集权和分权管理相结合的模式,向集团化发展过渡。调整为准事业部制后中兴通讯组织结构如图 3-16 所示。

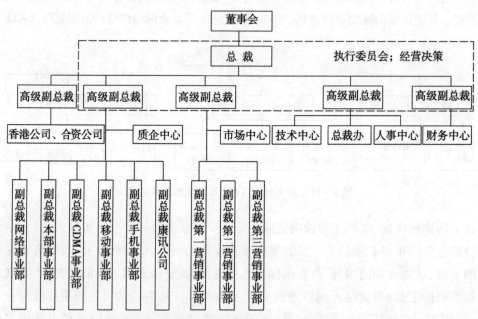

图 3-16 准事业部改制后中兴通讯的组织结构图
(说明:手机事业部是后来增加的,康讯公司是采购与生产制造公司)

在准事业部体制下,总部控制财务管理权、人事规划权、研发战略规划权,重大决策由集团公司执行委员会做出，日常运作由事业部自己负责，集团公司对事业部按照虚拟公司进行单独考核。事业部可以决策开发什么产品，并"销售"给营销事业部，营销事业部从产品事业部"购买"产品。因此对产品事业部考核就有了诸如"销售收入"类似的指标。

中兴通讯产品事业部是公司的技术创新源头和产品平台，直接负责研发质量和效率。其内部组织形式采取了产品线设置与职能线设置相结合的矩阵管理组织方式。

（1）产品线指产品事业部内部某一产品（须经公司正式批准）的业务线，包括从用户需求分析、产品计划、研发、转产、生产、市场推广、维护升级等产品生命周期的各个环节，产品线对各环节的进度和结果负直接责任，关键岗位分别是产品总经理、产品总工、管理经理、项目经理、一线经理等。

（2）职能线指产品事业部与产品线业务工作相关的各部门，关键岗位是研究所所长、各职能部门（系统部、开发部、测试部、工艺部、技术部等）经理、科室负责人。职能线为产品线提供资源（主要包括人员、技术、信息等）支持和保证，履行职能管理职责。

产品线的关键岗位构成产品核心经营团队，把产品生命周期中的关键链条和环节按流程连接起来，使产品总经理由研发负责人，变为真正的产品经营者，使产品线成为真正的经营实体。通过核心层、研发骨干层、研发支持层三个层次之间的协同合作，共同完成下述关键职能：产品策划（产品总工、资深系统工程师、资深市场工程师），市场支持（市场总监），产品研发（研究所总工、项目经理），专利标准（标准总监），质量控制（质量经理），工程服务（工程总监、测试总监），商务成本（商务总监），物流生产（物流总监），财务监控（财务经理），产品管理（管理经理）。

而营销事业部则主要有两大功能：产品销售与用户服务，是公司各产品事业部共同的销售、维护平台，在各特定区域对特定的用户从事销售、维护业务。

总部下辖市场中心，起总体协调作用。市场中心包括集成部、信息部、宣传部、培训部、工程部和客户部。

2002年2月，中兴通讯在充分肯定准事业部运作成功经验的基础上，根据公司面临的内外部环境，对其进行了一次较大的调整。当时外部最重要的变化是中兴通讯的大客户之一——中国电信——分拆为南北两部分，重组形成新的"中国电信集团"和"中国网通集团"。针对客户结构的重大变化，中兴通讯对营销事业部划分方式进行了重大调整，改过去按照地理区域划分的方式为按照客户对象划分。2004年，为推进国际化战略，成立第四、第五营销事业部，与第一营销事业部共同开拓国际市场，通过划小责任区域，提高本土化人员比率等方式精耕细作国际市场。

从1998年到2006年期间，中兴实施准事业部的8年时间里，公司的销售收入由10多亿到2006年300多亿。准事业部制在中兴通讯多元化的发展过程中起到了重要作用。

董事长侯为贵在准事业部制实施4年后对其效果做了如下评价："第一，由于向各事业部下放了决策权，使事业部的积极性和灵活性大为提高，准事业部的总经理和经营层成为公司总体管理链条上的重要一环，管理化整为零，上下分工，具体产品的市场和客户的管理任务由事业部承担，总部从中脱身出来，集中精力于战略规划和协调管理。第二，密切开发、生产、市场三个环节的关系。以产品为对象设立产品事业部。营销事业部是各产品事业部的共同销售平台,只有实现了市场销售,才能计算事业部的利润,使事业部成为阶段利润中心,通过产品事业部与营销事业部之间经济核算和考核纽带把开发、生产和市场三个环节紧密结合起来。第三,强化职能管理。与现场有关的管理业务一般在基层处理,以提高效率。总部的职能部门集中精力研究政策,制定并不断优化程序、规则、监督检查,建立秩序,发挥职能部门的参谋和助手作用。第四,各事业部自成体系,独立经营、核算,可以发挥其灵活性和主动性,并进而增强企业整体的灵活性和适应能力;第五,可促进各事业部之间的竞争,促进企业发展;第六,通过权力下放,使各事业部接近市场和顾客,按市场需要组织生产经营活动,有助于经济效益的改进和提高;第七,有利于培养和训练具备经营能力的管理人才。"

侯为贵还说:"事业部的存在既有大企业的规模,又有成长型企业的灵活。产品事业部、产品线的体制在国内市场对客户的快速反应,确实起到非常积极的作用。我们不怕大企业病,就是因为我们有事业部。"

3. 准事业部制下的弹性团队管理

尽管准事业部制在一定程度上降低了管理的难度,但是,随着时间的推移,事业部的弊端也在中兴充分暴露出来。

客户越来越要求厂商能够从业务的角度提供全套的解决方案,这要求厂商能够在全公司范围内整合产品和技术资源。但相对独立的事业部越来越自成一体,相互之间的协调就成了大问题——协调无力,已经成为中兴当时最大的管理难题。

事业部的问题在2002年前后就开始出现,表现为各事业部本位主义倾向并造成不同事业部重复上相同或相似的产品,事业部之间争资源、争利益现象和矛盾非常尖锐,且总部经常以协调失败告终。例如,2001年公司决定全公司上Oracle公司的ERP信息管理系统,但ERP系统实施推进工作遇到来自各事业部的阻力,推进缓慢,公司从整体上企图形成整个公司信息决策与执行平台的设想遭遇较大挑战,后来还是在侯为贵总裁坚决强制要求下取得ERP上线。再如传输产品相同的项目V52,上海的接入事业部、深圳的本部事业部、南京的网络事业部都争相投入资源立项和开发产品,形成重复投入和公司内部相互竞争。

为避免资源重复投入,避免产品重复开发,以及加强事业部之间协调和公司整体决策,2002年2月公司进行了两项调整:第一,撤销接入产品事业部,把相关业务"合并同类项"拆分,分别归入移动事业部和网络事业部,同时增加了一个新成立的手机产品事业部。第二,为增加总部重大事项决策和协调力度,成立经营决策委员会,由公司总裁和四位高级副总裁定期开会,决定重大事宜和各事业部之间利益与资源协调,并指定专门机构监督执行情况,且列入各事业部总经理的年度考核。

为了降低协调的难度,中兴又开始学世界上所有先进企业的做法,大规模推行团队管理。对"团队作战"的意义是在实践中体会到的。2005年12月,中兴通讯在获悉和黄WCDMA手机项目后,在英国组建了30个人的项目组,实行团队作战,并意外胜出。这使公司意识到"团队作战"与人力投入对海外市场的意义。

团队结构打破部门界限,并把决策权下放到工作团队,有传统结构标准化的好处能提高运作效率,又能因团队的存在而增强灵活性。灵活就意味着能对客户的个性化需求快速做出反应,这是中兴征战海外所必需的素质。团队管理也是一种自我管理,因此对每一位团队成员的综合能力要求很高,尤其是团队的领导者,往往需要企业的中高层领导担当。除了领导者的个人魅力之外,企业文化也是增强团队凝聚力的内化力量。此外,团队结构同样需要明细责任,制定相应的奖罚机制,这样才有利于团队更好地运作。这样,团队组织成了中兴通讯准事业部组织结构的必要补充。为推进团队组织,公司在技术中心设立了大项目总监,大项目总监针对国内外客户业务需求,建立跨事业部的大项目团队,试图解决跨事业部协同问题。但事业部单独考核的体制仍对大项目团队的运作产生阻碍作用。

4.2006年经营控制型的职能与事业部并存组织结构

2006年,随着业务高速增长,国际市场占中兴通讯市场的比例超过40%,中兴通讯进入迈向全球化企业的关键阶段。为适应国际市场需要和加强总部职能,中兴通讯聘请了一家国外咨询公司对公司进行了总部定位的诊断和未来发展方向的咨询。咨询公司分析后认为,中兴通讯当时面临的矛盾和主要问题的根本原因在于"在现有业务单元高度关联的情况下,中兴总部的职能定位过于弱化",并建议在总部设置"市场与运营体系",以加强总部"以市场导向的运营指挥能力"。经过公司总部定位调整和强化国际市场资源配置后,中兴通讯2006年年初的组织结构图见图3-17。

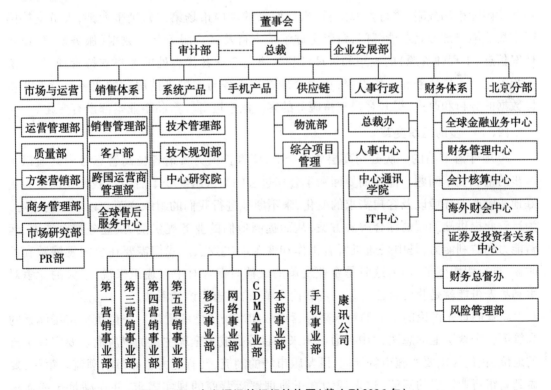

图3-17 中兴通讯的组织结构图(截止到2006年)

新设立的市场与运营体系下有六个部门：

（1）运营管理部负责在细分的产品/市场目标上整合产品事业部和营销事业部的目标，更为详细地监控产品线级的利润，以优化资源配置及产品线的组合。

（2）技术质量部负责改进研发组合管理的权责定义，提出更详细的审核项目建议书，在公司层改进技术规划流程，强化技术能力以增强公司层面的技术规划，强化对业务部门的指导。

（3）方案营销部负责建立复杂解决方案的组织和流程，加强对事业部市场战略的指导。

（4）商务管理部负责公司商务规范、流程和制度的建立，以提高商务操作的规范化和专业化水平，负责公司商务合同评估标体系的优化，负责公司商务运作的分析与评估，建立公司商务预警机制。

（5）市场研究部负责推动市场情报活动管理，建立集中的市场情报 IT 平台。

（6）PR 部负责公司品牌的推广和各部门品牌推广工作协调。

销售体系分为两个部分。第一部分是各营销事业部，负责国内外销售。其中，一、四、五营为海外销售体系，二、三营为国内。一营面向东南亚、中东和俄罗斯市场；二营客户为中国电信、铁通与专网，即铁路、电力、军队专网；三营客户为联通、移动与网通；四营面向南亚、巴基斯坦及东西欧市场；五营面向南北美洲和非洲大陆市场。2006 年 2 月，为进一步强化国际市场战略，进行资源配置，撤销原来的国内市场第二营销事业部，人员支持国际市场。第二部分是职能部门，负责全球维护支持及客户服务基础数据（服务协议、设备档案信息、工程师资源）的收集和管理；跟踪、协调全球各代表处的客户支持管理工作，落实相关运营工作任务和工作汇报；负责全球客户服务与维护支持服务的业务运营 KPI 指标数据的分析和改进，提升客户支持服务的客户满意度等。产品事业本部没有变化。

四、下一步的组织变革

2008 年春节前的一次公司高层务虚会上，董事长侯为贵请各位高管思考中兴通讯下一步的组织变革问题。他在简要回顾了公司过去的数次组织变革后说："我们还需要为更好地适应产业环境以及客户需求的变化，来不断地进行我们的组织变革。以客户为中心，为运营商提供端到端的综合解决方案，从而提高他们的业务提供能力、业务聚合能力、运营能力和盈利能力，是中兴通讯所有工作和变革的出发点。我们需要在公司发展顺利的时候，进行组织变革，因为这时是企业变革的最佳时期。对中兴通讯来说，最大的竞争对手和敌人可能就是我们自己。下一步如何变革，请同志们谈谈看法。"

高管们首先讨论的是他们对未来经营挑战和市场环境的看法。一位负责市场体系的高管第一个谈了他的想法："中兴通讯未来的目标是成为全球主流的供应商。要实现主流的地位，我们必须要实施市场导向，既紧跟市场的潮流，又有能力引导市场潮流。第一，要做到紧跟行业发展的潮流，这表现为真正地理解运营商的现实需求，并在满足这些需求时，与竞争对手相比，做出我们的特色。在这方面，我们要认识到没有最好的技术，只有最适合的技术，也就是最适合客户需求的技术。'给客户提供最适合的技术'常常要历经复杂的过程，必须打通从立项、开发、生产到售后的全流程。第二，我们必须在某些领域具有引领行业潮流的能力。这是满足运营商潜在需求和创造需求的能力。这体现为我们发现运营商的潜在需求并在看准发展方向的前提下，实现技术突破的能力。我认为市场导向是我们评价现有组织的利弊和进行组织变革的重要视角。"

其他的副总裁们也表达了相同的观点。如一个副总认为中兴通讯过去的所有组织变革都是在试图从以技术和产品为中心，向以客户为中心进行转移。在这一过程中，如何调整好组织，始终是中兴通讯面临的一个很难的题目。

高管们还更多地表达了对市场的理解。最近几年，国内、国际客户的需求发生了很大变化，客户需求的不仅仅是单个产品，而是整体解决方案。这种趋势也引发了国际设备商的并购浪潮，在全球电信业出现的整合趋势中，大量电信设备公司都谋求通过整合扩大规模，如爱立信收购马可尼、阿尔卡特并购朗讯、诺基亚与西门子网络设备业务的合并等。随着国内外 3G 进程加快，国内运营商如中国网通和中国电信将肯定获得固定和移动网络融合的业务牌照，这就要求电信设备供应商能够提供全面的解决方案。国外通信市场更是如此，拥有固定网络和移动网络业务的运营商和企业越来越多，这些变化要求设备提供商不仅仅是提供单个产品，而是面向运营商提供融合业务的整体解决方案。例如，中兴通讯去年向美国移动运营商 ClearTalk 提供的是 CDMA 2000 1x EV-DO Rev. A 的全 IP 解决方案，可提供语音、短信及高速数据业务。又如，中兴通讯除了为莱索托提供通信设备以及相关人员培训外，还购买莱索托电信公司一定比例的股份，成为参与莱索托通信业经营的电信运营商之一。

除了大运营商外，大部分电信服务市场开放的国家还有大量的中小型运营商，如美国的运营商多达数百家。美国移动通信业近几年来一直在高速发展，激烈的市场竞争也导致了运营商之间残酷的价格竞争，这些小运营商需要更加全面的系统服务。

在讨论对市场与竞争的认识的同时，高管们也对实施近十年的事业部制组织结构的问题提出了进一步的看法。按照事业部管理方式，任何一个事业部没有能力提供整体解决方案。虽然公司在努力加强团队合作，而事业部之间的沟通壁垒又影响了提供整体解决方案的反应速度，这会导致丢掉增加交叉销售的机会。公司 CDMA 事业部一位高管举例说，公司某一事业部接触一家大客户的时候，一开始只是卖单一的设备，但客户如果还需要其他产品，按照现在的组织结构就要花很长的时间去协调别的事业部。

另外，过去分权的组织结构使得公司在产品选择上有较大的分散性。中兴被业界认为是通信设备厂商中产品线最长的公司，每条大的产品线都是一个独立的事业部，自负盈亏，成为一个独立的利润中心。优点是能够保证利润率，但是由于资源相对分散，以知名的"数一数二"原则来看，中兴的产品线虽然长，除了 CDMA 和小灵通之外，其他产品线在行业内都排不到前几名，竞争优势并不明显。这可能说明中兴通讯在以往战略上对技术的选择过于随意，从而造成资源分散和浪费。部分高管认为，这种结果是事业部体制造成的。

但就组织变革如何做，高管们有不同想法。

在讨论组织变革方案时，一位高管对中兴通讯的同城同行——华为进行了分析。他提到,华为没有像中兴通讯那样实施进行约十年的分权式准事业部制,而是一直采用集权的以流程和职能划分的矩阵式组织结构。这个组织结构中包括市场体系(负责公司的整体市场规划、产品规划、面向客户制订综合性解决方案,负责产品经营、资源分配等);销售体系(负责发展客户关系,获取订单;负责公司工程和服务工作的整体规划);研发体系(其职能是根据市场体系提出的产品开发需求或解决方案,负责产品实现;进行技术预研,不断积累成熟技术);物流体系(负责采购、生产、发货,负责公司硬件平台的建设)等。华为这样的组织结构极大地适应了华为的战略发展需求,提高了组织整体协调的运作能力,加强了总部定位及控制力,提升了关键规划和决策能力。例如,其市场体系的任务是综合商务技术以及产品经营能力,形成公司运作的核心,加强公司统一的产品规划能力和产品经营能力。这从公司整体考虑,保证市场驱动研发和销售的有效运作。

这位高管补充道:"这种组织结构的特点是矩阵式管理,它要求企业内部的各个职能部门相互配合,通过互助网络,对市场做出迅速反应,增强市场竞争力。矩阵式管理的最大优势就是能够实现资源共享,并且提高整个公司的市场反应能力,这两点对于任何一个公司来说都非常重要,尤其对于那些规模相对较大的国际化公司。"因此,他提出的组织变革方案是撤销现有的事业部制,改造成具有矩阵式结构的职能式组织。办法是将产品事业部的市场规划职能合并到现有的市场体系中;将各产品事业部的研究开发职能合并为研发体系;基本维持现有的营销事业部结构,称为销售体系;分散于各事业部的生产制造与采购一起成为物流体系。他也指出,矩阵管理模式对企业各个体系的能力和员工职业素质提出了很高的要求,在这种管理模式下,需求要更明确,目标要更清晰,不同部门之间的沟通要更紧密、更有效,否则管理成本和沟通成本会很高。

还有的副总强调,从供应链的角度来说,面向通信设备市场的全球大客户的销售是市场端驱动的,即按照客户的要求来进行设计研发,是市场驱动研发的模式。在这种模式下,深刻、细密地理解客户的需求,并快速转化为可靠稳定的商用产品,是赢得订单的关键。因此,他同意撤销产品事业部,建立矩阵式职能组织。他进一步提出,中兴通讯需要进行更大的变革。他建议将与产品直接关联的研究部门从研发体系剥离划拨到市场体系管理,从而成立一个产品市场体系。例如,将产品及部分无线研究院和有线研究院等研发部门并入市场体系由市场部门统一领导,其中包括产品及新技术研发等工作。此举的目的是使产品更加贴近市场需求。这与其他高管出于将产品由单一转变为整体解决方案的目的进行的研发部门整合不同,他建议的调整是实现由市场统领研发,这种做法将更具方向性,但同时更加考验对市场的长期深刻理解及短期响应速度。

还有很多不同的声音。有的高管对将产品研发职能并入市场部门持坚决反对意见。他们认为:"从客户处获得创意,也未尝不可。但以市场指导研发,这个度如果把握不好,研发很容易被市场绑架。"还有高管担心:"这样做使技术对客户的支持更到位了,但是技术部门的创新能力就不行了。"

有的高管担心撤销产品事业部建立矩阵式职能组织的潜在问题。他指出,华为能够实行流程型矩阵式组织结构并实现组织超常发展,是因为它有着超强的执行能力。而中兴目前具备这样的条件使基于流程的矩阵式组织发挥作用吗?该高管提醒大家:"华为正在考虑从集权向分权的变革。因为任正非发现华为已经存在相当严重的大企业病,即内部管理系统政治化、官僚化。这表现为华为管理层次多,从客户到分公司再到总部,层层推进的过程中决策缓慢、信息流通慢,交叉、双重甚至多重管理现象多,创新机制开始衰竭,获取客户需求信息的周期变长,服务客户的效率低下。任正飞在一次内部讲话时说,'这些问题是企业规模越来越大,机构越来越多造成的。而官僚都是从总部开始的,总部成了权力机构,听不到'一线炮声'却瞎发指令,靠权力控制一线,逐渐与一线的将士产生矛盾并脱离实际,而一线认为反正是总部负责,自己也不用太费力不讨好。此时,责任问题成了大问题,组织出现僵化,最终创造不了什么价值。'华为正在考虑从集权向分权变革,虽然还没有拿出具体方案。"

还有的高管搬出五年以前中兴通讯董事长侯为贵对当时组织结构的一个判断:"我们不怕大企业病就是由于我们有准事业部制。中兴有大企业的厚实,又有准事业部的灵活。两者结合,可以稳健地面对市场变化。"因此,这些高管认为没有必要撤销产品事业部,而是应该进一步发挥2006年组织结构调整的作用,使面对市场和客户的市场体系的作用发挥出来。市场体系作用发挥的基础是对2004年就已经开始实施的"产品经营团队"和"大项目总监"机制的充分运用。

(案例来源:华中科技大学管理学院案例中心 作者:田志龙 有删减)

第四章
组织结构设计

知识目标

1. 了解组织结构设计的重要性;
2. 理解组织流程设计意义和重要性;
3. 掌握组织结构设计的系统思维方式。

学习目标

1. 掌握组织结构设计的基本知识、基本方法、基本技术及其应用;
2. 具备组织结构设计的能力。

导入案例:变身矩阵结构 青啤总部集权

青岛啤酒股份有限公司(600600.SH,下称"青啤")在2007年进行过一次影响深远的组织变革。这次组织变革"致力于全公司整体一致性、协同性的价值链平台的建设,实现由小价值链到大价值链的整体转型",打造"结构一体化、资源集约化、分工专业化、执行一致性"的组织体系。

青啤公司一位总部高管表示,"此次变革是两年来进行的系统整合的延续。核心是强调整体一致和协同作战,从分权向集权的转型可以说是这次组织变革的最大特点。"

三大中心

青啤自2000年起先后组建8个事业部,把全国的子公司按区域收归各事业部,划小范围管理。实施的是区域管理的事业部制,事业部同时承担区域市场中心、管理中心、利润中心职责。

2005年5月,青啤大扩张时期的事业部制最终撤销,取而代之为8个区域营销公司和3个子公司。变革后的组织结构中,总部是决策服务中心,第二级是营销公司,第三级是工厂。16个职能部门分为3个价值部分——业务职能中心、资源职能中心和支持职能中心。业务部门是价值链,其他各部门对价值链进行资源配置、专业化支持服务。

2007年10月正式开始的新一轮组织变革,将形成战略投资、制造和营销三大中心,公司组织将变成矩阵型结构,三大中心成为全国整体一致、协同作战的大价值链,改变此前全国各地营销公司小价值链单兵作战的格局。尤其体现在营销变革上,据了解,原有的八大营销中心将被打破,营销中心下属的营销公司计划以省级为单位划分。与生产相关的50个工厂及技术、质量、安全等相关部门计划划归生产运营中心,而原来行使总部管理职能的部门将归属战略投资中心。

青啤这位高管表示,目前已经明确成立、即将运行的是营销中心和制造中心,战略投资中心目前还是虚设,总部各管理部门职能在一个时期内将继续行使。

为落实公司组织机构变革方案,公司在人力资源上进行了相应的调整。啤酒行业资深研究者、青岛科技大学教授王家林表示,"新一轮组织变革对青啤来说,生产、营销、管理资源进行整合,实行集权化管理之后,将来主品牌统一做,生产计划统一协调,营销、采购、物流等环节进行全国一盘棋的统一管理,将降低成本,更好适应公司竞争环境的变化,真正实现效率与效益的同步提高。"青啤公司总裁金志国表示,青岛啤酒在全球啤酒行业,在资源配置和市场运营当中,正在从一个啤酒的酿造商向一个品牌的运营商去转型。"青岛啤酒在转型过程中,从公司的组织形态来看,要能够适应全球供应链的组织形态的要求,就要保持组织在新背景下的新鲜度。在新的背景下,青岛啤酒所打造的不仅仅是一种制造能力,更多的是以品牌力和组织力为支撑的参与全球供应链的运营能力和品牌运作能力。"金志国说。

应对华润挑战

早在半年前,新一轮组织变革雏形就已经在青啤公司决策层中酝酿形成。青啤公司执行董事、常务副总裁孙明波在2007年6月20日的一次培训会议中曾表示,"公司面临新的转型,将从分权式的组织管理向集权式管理转变。为什么要实现这一转型?而且马上实现?主要来自市场的竞争和演化,主要是来自华润的挑战。"

2006年,华润雪花以534万千升的产销量位居中国啤酒行业产销量第一,青啤以454万千升位居第二,燕京以352万千升位居第三。2007年华润雪花目标销量是700万千升,青啤目标是508万千升,燕京目标是400万千升。业内人士分析,这些目标在年内实现没有问题。这三大啤酒公司也规划出了2010年目标,华润雪花的目标是率先达到20%市场份额,逾1 000万千升的销量,青啤去年年底提出的是"未来三年产能扩张200万千升"的战略规划。2007年6月5日,燕京啤酒董事长李福成表示,燕京力争2010年实现产销量500万千升。

前有标兵,后有追兵。致力于成为中国啤酒行业领导者、国际市场开拓者的青啤公司感受到前所未有的压力。

"华润的市场,最大特点是协同作战,以集团公司的力量应对青啤区域的力量。青啤的八大营销公司,都感受到华润的威胁。但每一个区域的力量是不够的,这就要实现集团化管理,实施集中化战略。集权管理,就是提升公司的管理水平的重要步骤。"孙明波说。"由分权式管理向集权化管理的转型,应该说面临着相当大的挑战。这种挑战主要来自内部。目前管理人员专业化水平还不够好、不够强。每一个部门必须达到本行、本专业数一数二的水平,必须扎扎实实把本专业做到第一。"孙明波表示。

(资料来源:http://www.chinahrd.net/zhi_sk/jt_page.asp articleid = 134599)

本章将主要阐述组织结构设计的概念、基本原则、主要内容和方法,以指导组织结构设计的实践。

第一节 组织结构设计概述

一、组织结构设计的定义

组织结构决定了人们惯常的行为方式,而人们惯常的行为方式反过来形成组织的结构或对组织进行重构,结构并不能产生整体的一致性,但它有利于防止行为的随意性。组织的效率和可靠性能够通过组织结构设计所形成的结构和制度得到保证。

(一)组织结构

企业的组织结构,是企业全体员工为实现企业目标,在工作中进行分工协作,在职务范围、责任和权利等方面所形成的结构体系。

1. 组织结构的定义

组织结构,描述了组织的框架体系,即组织各部分排列顺序、空间位置、结合方式、隶属关系。指组织的基本架构,是对完成组织目标的人员、工作、技术和信息所做的制度性安排。这一定义说明组织结构的本质是员工的分工协作关系,而设计组织结构的目的是为了实现企业的目标,其内涵主要是人们在职、责、权方面的结构体系。通常,组织结构体系的内容包括以下四个方面:

- 职能结构,即完成企业目标所需的各项业务工作关系;
- 层次结构,即各管理层次的构成,又称为组织的纵向结构;
- 部门结构,几个管理部门的构成,又称为组织的横向结构;
- 职权结构,即各层次、各部门在权利和责任方面的分工及相互关系。

2. 组织结构的特性

组织结构可以用复杂性、规范性和集权性三种特性来描述,表4-1列出了三个特性所对应能解决的关键问题。

复杂性,是指每一个组织内部的专业化分工程度、组织层级、管理幅度,以及人员之间、部门之间关系所存在着的巨大差别性。

规范性,是指组织需要靠制定规章制度及程序化、标准化的工作,规范性地引导员工的行为。

集权性,是指组织在决策时正式权力在管理层级中分布与集中的程度。

表4-1 组织结构设计解决的问题

特性	关键问题	设计内容
复杂性	工作应细化到何种程度?	工作专门化
	工作分组基础是什么?	部门化
	员工向谁汇报工作?	命令链
	管理者直接管理人数?	控制跨度
集权性	决策权在哪一级?	集权与分权
规范性	规章制度多大程度使用?	正规化

(二)组织结构设计

哈罗德·孔茨曾经说过:"组织结构的设计应该明确谁去做什么,谁要对什么结果负责,并且消除由于分工含糊不清造成的执行中的障碍,还要提供能反映和支持企业目标的决策和沟通网络。"组织设计,是指进行专业分工和建立使各部分能够相互有机协调配合的系统的过程。具体地说,组织设计的任务是建立组织结构和明确组织内部的相互关系,提供组织结构图和职务说明书,图4-1显示了组织设计的内容。

组织结构设计是组织设计的结果之一,它指规划或涉及组织的各个要素和部门,并如何把这些要素和部门有机地联结起来,使组织中各个部门和单位有机地协调运作,它包括职能设计、框架设计和协调方式设计。

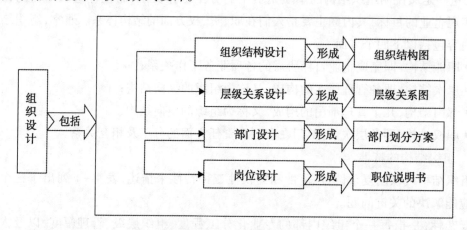

图4-1 组织设计的内容

组织结构设计是一个动态的工作过程,包含了众多的工作内容,归纳起来,主要有以下几点:

- 确定组织内各部门和人员之间的正式关系和各自的职责,勾画出组织结构图;
- 确定组织最高部门向下属各个部门、人员分派任务和从事各种活动的方式;
- 确定组织对各部门、人员活动的协调方式;
- 确立组织中权力、地位和等级的正式关系,即确立组织中的职权系统。

在什么样的情况下,会进行组织结构设计呢?归纳总结大致有以下三种情况:首先,一般企业在建立初期的时候,需要进行组织结构设计;其次,当原有组织结构出现较大问题或企业目标发生变化的时候,需要进行组织结构设计;最后,当一个组织的结构需要进行局部调整和完善的时候,需要进行组织结构设计。

二、组织设计的基本原则

组织设计的目的不仅是为了保证核心价值活动的顺利开展,而且还是为了保证这些活动组成的价值链使企业的价值增值。如何行使有效的组织管理,使通过组织设计并建立起来的组织结构更加有力地支撑企业发展,是每一位管理者的责任。企业要想有效地履行组织职能、进行组织工作,就必须懂得和遵守现代组织设计的基本原则。有效的组织设计应当遵循以下基本原则:

(一)目标一致性原则

组织结构的设计和组织形式的选择必须有利于组织目标的实现。任何组织都有其特定的目标,而组织设计必须有利于组织目标的实现,否则也就失去了存在的意义。同样道理,每一机构又有自己的分目标来支持总目标的实现,这些分目标又成为机构进一步细分的依据。因此,目标层层分解,机构层层建立,直至每个组织成员都了解自己在总目标的实现中应完成的任务。

(二)分工协调原则

在企业组织中,必须明确组织内每个部门及成员之间的分工。在组织分工过程中,要尽可能地给每个成员以不同的工作,同时把工作相同或相似的人编在一起组成一个部门。这样能使工作更为有效;同时,分工应明确具体,把工作落实到个人,必要的工作不能遗漏。分工不仅是发挥专长、提高熟练性的需要,也是为了明确责任,使人能够主动积极地开展工作。分工不清、相互推诿是企业中常见的问题。

企业组织的各个部门及每一个成员的活动必须相互协作、协调一致。组织本身的价值就体现在协作上。分工越细,相互协调就越紧密。但是,企业组织中的部门和岗位又不宜分得过细,以免造成协调的困难。过分强调分工,容易使人只注意局部工作,忘记整体目标;还会造成繁文缛节,增加管理成本,降低组织的效率。组织结构的设计和组织形式的选择越是能反映目标所必需的各项任务和工作的分工及彼此间的协调,委派的职务越是能适合担任这一职务的人的能力与动机,组织结构和形式就越是有效。

(三)管理幅度与管理层次相结合的原则

每一个主管人员都应当根据影响自身管理幅度的因素来慎重地确定自己理想的管理幅度。在服从由组织目标所决定的业务活动需要的前提下,力求减少管理层次,精简管理机构和人员,充分发挥组织成员的积极性,提高管理效率,更好地实现组织目标。要注意管理幅度与管理层次的合理搭配。

(四)因事设职和因人设职相结合原则

因事设职、因职寻人是企业组织的基本原则之一。企业组织原则要由"事"入手,先把要做的"事"确定清楚,构成职务和职位,然后再考虑寻找称职的"人"来填充各个职位,执行明确的职务。这样,才有可能有效实现企业组织的目标,正确地选用人才。一般情况下,应避免因人设职,除非在特殊情况下,为发挥特殊人才的作用,才因人设职。

（五）统一指挥原则

企业从高层到一般员工必须有一个统一的指挥系统。组织中各层次的每个员工均有直接上级，应向直接上级汇报工作，不应越级汇报；否则，会引起被越级人员的不满，给组织造成混乱。同样，每一个上级只对自己直接下级发布命令，不应有越级指挥；否则下级容易受到多头指挥，进而无所适从，最终影响命令的执行。

（六）责权利相统一原则

在进行组织结构的设计时，既要明确规定每一管理层次和各个部门的职责范围，又要赋予其完成职责所必需的管理权限。职责与职权必须协调一致。要履行一定的职责就应该有相应的职权。

企业组织各部门及各成员都应有明确规定的责任、权力、利益，三者要协调统一。明确的责任和权力系统，是解决部门之间和成员之间相互关系的基本准则，是保证整个企业组织有条不紊地进行正常运转的先决条件。每个岗位的责任与权力必须相对称，并与其利益相协调。权力是履行责任的基础，有了权力才有可能负担起责任，责任越大则权力也要越大。责任是对权力的约束，权力拥有者在运用权力时必须考虑可能产生的后果，明白权力大者责任也大，才不至于滥用权力；利益的大小决定了组织成员是否愿意接受权力并承担责任，利益小而责任大的工作人们很难愿意去做，即使做了其积极性也会受影响。组织中的某一层，特别是高层，如果责权利没有得到统一，就会造成整个组织的不稳定。

（七）集权与分权相结合的原则

为了保证有效的管理，必须实行集权与分权相结合的体制，这样才能够加强组织的灵活性和适应性。过分集权会使得管理效率低下，过分分权又往往会造成管理失控，因此，必须做到集权与分权相结合。

（八）精干高效原则

组织部门设置及人员配备应该合理、精干，相互分工明确，协调有序，沟通便捷，从而实现组织的高效运转。组织精干是保证组织高效的必要前提。机构庞大臃肿、反应迟钝会增加管理成本，降低组织效率。

此外，加强组织内的沟通，建立良好的信息传递渠道及各种协调方式，也有利于实现组织精干和高效运转。

（九）动态性与稳定性相结合

组织结构及其形式既要有相对的稳定性，不要总是轻易变动，又必须随组织内外部条件的变化，根据长远目标做出相应的调整。一般来说，组织要进行实现目标的有效的活动，就要求必须维持一种相对平衡的状态，组织越稳定，效率也将越高。但是，组织自身赖以生存的环境是在不断发生变化的，当组织无法适应变化了的情况时，组织本身就会发生危机,组织的调整与变革就是不可避免的了。

(十)有利于人才成长和合理使用的原则

人是组织中的灵魂,组织设计只是为组织目标的实现创造了一定的条件,但是如果没有组织成员的努力工作,也是不可能实现组织目标的。因此,组织设计要有利于人员在工作中得到培养、提高和成长,有利于吸引人才,发挥员工的积极性和创造性。

以上的原则是一般的准则,企业在组织结构设计的过程中应遵照以上的准则结合公司的实际情况具体分析,确定适应企业本身的组织结构体系。

第二节 组织职能设计

一、组织基本职能设计

职能设计,是指对企业的管理业务进行总体设计,确定企业的各项经营管理职能及其结构,并层层分解为各个管理层次、管理部门、管理职务和岗位的业务工作。它使企业的战略目标和战略任务得到管理组织上的落实,并为管理组织的框架结构设计提供科学的依据。主要包括基本职能的设计、关键职能的设计和职能的分解。

进行组织基本职能设计,首先要找出国内外比较先进的同类企业作为参考系,然后根据组织设计的有关变量因素,如环境、战略、技术、规模、人员素质、企业生命周期等特点加以调整,确定本企业应具备的基本职能。图4-2列举了某些行业企业基本职能的典型形式。

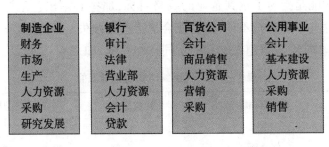

图4-2 不同行业企业基本职能的典型形式

按行业的特点进行设计和调整时,要衡量三个问题:是否有必要增加新的基本职能?是否有必要细化某些基本职能?是否有必要简化某些基本职能?

按企业的技术特点进行设计和调整时,要注意的是技术水平的提高将引起基本职能的增加和细化,技术实力的强弱对某些基本职能提出不同的需求,如图4-3所示。

调整企业基本职能时,还需要考虑其他因素,如外部环境的特点、企业规模和企业组织形式等,图4-4显示了我国企业在经济转型时需要调整的职能。

技术实力弱：
- 强化经营决策职能
- 健全并强化人才开发职能；
- 强化技术情报工作。

技术实力强：
- 健全并不断强化涉外经营职能；
- 健全横向联合方面的管理职能；
- 技术开发方面主要进行自主开发。

图 4－3　技术实力对基本职能的要求

需要强化的企业职能：
- 调整产品结构；
- 完善企业治理结构；
- 经营决策和战略制定职能；
- 资金筹措和投资管理职能；
- 技术开发和质量管理职能；
- 市场营销信息职能；
- 职工在职培训职能；
- 企业公共关系职能。

需要弱化的企业职能：
- 企业履行的政府宏观调控职能；
- 企业负担的社会职能。

图 4－4　我国企业在经济转型时需要调整的职能

二、关键职能设计

企业的关键职能是指为了达到企业的战略目标，那些必须出色地履行从而取得优异成绩的职能。当这些职能履行不佳时，企业会遭受严重损失，甚至危及企业的生存。在实践中，组织的关键职能会根据组织结构的不同存在差异，如表 4－2 所示。

表 4－2　不同组织结构的关键职能

关键职能	组织结构	关键职能	组织结构
质量管理		技术开发管理	

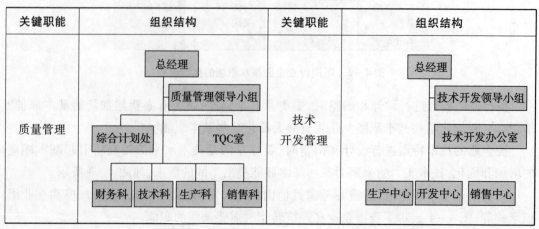

续表

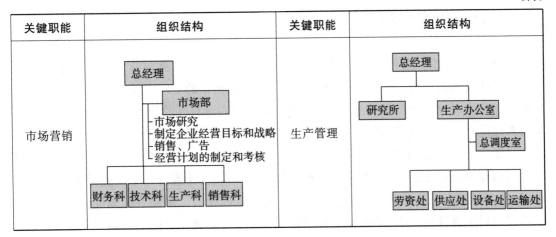

在实际工作中,有些企业的组织设计在各项基本职能的关系上,并没有突出地以一种基本职能为中心,这可能是由于企业的发展战略还没有明确,各项基本职能的重要性相似;也有可能是组织设计存在缺陷,没有把关键职能放在组织结构的中心地位。

三、职能的分解

职能的分解,是指将已确定的基本职能和关键职能逐步分解,细化为独立的、可操作的具体业务活动,其基本要求包括业务活动的独立性,业务活动的可操作性和避免重复和脱节(见图4-5)。

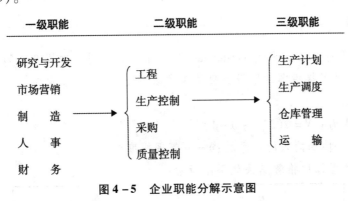

图4-5 企业职能分解示意图

第三节 纵向组织结构设计

纵向组织结构设计,是指确定企业应设计多少管理层次,以及这些层次之间的相互关系,包括了管理幅度的设计方法、管理层次的设计方法、集权与分权的设计。

一、管理幅度的设计

管理幅度,是指一名领导者直接领导的下级人员的人数。英国管理学家厄威克提出了普遍适用的管理幅度,即每一个上级领导人所直接领导的下级人员不应超过5~6人。早期关于管理幅度设计的思考聚焦于,主管人员应该知道自己的管理幅度是有限度的,认为管理幅度存在一个固定的具体人数,应该努力寻求这一普遍适用的有效幅度,在组织设计中推而广之。后来的管理学家认识到管理幅度因不同的条件而异,不同行业、不同企业和企业内部不同职务,管理幅度千差万别,有效的管理幅度不存在一个普遍适用的具体人数,它的大小取决于若干基本变量。组织设计的任务就是找出限制管理幅度的影响因素,根据它们影响强度的大小,具体确定特定企业各级各类管理人员的管理幅度。

决定管理幅度大小的各种因素,可归结为上下级关系的复杂程度,共有三个方面,即关系的数量、相互接触的频率和相互接触所花费的时间,具体可以分为以下七种:

- 管理工作的性质
- 人员的素质
- 下级人员职权合理与明确的程度
- 计划与控制的明确性及其难易程度
- 信息沟通的效率和效果
- 下级人员和单位空间分布的相近性
- 组织变革的速度

> **知识拓展**
>
> 法国管理顾问格兰丘纳斯(Graicunas)对上下级关系对管理幅度的影响方面进行了深入研究,指出当直接指挥的下级数目呈算术级数增长时,主管领导人需要协调的关系呈几何级数增长。
>
> 其具体公式为:$N = n(2^{n-1} + n - 1)$
>
> 其中:N——协调的人际关系数;n——管理幅度
>
> 按照有效管理幅度推算结果如下图所示:
>
> | n | N |
> | --- | --- |
> | 1 | 1 |
> | 2 | 6 |
> | 3 | 18 |
> | 4 | 44 |
> | 5 | 100 |
> | 6 | 222 |

二、管理层次的设计

管理层次,是指从企业最高一级管理组织到最低一级管理组织的各个组织等级。其设计的基本步骤包括以下四步:首先,根据企业纵向职能分工,确定基本管理层次;其次,按照有效管理幅度推算具体的管理层次;再次,按照提高组织效率的要求确定具体的管理层次;最后,按照组织不同部分的特点,对管理层次做局部调整。

一般来说,品种多样化、市场变化又较快的大型集团公司,适合分散经营,可分为5个基本管理层次;而品种单一、市场比较稳定的企业,适合集中经营,分为3个基本管理层次就可以了,见图4-6。

分散经营与管理的企业基本层次

集中经营与管理的中小企业基本层次

图 4-6 企业的基本层次

> **知识拓展**
>
> 假设某个企业共有职工900人,有3个基本管理层次,中高层的有效管理幅度为 5~8人,基层是10~15人,据此推算管理层次过程如下:
>
> | 管理层次 | 能够有效管理的人数 | |
> |---|---|---|
> | | 最少 | 最多 |
> | 第一层 | 5 | 8 |
> | 第二层 | 5 × 5 = 25 | 8 × 8 = 64 |
> | 第三层 | 25 × 5 = 125 | 64 × 15 = 960 |
> | 第四层 | 125 × 10 = 1250 | …… |

管理幅度与管理层次之间存在相互制约的关系,其中起主导作用的是管理幅度。

1992年,沃尔玛超过希尔斯公司成为美国的第一号零售商。管理大师汤姆·彼得斯(Tom Peters)早在几年前就预见到了这一结果。他说:"希尔斯不会有机会的,一个12个层次的公司无法与一个3个层次的公司抗争。"彼得斯也许有点夸大其词,但这个结论清楚地反映了近年来出现的管理幅度来设计扁平结构的趋势。

当然，不能单单因为扁平结构属于现代组织设计，高耸型结构是传统组织设计，就以为只有采用扁平组织结构，才符合现代化管理的需求，还是要以权变的观点正确对待高耸型结构与扁平型结构。高耸组织结构与扁平组织结构各有优缺点，如表4-3所示。若企业人员素质不高，管理工作较为复杂，许多问题的处理不易标准化，实现日常管理工作科学化和规范化还需较长时间，生产的机械化、自动化水平不高，高耸型组织结构是适用的，反之则比较适合扁平型组织结构。唯有符合企业实际需求的组织结构才是最优的。

表4-3 高耸组织和扁平组织结构的优缺点比较

类型	高耸组织结构	扁平组织结构
优点	·高层管理人精力充沛，能进行全面而深入的领导 ·不需设副职和助手，领导关系明确 ·集体规模小，易于团结，便于决策 ·各级主管职务多，下属晋升的机会多	·信息传递速度快、失真少 ·节省管理费用 ·便于领导层了解基层情况 ·有利于解决较复杂的问题 ·对下属的较多分权，为培养干部创造了良好的条件
缺点	·需较多的管理人员，协调工作量大，增加了管理费用 ·信息传递速度慢，容易发生失真和误解 ·计划和控制工作较复杂 ·最高领导人不易了解基层现状 ·集体规模小，遇到复杂任务难以胜任	·领导人精力分散，难以对下级进行深入而具体的领导 ·对领导人的素质要求高 ·主管人员和下属结成较大的集体，难以取得协调和一致意见

三、集权与分权的设计

集权与分权的设计，是指确定各层次之间的关系，即职责权限的分工。集权，是指把较多的和较重要的经营管理权责集中于企业高层组织；而分权，是指把较多的和较重要的经营管理权责分散下放到企业的中下层中去。任何企业在进行高层与中下层之间的权责分工时，都应保持必要的集权，也要有必要的分权，使二者形成符合本企业具体条件的平衡状态，哪一方面都不可过度膨胀。

影响集权与分权的主要因素主要有以下四点：
- 产品结构及生产技术的特点；
- 环境条件及经营战略；
- 企业规模与组织形式；
- 企业管理水平和干部条件。

> **案例分析**
>
> 某煤矿发生了瓦斯爆炸事故,死亡三人。这个煤矿设备先进,制度健全,怎么会发生这样严重的事故?据已有10年工作经验的专职安全检查员反映:"昨天我到井下做例行检查,发现瓦斯浓度超标,就要求井下作业工人立即停止生产,撤回地面。但班长老王不同意。他说没有矿长命令不能停工,否则会被撤职。"他只好回到井上去找矿长,可矿长去局里开会,电话也打不通。等找到他时,事故已发生。事故调查组调查核实后认定,矿长没有赋予安全检查员必要的职能职权,是造成这次事故的主要原因。

第四节 部门设计

一、部门设计概述

部门,是指承担一定管理职能的组织单位,是由某些具有紧密联系的管理业务和人员所构成的集合,它分布在企业管理组织的各个层次上。部门设计,是指对实现企业目标所需开展的各种各样的管理业务加以科学地分类和合理地组合,形成企业的部门,并使组织能够授予该部门从事这些管理业务所必需的管理职权。

在部门设计中,首先要规定企业管理组织在总体上应采取的横向分工形式,从而提出部门设计的框架;其次,要解决每一项管理业务特别是那些具有争议的业务工作究竟应归属于哪一个部门,使框架设计细化;最后,要配置职权,主要是直线职权与职能职权的设计及职能部门综合化问题。

二、部门设计的方法

部门设计的目的在于确定企业管理部门的设置及其职权配置,其实质是进行管理业务组合,分别设置相应的部门来承担,并授予这些部门从事这些管理业务所必需的各种职权,具体可以从职能、产品、区域、顾客、销售渠道、项目及项目和职相结合能等七个方面进行划分。

1. 按职能划分部门

职能制结构起源于20世纪初法约尔在其经营的煤矿公司担任总经理时所建立的组织结构形式,故又称"法约尔模型"。它是按职能来组织部门分工,即从企业高层到基层,均把承担相同职能的管理业务及其人员组合在一起,设置相应的管理部门和管理职务(见图4-7和图4-8)。

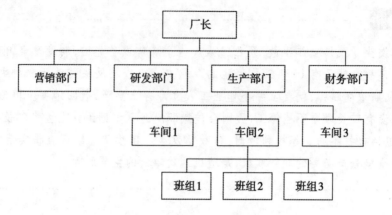

图4-7 职能制组织结构图

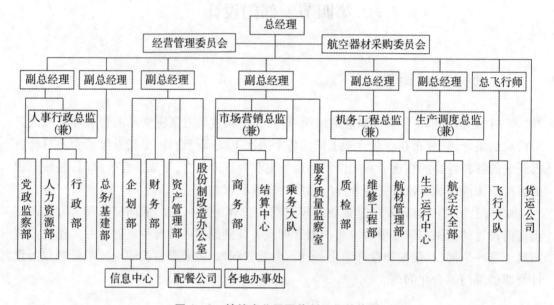

图4-8 某航空公司职能制组织结构图

职能制结构的主要特点是：各级管理机构和人员实行高度的专业化分工，各自履行一定的管理职能，因此每一个职能部门所开展的业务活动将为整个组织服务。实行直线—参谋制，整个管理系统划分为两大类机构和人员：一类是指挥机构和人员，对其直属下级有发号施令的权力；另一类是参谋机构和人员，其职责是为同级直线指挥人员出谋划策，对下级单位不能发号施令，而是起业务上的指导、监督和服务的作用；企业管理权力高度集中。

职能制结构形式的优势在于，由于按职能划分部门，其职责容易明确规定；每一个管理人员都固定归属于一个职能结构，专门从事某一项职能工作，在此基础上建立起来的部门间联系能够长期不变，这就使整个组织系统有较高的稳定性；各部门和各类人员实行专业化分工，有利于管理人员注重并能熟练掌握本职工作的技能，有利于强化专业管理，提高工作效率；管理权力高度集中，便于最高领导层对整个企业实施严格的控制。

职能制结构形式的主要劣势在于,高度的专业化分工及稳定性使各职能部门的眼界比较狭窄,他们往往片面强调本部门工作的重要性,使职能部门之间的横向协调比较困难;由于人们主要关心自己狭窄的专业工作,这不仅使部门之间的横向协调困难,而且,妨碍相互间的信息沟通,高层决策在执行中也往往被狭窄的部门观点和利益所曲解,或者受阻于部门隔阂而难以贯彻,整个组织系统就不能对外部环境的变化及时做出反应,适应性差;不利于培养素质全面的、能够经营整个企业的管理人才。

职能制结构的适用性:

(1)在各种企业里,职能制结构主要适用于中小型的、产品品种比较单一、生产技术发展变化较慢、外部环境比较稳定的企业。具备以上特性的企业,其经营管理相对简单,部门较少,横向协调的难度小,对适应性的要求较低,因此职能式结构的缺点不突出,而优点却能得到较为充分的发挥。

(2)当企业规模、内部条件的复杂程度和外部环境的不确定性超出了职能式结构所允许的限度时,固然不应再采用这种结构形式,但在组织的某些局部,仍可部分运用这种按职能划分部门的方法。此外,在组织的作业管理层,也可根据具体情况、不同程度地运用设置职能部门或人员的做法,以保证生产效率的稳定和提高。

2. 按产品划分部门(事业部制组织)

事业部制结构是对内部具有独立的产品和市场、独立的责任和利益的部门实行分权管理的一种组织形式(见图4-9、图4-10)。

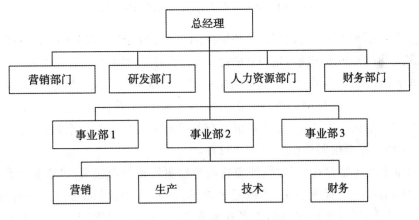

图4-9 事业部制组织结构图

这种组织形式的特点是,事业部一般按产品或地区划分,具有独立的产品或市场,拥有足够的权力,能自主经营,并实现独立核算、自负盈亏。这种结构把政策制定与行政管理相分离,政策制定集权化,业务营运分权化。企业的最高管理层是企业的最高决策机构,它的主要职责是研究和制定公司的总目标、总方针、总计划以及各项政策。各事业部在不违背总目标、总方针和公司政策的前提下,可自行处理其经营活动。

事业部制结构的优点是:既保持了公司管理的灵活性和适应性,又发挥了各事业部的主动性和积极性;可使总公司和最高管理层从繁重的日常事务中解放出来,得以从事重大问题的研

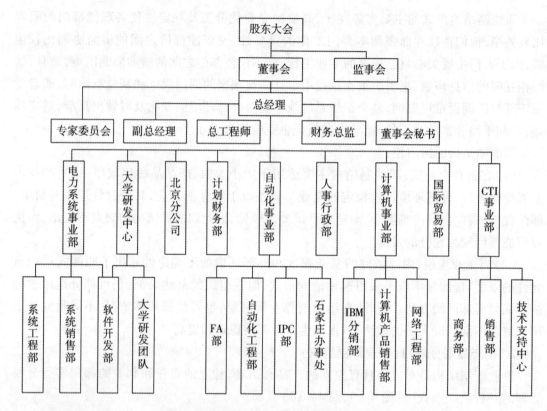

图 4-10 某软件公司事业部制组织结构图

究和决策;各事业部相当于公司内部独立的组织,不论在公司内外,彼此都可以开展竞争,比较成绩优劣,从而可以克服组织的僵化和官僚化,同时也有助于培养高层管理人员。

事业部制结构的缺点是:各事业部往往只重视眼前利益,本位主义严重,调度和反应都不够灵活,不能有效地利用公司的全部资源;管理部门重叠设置,管理费用增加;由于各事业部相当于一个独立的企业,因此对事业部及管理人员的水平要求较高;集权与分权关系敏感,若处理不当会削弱组织的协调一致性。

为了克服事业部制存在的问题,使集权与分权更好地结合起来,可在公司最高首脑与各事业部之间增设一个管理层次,形成超事业部式(也称为执行部式)。执行部(相当于分公司)式的特点是,在统辖和协调所属各事业部活动时,是管理制式在分权的基础上又适当地再度集权,从而通过协调各个事业部间的活动,更有效地利用公司的资源,并进一步减轻最高层的日常事务。事业部式只有在组织规模很大且业务范围广或市场区域大、各事业部采用的技术独立程度较高时才比较适宜。

3. 按区域划分部门

区域制组织结构是根据组织的用户所在的不同地区来对组织的结构进行整合,在结构中,每个地理单位包括所有的职能,以便在该地区生产和销售产品。跨国公司常在世界不同的国家或地区设立自主经营的分部(见图 4-11、图 4-12)。

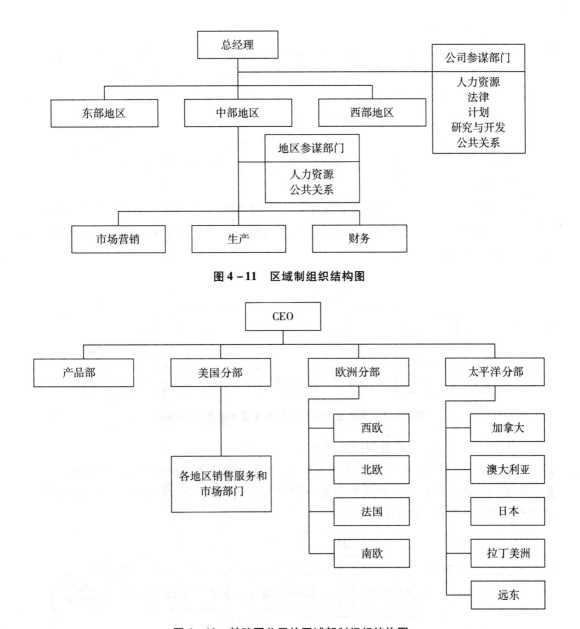

图 4-11 区域制组织结构图

图 4-12 某跨国公司的区域部制组织结构图

区域制组织结构的优点与事业部制机构相似,如:拥有较大的灵活性,能适应各地区的竞争情况;能使各利润中心得到发展,并利于把权力和责任授予下级管理层次;能增进一个地区内市场营销、生产和财务等活动的协调,节约费用并提高了工作效率;为培养经理人员提供了良好的机会。

区域部制组织结构的缺点是:增加了保持全公司方针目标一致性的困难;可能需要更多的管理人员;由于某些参谋职能的重复设置,增加了开支。

根据区域型组织结构的特点,它适用于面临各地顾客需求处于变化中、企业环境不确定性较高、规模较大、各区域的制造技术是常规的、独立性不是很高的组织。

4. 按顾客划分部门

按顾客划分部门可以使组织更好地满足特定顾客的需求。虽然提供的产品可能一致或非常相似,但它们面向不同的买主,需要采用不同的销售渠道和价格策略。

从制造业看,组织中按顾客划分部门可以采用以下三种形式:

一是各分部负责制造并销售产品给确定的顾客。

二是各分部负责销售产品给其本身顾客,但集中由一个分部为其他分部制造产品。

三是各分部只负责制造产品,产品的销售统一由一个单独的分部负责。

5. 按销售渠道划分部门

按销售渠道划分部门与按顾客划分部门有类似之处:后者侧重于最终顾客(消费者或用户),前者侧重于将产品分配至最终顾客所要经过的中间商。图4-13是某洁面皂企业按销售渠道划分的组织结构图。

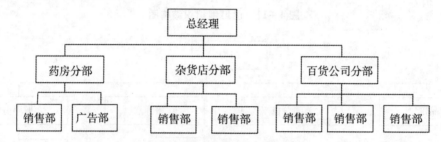

图4-13 某洁面皂公司按销售渠道划分的组织结构

6. 按项目划分部门(混合制组织结构)

实际上,好多结构并不是以单纯的职能制、事业部制或区域制的形式真正存在。一个组织的结构可能会同时强调产品和职能,或者产品和区域。综合两种特征的一种典型的结构称作混合制结构(见图4-14)。

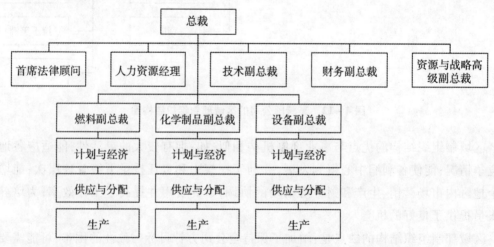

图4-14 混合制组织结构图

当一家公司成长为大公司,拥有多个产品或市场时,通常将会组织成为若干种自主经营的单位。对每种产品和市场都重要的职能被分权成为自我经营的单位。然而,有些职能也被集权,集中控制在总部。总部的职能是相对稳定的,需要规模经济和深度专门化。通过整合职能制和区域制结构的特征,公司可以兼具两者优点,避免两者的一些缺陷。

混合制结构一般应用于与事业部制结构相同的环境背景下。混合制结构趋向于在不确定的环境中应用,因为产品事业部是为了创新和外部有效性而设立的。技术可能是例行或非例行的,产品群内存在跨部门的相互依存,公司规模巨大,以提供足够的资源满足产品部门重复的资源需求。公司的目标是顾客满意和创新,还有与职能部门相关的效率。

混合制组织结构的一个主要优势在于:这种结构使组织在追求产品事业部的适应性和有效性的同时,实现了职能部门内部的效率。因此,组织可以两全其美。这类结构也实现了产品事业部和组织目标的一致。产品的组合实现了事业部内部的有效协调,而集中的职能部门实现了跨事业部的协调。

混合制结构的一个劣势是管理费用。有些公司增加人员以监督下面的决策,一些公司职能部门重复地进行产品事业部应承担的活动。如果失去控制,管理费用将不断增加,总部人员不断膨胀。随之决策变得越来越集中,产品事业部失去了对市场变化迅速做出反应的能力。

与混合制结构相关的一个缺点是公司和事业部人员之间的冲突。一般的,总部的职能部门对事业部的活动没有职权。事业部经理可能会抱怨总部的干预,总部的管理者可能会抱怨事业部自行其是的要求。总部的经理们通常不能理解各个事业部的独特要求——尽力满足不同市场。

总体而言,混合制结构通常比职能制或单纯的事业部制结构更受偏好,这种结构克服了后两者的一些劣势,实现了它们的一些优势。

7. 按项目与按职能划分部门相结合(矩阵制组织结构)

矩阵,是一种实现横向联系的有力模式。矩阵制是为了适应在一个组织内同时有几个项目需要完成,每一个项目又需要有不同专长的人在一起工作才能完成这一特殊需求而形成的。矩阵制结构的独特之处在事业部制结构和职能制结构(横向和纵向)的同时实现,如图4-15、图4-16所示。与混合制结构将组织分成独立的部分不同,矩阵制结构的产品经理和职能经理在组织中拥有同样的职权,雇员向两者负责报告。

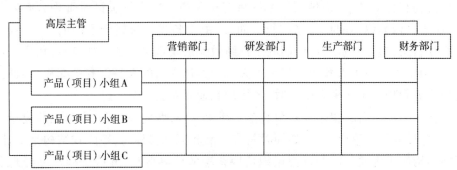

图4-15 矩阵制组织结构图

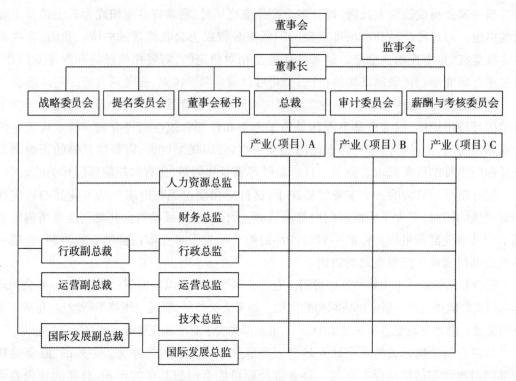

图4-16 某集团矩阵制组织结构图

矩阵式结构的优势在于它能使组织满足环境的双重要求。资源(人力、设备)可以在不同产品之间灵活分配,组织能够适应不断变化的外界要求。这种结构也给员工提供了机会来获得职能和一般管理两方面的技能,这取决于他们的兴趣。组织结构的各个层次集权和分权实现了有效地结合,有利于加强各部门间的配合和信息交换;便于集中各种专门的知识和技能,加速完成某一特定项目;可避免各部门重复劳动,加强组织的整体性;可随项目的开始和结束而组成和撤销项目组,增加了组织的机动性和灵活性。

矩阵式结构的一个劣势在于,一些员工要接受双重职权领导,这令人感到有阻力与困惑。他们需要出色的人际交往和解决冲突的技能,这可能需要经过人际关系的专门训练。矩阵式结构也迫使管理者耗用大量时间来举行会议。如果管理者不能适应矩阵式结构所要求的信息与权力的共享,这种结构系统将变得无效。在进行决策时管理者必须相互协调合作,而不是依靠纵向的权力来进行。而且,由于各成员隶属于不同的部门,仅仅是临时参加某项目组,项目负责人对他们的工作绩效无法实现足够的奖惩,项目负责人的责任大于权力;由于项目负责人和原部门负责人对于参加项目的人员都有指挥权,因此这种结构只有当双方管理人员能密切配合时,才能顺利地开展工作。

当面临不确定性高的和比较复杂的企业环境、创新性任务较多、生产经营复杂多变的组织时,目标反映了双重要求,比如同时具有产品和职能目标时,矩阵式结构是最佳选择。二元职能结构便于沟通与协调以使组织适应快速的外界变化,并能平衡产品经理和职能经理之间的关系。有些非例行的技术需要职能内部与相互之间的依存,此时矩阵式结构也很适合。矩阵作为一种有机的组织结构,便于讨论和应对一些意外的问题,在中等规模和若干几种产品的组织中矩阵式结构效果显著。当只有单一产品线时不需要矩阵结构,而在过多产品情况下纵横两个方面的协作会马上变得困难。

所有类型的组织都经历过矩阵式结构,包括顾问公司、医院、银行、保险公司、政府,以及多种类型的工业公司等。这种结构曾经被诸如 IBM、Ford 汽车等公司成功运用过,这些公司对矩阵式结构进行微调以适应他们独特的目标和文化。在一个复杂多变的环境中,要求组织具有灵活性和适应性,此时矩阵式结构非常有效。然而,好多公司发现矩阵式结构并不能包治组织结构的所有问题,这里我们提到的矩阵(有时也称平衡矩阵),建立和维持起来很困难,因为权力结构的一方常常占据支配地位。认识到这种趋势,就逐渐衍生出了矩阵式结构的两种演化形式——职能式矩阵和项目式矩阵。在职能式矩阵中,职能主管拥有主要权力,项目或产品经理仅仅协调生产活动。与之相反,在项目矩阵结构中,项目或产品经理负有主要责任,职能经理仅仅为项目安排技术人员并在需要时提供专业技术咨询。对于好多组织而言,这两种方式之一较之平衡矩阵或二元职权更为见效。

以上几种组织的部门化方式,在组织设计中可以混合使用。在不同组织层次上,以及同一层次不同系统内部的部门划分,都可以采用不同的部门化方式,我们称之为混合部门化。

三、职权关系设计

职权关系,是指企业作为一个分工与协作的整体,各部门和主管人员进行业务活动所涉及上下左右的关系,其主要包括直线职权、参谋职权及职能职权三种类型。它们的比较如表 4-4 所示。

表 4-4 主要职权关系结构图

职权关系类型	定义	特点	结构图
直线职权	上级指挥下级的权力。在组织结构图上,这种职权关系用一条由上级部门或人员直通下级部门或人员的直线来表示	上级有指挥命令权,下级必须贯彻执行。下级对自己的直线上级负责,并报告工作	厂长—生产副厂长—车间主任—工段长—工人(直线职能形成的命令链)
参谋职权	一种提出建议或服务,协助其他部门或人员做好工作的权力	不能向其他部门发号施令,而是帮助其工作,为整个企业或某些部门提供服务,发挥助手作用	厂长、厂长助理、生产副厂长、技术安全科、生产科、车间主任、核算员、计划员、工段长、工人

续表

职权关系类型	定义	特点	结构图
职能职权	由直线管理者向自己辖属以外的个人或职能部门授权,允许他们按照一定的程序和制度,在一定的职能范围内行使的某种职权	能够分担领导工作负担,并且加快信息传递速度,提高管理工作效率,同时也保证了企业内部政策的一致性	面向直线主管人员的职能职权（厂长—职能科室—车间主任） 面向下级组织相应机构和人员的职能职权（总经理—生产科、财务科、质量控制科、设备科—车间主任—计划员、核算员、质量检验员、技术员—班组长）

上述三类职权配置需要遵循以下四条基本原则:

(1)维护统一原则。指在组织结构设计中要保证对生产经营的指挥集中统一,不要造成多头领导。难点在于对参谋职权和职能职权的设计。主要措施有:直线部门负责人对本部门工作拥有决定权;把职能职权用于真正必要的业务活动上;职能职权关系尽量不超越直线主管人员下属的第一级组织机构。这样做的目的就是将职能职权尽可能集中在关系最为接近的机构,以保证直线指挥系统的统一。

(2)保证权责一致原则。由于权力是履行责任的必要条件,所以职权设计必须贯彻权责一致的原则,保证各级主管人员的职责和权力相对应,有多大责任就有多大权力。主要措施有:决策权、指挥权和用人权相统一;运用贡献分析法,正确处理直线职权、参谋职权和职能职权的关系;从事提供成果的业务活动的部门及主管人员应享有直线职权;从事支援性业务活动的部门及主管人员应享有参谋职权和职能职权。

(3)让参谋机构切实发挥作用的原则。实行强制参谋制度时,参谋人员提出的建议,直线指挥人员虽然有权决定取舍,但无权拒绝听取;直线人员在制定重要的决策和计划之前,必须征询参谋机构的意见,无权省略这一程序。

授予参谋机构和人员越级报告权时,参谋机构和人员具有一定的独立性,鼓励他们发表真知灼见,使企业领导避免重大失误。

(4)对职权做出明确规定原则。具体措施有:对各部门及主管人员的职责进行全面、具体的说明;组织设计中必须用科学、确切的语言进行职务的描述,不会产生歧义;以书面形式明文规定。常借助于图表,如组织结构图、职务权限表、职务说明书等。

(5)职能部门的综合化。专业分工与协作原则是组织设计应遵循的基本原则之一,但分工过细,也会带来一系列缺点。分工超过一定限度,反而会使管理效率下降(见图4-17)。

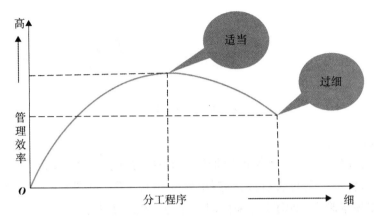

图4-17 分工效率曲线

第五节 组织协调方式设计

组织协调设计,是指设计将各个组成部分连成一个整体,使各个部门能够为实现企业总体目标而相互配合、紧密协作。

一、明茨伯格的协调方式发展三阶段论

加拿大麦吉尔大学管理学院教授亨利·明茨伯格(Henry Mintzberg)在1983年的专著《组织结构》(Structure In Fives)中提出了协调方式发展三阶段论。明茨伯格认为,组织结构的实质是人们在组织内进行劳动分工和协调方式的总和,而这种协调方式随着企业规模的扩大、人员的增加、分工的细化、工作复杂性的提高发生变化。协调方式的三阶段分别是相互调整方式、直接监督方式和标准化协调方式。

1. 相互调整方式

相互调整方式,是指当工作人员很少时,协调方式比较简单,只需双方直接接触,调整彼此的工作。通常只需双方进行简单的口头交换意见,甚至只要通过手势、面部表情就能达到彼此默契(见图4-18)。

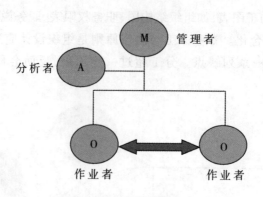

图 4-18 相互调整方式

2. 直接监督方式

当协作劳动人数增多，只依靠个人间相互调整的方式就不够了，必须有一名管理者负责统一指挥和监督每个人的活动，以达到整体的协调一致（见图 4-19）。除口头沟通交换意见外，运用规章制度、书面文件来协调工作的比重逐步增加。

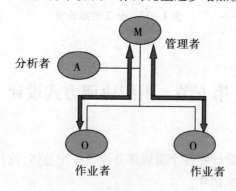

图 4-19 直接监督方式

3. 标准化协调方式

如果工作过程和产出的成果都无法预先确定标准，这时只能控制工作过程的投入方面，即对工作人员的技能素质实施控制，以保证工作过程和成果达到统一的要求（见图 4-20）。与相互调整方式及直接监督方式相比较，实行标准化方式，将增加大量的规章、条例和书面文件。

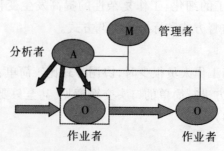

图 4-20 标准化协调方式

明茨伯格关于协调方式发展三阶段的论述,对现代企业横向联系方式的设计有重要的实用价值。这一理论告诉我们,协调方式由简单到复杂逐步发展,是由企业规模的大小及复杂程度决定的;协调方式的发展虽然经历了三个阶段,但它们并不相互排斥,在现代企业中都有实用价值;为人们分析业务活动特点,以及选用相应的协调方式,提供了切实可行的办法。

二、协调方式的设计

造成组织横向协调不良的因素主要有三种,分别是组织运行因素、组织结构因素和人际关系因素,如图4-21所示,三种问题对应有三类协调方式。

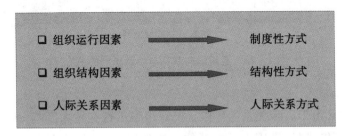

图4-21　横向协调不良因素及协调方式

1. 制度性方式

制度性方式不改变原有组织结构,只是改变、完善组织运行的规则和方式,如管理工作流程、管理工作标准和管理工作方法的科学化和合理化,具体包括管理工作标准化制度、例会制度、工序服从制度、跨部门直接沟通、联合办公和现场调度等。

2. 结构性方式

(1)组织的横向联系,是指通过改变原有组织结构、通过增设一些机构或人员来改善组织运行的方式(见图4-22)。

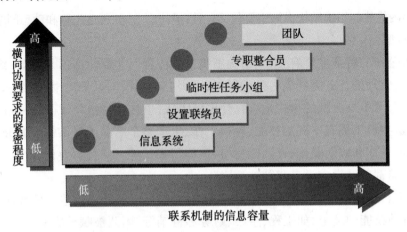

图4-22　组织横向联系与协调机制的层次

（2）组织的纵向联系，是指用来协调公司上层和下层之间的活动的。较低层次的雇员应依据上层目标进行工作，上层管理者应该了解下层工作活动的完成情况（见图4-23）。

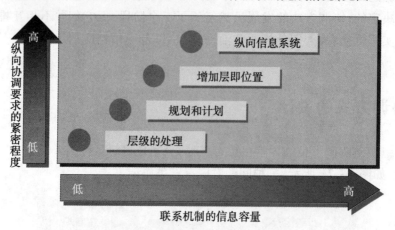

图4-23　组织纵向联系与协调机制的层次

3. 人际关系方式

在实际工作中，由于人际关系的协作状况对组织运行有较大影响，所以单纯用制度方式和结构方式还不能满足，需用人际关系的方式加以补充，具体有大办公室制、职工联谊组织、企业领导接待职工来访制等。

第六节　面对全球竞争的组织结构设计

一、赢得国内优势的组织结构设计

赢得国内优势的组织结构设计主要包括三种：横向型公司、再造工程和动态网络设计。

1. 横向型公司

横向型公司的特征主要有：组织结构围绕工作流程而非职能部门来设计；纵向的层级组织扁平化；管理的任务委托到更低的层级；顾客驱动了横向型公司，如图4-24所示。

横向型公司中最典型的形式是自我管理型团队，也称自我指导团队，一般由5~30名员工组成，这些员工拥有不同的技能，轮换工作，生产整个产品或提供整个服务，接管管理的任务，比如工作和假期安排、订购原材料、雇佣新成员等。到目前为止，数以百计的美国和加拿大公司都曾经设立过自我管理型团队。

自我管理型团队一般应具备三要素：团队被授权可以获得完成整个任务所需的资源；团队包括各种技能的员工，如工程、生产、财务和营销等；团队被赋予决策权。

横向型公司的优点是能迅速有效地改善业绩，减少了部门间的障碍，提高了员工的士气，减少管理费用。

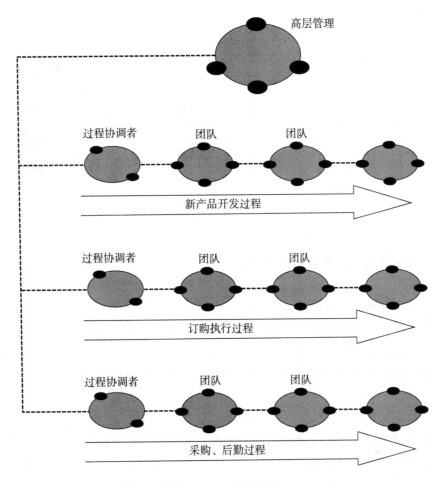

图 4-24 横向型公司

横向型公司的缺点是需要管理者和员工的改变,需要重新设计企业的信息系统,需要变成以团队为导向的绩效考核体系,可能造成没有将流程与组织的关键目标联系在一起。

2. 再造工程

再造工程在本质上意味着:采用全新的方式,抛弃原有的思想,着眼于如何更好地设计工作以取得更好的绩效。其思想在于消除工作流程中的死角和时滞。成功的再造工作是顾客驱动的。

再造工程的特点是组织结构向横向结构转变,围绕顾客服务而设计组织层级;信任和对过失的宽容成为核心价值观;建立跨越部门的信息系统,具体组织结构如图 4-25 所示。

3. 动态网络设计

动态网络结构以自由市场模式组合替代传统的纵向层级组织。公司自身保留关键活动,对其他职能,如销售、会计、制造进行资源外取,以将公司或个人分立开,由一个小的总部来协调或代理。在多数情况下,这些分立的组织通过网络手段与总部保持联系。

动态网络设计的优点是交易费用低,减少了前期市场启动成本,对顾客需求反应灵活。缺点是缺乏可控性,组织难以识别,员工的专业化程度有限。

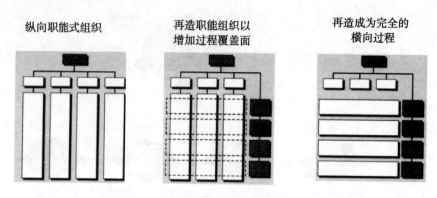

图4-25 组织由纵向结构转向横向结构的再造

二、赢得全球优势的组织结构设计

当企业开始寻求国际机会时,它们通常由一个出口部门开始,该部门逐渐成长为国际事业部。国际事业部在公司内与其他主要部门或事业部拥有同等的地位,国际事业部有自己的层级组织以管理下列事务:位于不同国家的事业(特许经营、合资企业),销售由国内事业部提供的产品或服务,开设分厂等。概言之,国际事业部就是推动组织走向更成熟的国际化运作。

在多个国家拥有下属机构的跨国公司往往使用跨国模式组织结构,以便同时获得全球和地方优势,如技术优势、快速创新或职能控制等。当需要处理两方面问题时,产品和地区矩阵结构很有效。但要处理两个以上的竞争问题,则需要更为复杂的组织结构。跨国模式代表了对组织结构的最新思考(见图4-26)。跨国模式的特点是:细分为许多不同类型的中心;下属机构管理者从事的战略和创新也成为整个公司的战略;通过公司文化、共同的愿景与价值观及管理风格来实现协调与合作,而不是通过纵向的层级制;与公司其他部分或其他公司创建联盟。

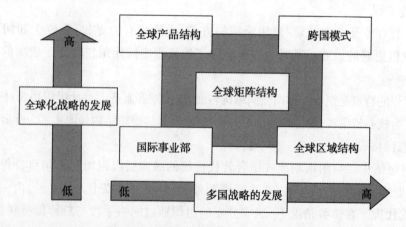

图4-26 赢得国际优势的组织结构模式

第七节　基于流程的组织结构设计

流程,是为了达成某特定结果,结合一系列作业活动,这些作业活动集合了所需的人员、设备、材料,并运用特定的作业方法,以达成预期的结果。流程具有四个特征,即可衡量的投入,增加附加价值的作业活动,可衡量的产出,可重复的过程。因此,流程是增强提供顾客价值与竞争优势的方法流程管理,是一套有系统的管理方式,以"质量"为核心,以"预防"为根本手段,用于企业内流程的建立、维持与改善,并且,对于流程内的作业活动进行分析、标准化、监督执行与持续改善。

一、组织结构设计工作步骤

组织按照金字塔的结构把组织目标逐级分解到各个具体的岗位上,通过每一个具体岗位职责的完成来实现组织的目标,是一个纵向管理的问题。因此,组织结构的灵魂是基于流程的管理,而管理流程中的职能部门一般既是关键控制点,同时也是核心部门。

一般来说,组织结构设计的工作步骤包括四个方面:诊断、确立目标、优化设计和实施,见图4-27。

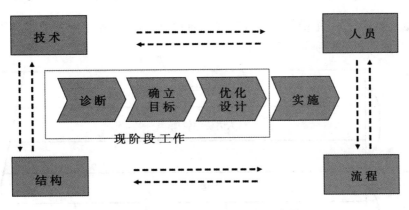

图4-27　组织结构设计的工作步骤

二、基于业务流程组织结构设计的步骤

流程是一系列活动的组合,解决的是部门之间、岗位之间的协作问题;是一个横向管理的问题。流程是否顺畅取决于流程中的每一个岗位是否完成本岗位的职责。流程和岗位就像一张网,支撑起企业规范化管理的全部。理论上讲,这张网越细越密越好,能够做到滴水不漏,管理上就不会出现问题了。但是,实际上管理也是需要成本的,网越细越密,

成本也会越来越高,考虑到投入与产出的关系,细、密只能到一定的程度,那中间的缝隙就靠企业文化来弥补,靠员工的自觉和觉悟。

一般来说,业务流程的组织设计包括七个步骤(见图4-28)。

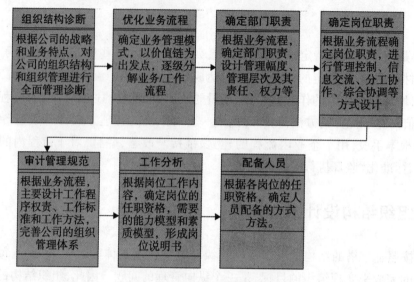

图4-28 基于业务流程组织设计的步骤

三、组织结构与流程

在进行具体设计时,组织结构设计应该以价值链为基础,基于业务流程和管理流程设计组织结构,如图4-29所示。

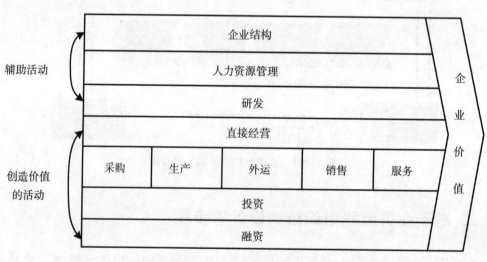

图4-29 企业价值链

1. 基于价值链的组织结构设计

下面以某家期货经纪企业组织具体活动价值链(见图4-30)为基础,进行组织结构设计。

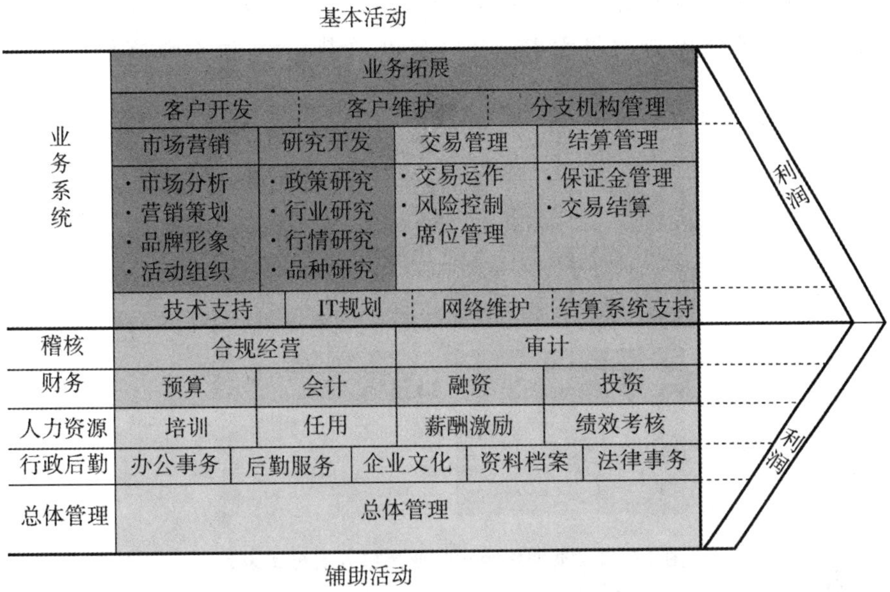

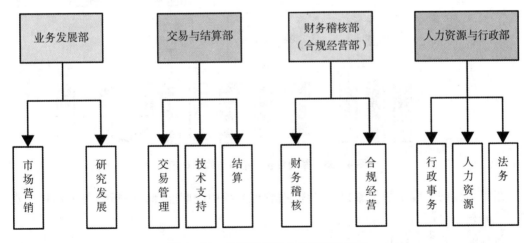

图4-30 某期货经纪企业活动价值链

业务拓展、市场营销、研究开发直接决定公司的经营业绩,属于业务发展体系,可归入同一部门。交易管理、结算管理、技术支持直接服务于业务发展,保障经营业绩的实现,属于业务运作体系,可归入同一部门。财务、审计、合规经营、投资稽核体现对业务的核算与稽查,属于稽核体系,可以归入同一部门。行政事务、人力资源、法律事务属于后勤服务与总体管理体系,可以归入同一部门。按上述企业活动价值链分析及建议,总部将形成精干但职能覆盖全面的部门设置(见图4-31)。

图4-31 某期货经纪企业部门设置图

高层管理人员的分工应突出业务系统的协调,明确分工。CEO负责公司的全面管理,应该对总体管理及内部控制负责。COO应该对公司的整个经营业绩负责,主要关注业务系统的管理。业务拓展是业务系统的核心部分,由一名副总裁分管业务发展部。交易与结算部对现有业务提供最大的支持与内部协调,由一名副总裁分管。稽核活动应独立于业务系统之外,开展合规与财务稽核,由一名副总裁分管财务稽核部(见图4-32、图4-33)。

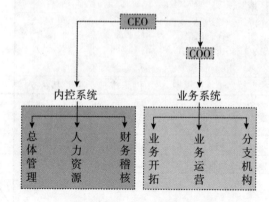

图4-32 某期货经纪企业高层人员分工设计

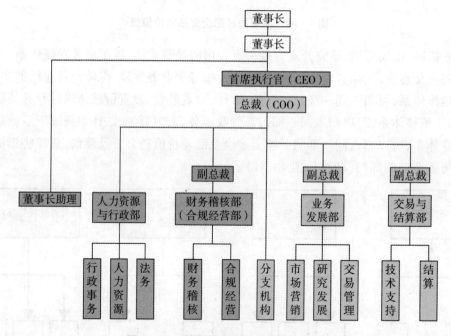

图4-33 某期货企业组织结构设计图

组织结构的灵魂是基于流程的管理,而管理流程中的职能部门一般既是关键控制点,同时也是核心部门。

流程的三要素具体有:

·任务流向:指明任务的传递方向和次序;
·任务交接:指明任务交接标准与过程;
·推动力量:指明流程内在协调与控制机制。

流程图(见图 4-34),指描述内部控制行为的主要方法,是通过对经营活动整个过程用图表形式描述,并对关键控制点着重说明的一个方法。

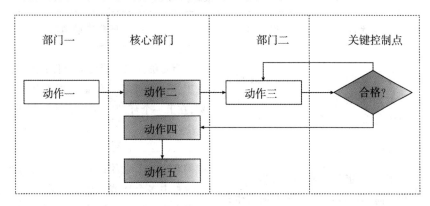

图 4-34 流程设计图

关键控制点,指关键的内部控制行为,保证这些内部控制行为被持续正确采用,就可以保证企业的内部控制目标可以实现。

主要协调部门,指一般流程中发生动作最多的部门,是整个流程的推动力,是整个流程的控制或协调中心。

2. 流程描述举例

主要管理流程分别由不同部门担任主要协调人,如表 4-5 所示。

表 4-5 流程描述

主要管理流程名称	主协调部门	流程内容说明
经营计划管理流程	企管部	组织事业部、职能部门编写工作年度与月度计划,组织确定事业部考核指标(高层计划与指标由总经理负责组织)
绩效考核流程	人力资源部	组织制定职能部门考核指标,并组织公司高层、事业部领导班子、职能部门全体的考核实施(事业部中层以下考核由事业部内部组织)
营运资金管理流程	财务部	组织营运资金来源,贷款管理、监督事业部的应收账款和存货管理,通过生产、采购、销售和管理费用预算控制现金支出,集中分配资金使用
开发项目管理流程	技术开发部	组织新产品开发、技术改造的立项、调研、申报、实验和工程建设、验收、鉴定

关键控制点和主协调部门对推动力量的要求,如表4-6所示。

表4-6 任务推动力量表

	任务流向	交接信号	任务推动力量
关键控制点	决定流程走向反复过多会影响流程效率	要求信号清楚准确,明确指明任务合格的标准	应拥有足够大的力量影响流程的走向:在工作达到要求时保证及时交接给下一个环节;在上一个环节工作没有达到要求时拒绝接受交接
主要协调部分	一般不决定流程走向,但影响流程效率	获得多方信号信息不足时应主动了解情况,掌握	应拥有足够大的力量推动任务在流程中流动:与流程中多个环节有任务联系,一旦变化将影响多个环节的任务进程;有能力协调流程中其他环节之间的任务阻塞

根据实际情况向流程关键控制点和主要协调部门授权,如表4-7所示。

表4-7 授权描述表

授权目的	授权类别	授权说明	授权程度描述
保证部门在流程中具有足够的推动能力	任务决定权	有权提出工作标准、时限、责任人有权决定任务是否达标,并反馈或报告	在职能部门能力达到要求时分别充分授予
保证提高内部效率要求	考核奖惩权	有权给出考评意见有权根据考评奖罚	在建立系统考核体系后分别充分授予
	人事任免权	直接任免权任免建设权	暂时不具备分别授予的条件或集中授予人力资源部
	办公支出权	有权决定部门的内部各项开支	在预算保证下充分分别授予

独立岗位流程(如图4-35)中,计划性拜访是可口可乐直销模式下渠道管理的重要手段。

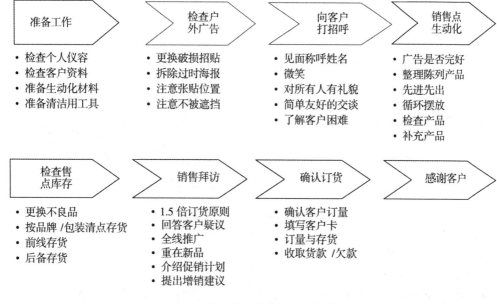

图 4-35 独立岗位流程示意图

四、企业流程总览：以某移动通信公司为例

某移动通信企业的流程总体情况如图 4-36 所示。

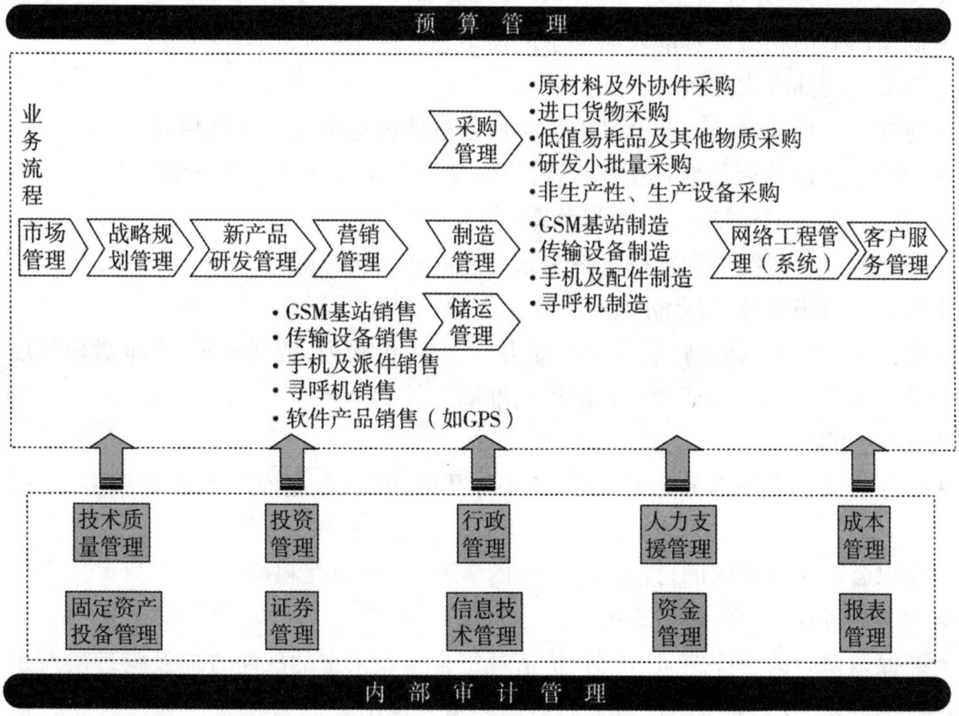

图 4-36 企业流程总览

1. 战略规划管理流程总览

如图4-37所示。

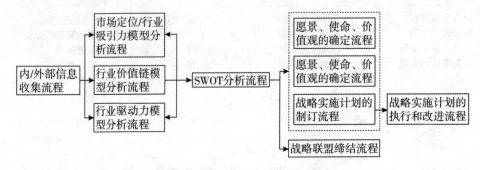

图4-37 战略规划管理流程总览

（1）战略规划管理主要控制目标如下：

第一节 企业战略规划

- 确保企业战略规划在充分剖析企业外部环境、了解企业内部优势和劣势的条件下制定，保证其科学性预见性、计划性和可行性；
- 确保公司拥有完善的战略规划与运作体系，以获得更高的成功概率。

第二节 内/外部信息收集

- 确保企业内/外部信息收集过程的规范化和程序化；
- 确保企业内/外部信息收集的时效性和准确性；
- 确保所有的相关人员能及时共享所需信息。

第三节 内部因素分析

- 建立针对移动通信行业及其他××所处行业的业务组合评估模式；
- 公司根据自身情况绘制业务组合模型，确保公司资源的合理分配；
- 确保对评估指标打分（以数据计算）的准确性；
- 确保根据模型结果图准确诠释未来可能的业务优化战略。

第四节 市场定位/行业分析——行业驱动力模型分析

- 确保通过对进入威胁、客户议价能力、供方议价能力、替代威胁、竞争激烈程度五种行业驱动因素和企业外部环境因素能得到准确有效的分析。

第五节 SWOT分析

- 确保通过对内外部分析结果的综合和概括，明晰企业面临的优势和劣势、机会和威胁；
- 确保公司应当采取的可能战略方向的全面性、准确性和可行性。

第六节 愿景、使命、价值观的确定

- 确保调整后的企业愿景、使命、价值观符合企业未来的战略方向及管理层对于公司未来定位的共识，并对企业战略规划具有总体指导作用。

第七节 企业特定战略的制定

- 确保特定战略与公司总体战略定位的一致性；

- 确保功能层战略与企业整体战略的一致性；
- 确保基于公司的竞争能力和资源，以及行业吸引力状况来选择评估适合公司发展的主要战略。

第八节　战略实施计划的制订
- 确保保障战略实施计划落实的相关政策及资源的安排配合；
- 确保实施计划操作的可行性，以及各实施部门对于计划制定的充分参与和认同。

第九节　战略实施计划的执行和改进
- 确保各部门明确公司的战略规划、实施计划和分部门执行方案、对执行资源的充分投入与协调统一；
- 确保在对执行状况的及时监控的基础上，优化改进实施计划及相应资源安排。

第十节　战略联盟缔结
- 确保公司的战略联盟符合公司总体战略发展方向；
- 确保潜在战略合作伙伴能为公司战略发展带来最大价值和利益。

（2）战略规划管理主要控制点如下：

战略发展副总裁、总裁、总裁办公会议及职工代表大会等各管理层次审批企业战略规划。

管理层对各部门执行战略实施计划的监控、评估及调整。

分析员对原始信息进行分类筛选，判断原始信息是否是准确、可量化和有价值；战略规划总经理审阅经分析员每周（月）筛选出对战略规划决策有用的信息及附件，并上报战略发展副总裁；分析员每季对信息提供部门提供的原始信息进行评估，并将评估结果反馈给信息收集部门。

战略规划总经理审阅、修改市场定位/行业吸引力模型分析/结果图，并上报战略发展副总裁；战略发展副总裁审阅市场定位/行业吸引力模型分析/结果图，并提出审阅及修改意见；战略规划总经理审阅、修改企业内部价值链模型分析报告，并上报战略发展副总裁；战略发展副总裁审阅企业内部价值链模型分析报告并提出审阅及修改意见。

战略规划总经理审阅并修改行业驱动力模型分析报告，并上报战略发展副总裁；战略规划总经理综合分析结果，出具 SWOT 分析报告并上报给战略发展副总裁；战略发展副总裁审阅 SWOT 分析报告，并提出审阅及后续指导意见。

战略规划部总经理审阅、修改战略环境评估报告和公司的战略方向建议；战略发展副总裁审阅战略环境评估报告和公司的战略方向建议，并对重点内容提出修改、补充意见；总裁办公会议审阅战略环境评估报告和公司的战略方向建议（愿景、使命、价值观）。

战略规划总经理审阅特定战略；战略发展副总裁审阅、修改特定战略综合报告是否准确、有效、全面，并提出审阅及修改意见；总裁审阅特定战略综合报告是否准确、有效、全面并提出审阅及修改意见；特定战略综合报告经总裁办公会议和职代会通过，并报董事会备案

战略规划总经理审阅、修改各部门年度战略实施计划及各项配套措施；战略发展副总裁审阅战略实施计划是否详细、准确全面、可行，并提出审阅及修改意见；总裁办公会议审

阅战略实施计划,提出审阅意见并进行相应的修改。

各部门负责人对照实施计划检查本部门执行情况;规划副总裁每季主持召开会议,就执行过程中发现的问题讨论决定解决措施;战略规划总经理就战略执行差异提出改进意见。

战略发展副总裁会同公司高级管理层对联盟的商业计划进行审阅,并提出修改意见;公司董事会审批结盟的谈判策略是否可行;董事会根据结盟战略审批联盟合作方案与协议。

2. 市场管理流程总览

如图4-38所示。

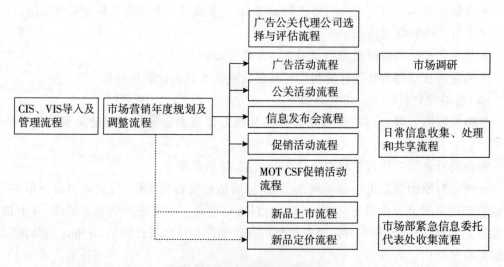

图4-38 市场管理流程总览

(1)战略规划管理主要控制目标如下:

第一节 市场营销年度规划及调整

● 确保公司的市场营销年度规划符合公司整体战略规划和年度预算,并配合其他各特定职能战略的有效达成;

● 确保各类营销活动的费用及拨款按品牌或大类产品进行有效计划。

第二节 信息收集和应用

● 确保公司的市场调研活动能够为公司的整体战略规划或市场营销决策提供所需的翔实可靠的信息和资料;

● 确保公司的市场调研活动根据不同的信息需求使用不同的信息收集和分析手段,达到最优的调研效果。

第三节 广告公关代理公司选择与评估

● 确保广告公关代理公司选择与评估活动能够从可靠的供应商处以最优的价格采购到合格的服务;

● 确保广告公关代理合同的全面性,在双方责任义务、价格、保密、知识产权等方面进行严格定义,保障公司的最大利益。

第四节 广告活动

- 确保公司对广告活动的及时评估,提升其在提高公司品牌形象方面的效率和效益;
- 确保公司根据预定的目标审核广告活动,并支付广告费用;
- 确保广告供应商的广告创意、文案设计、推广与公司市场战略和目标相吻合。

第五节 公关活动

- 确保公司对公关和信息发布会活动的及时评估,提升其在提高公司品牌形象方面的效率和效益;
- 确保紧急公关决策的全局性和及时性,保证公司的最大利益;
- 确保信息发布会活动目标和内容规划符合公司市场战略和品牌战略,并有效满足公司公关战略和市场战略的需求;
- 确保公司的信息发布会方案从可靠的公关供应商处以最优价格采购合格的服务。

第六节 促销

- 确保公司的促销活动设计和执行能够以适当的促销成本取得合适的销售业绩回报;
- 确保促销方案与分销渠道特质和需求相吻合;
- 确保公司产品的促销活动目标和内容符合产品方营销战略和促进公司年度摩托罗拉产品销售目标的达成;
- 确保 CSF 促销预算方案得到产品方 CSF 金额预算和资源支持。

第七节 CIS(Corporate Identification System)、VIS(Visual Identification System)导入及管理

- 确保公司企业形象识别系统对于确立和塑造企业精神和企业核心理念的支持和识别作用,对于企业整体品牌、形象的统一和规范作用;
- 确保公司企业形象识别系统建立的权威性、全员参与性和自上而下的一体性;
- 确保公司企业形象识别系统设计的专业化、个性化和系统化;
- 确保公司企业形象视觉识别系统的定期评估,提高 VI 在提升公司品牌形象方面的效率。

第八节 新产品定价

- 确保新产品定价活动吻合公司整体战略发展,并有效满足公司产品战略、市场战略和销售战略的需求;
- 确保新产品定价活动以市场为导向,充分考虑竞争者、消费者、代理商等市场力量因素;
- 充分考虑成本因素,充分考虑各部门如研发、生产、销售等相关衔接性。

第九节 新产品上市

- 确保新产品上市活动整体规划符合公司市场战略和营销年度规划;
- 确保新产品上市过程中不同部门的有效整合,各项活动安排层次有序达成项目整体目标;
- 确保新产品上市前的最终市场,确认和研发、生产的复核把关;

- 确保新产品上市活动的及时评估,提升上市活动的有效性和经济性。

(2)战略规划管理主要控制点如下:

市场部总经理审定市场各分功能相关规划和预算是否符合市场营销战略和总体规划;财务总监审定市场营销年度规划和预算书。

市场部总经理审批调研计划框架方案和预算书,决定是否聘请专业调研公司和调研所用的方式;财务部审批市场调研计划框架方案和预算书;调研经理审核问卷、群体讨论提纲、访谈提纲、资料收集来源和范围及调研样本范围。

市场部总经理审核对广告公关公司的需求与选择标准;市场执行副总裁审核合作广告公关公司;市场部执行副总裁审核是否续签中长期代理合同;财务总监审核广告公关公司合作合同。

市场部总经理审批广告草案和媒介方案及预算;市场执行副总裁审批广告草案和媒介方案及预算;财务部总经理审批广告草案和媒介方案及预算,超预算或超权限的由财务总监审批;市场部总经理审阅品牌经理根据广告活动效果评估报告做出的广告活动及媒介策略改进建议书。

市场总经理审核由公司单独或与公关公司共同拟制的公关执行方案及预算;市场执行副总裁审核批准超权限或超金额的公关执行方案;总裁办公室会议审核紧急公关方案和预算;财务部按权限审核发布会方案和预算。

市场部总经理审核针对最终消费者或代理商的促销工具设想方案,并与销售部达成共识;市场副总裁审核超权限或超金额促销和预算方案;财务部总经理审核促销预算和方案,财务副总裁审核批准超权限或超金额促销和预算方案。

市场部总经理审核 VI 手册;CI 委员会审核评审 VI 手册;CI 委员会组织各相关部门总经理、市场副总裁会议评估 VI 导入实施评估汇总报告。

市场执行副总裁召集各副总裁会议审核竞争者和市场接受度报告,并拟定定价目的;总裁审核并签字确认新产品定价报告。

市场部总经理审核新产品传播方向建议书;市场副总裁审批新产品上市初步规划书;市场执行副总裁审批新产品上市规划书。

3. 投资管理流程总览

如图 4-39 所示。

(1)战略规划管理主要控制目标如下:

第一节 投资决策
- 确保公司投资决策符合公司总体投资规划;
- 确保投资项目的市场、资金和技术可行性分析具有充分的客观性,以控制投资决策风险;
- 确保投资项目小组由合适的人选组成,并落实项目经理的责任;
- 确保投资项目的计划性和可行性,并保证资金的合理运用和良好回报。

第二节 投资子公司管理
- 确保子公司合作方选择的合理性以保证子公司设立后的正常运转;

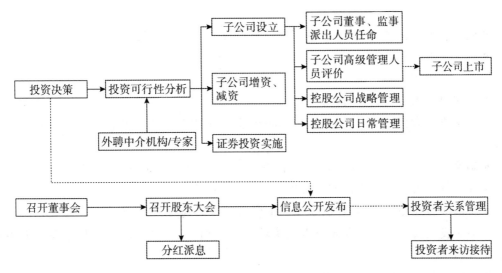

图 4-39　投资管理流程总览

- 确保投资管理部对于控股子公司重大决策和日常业务管理的有效监控；
- 确保对子公司高级管理人员进行全面、客观评价；
- 通过可行性分析控制子公司增资的风险，确保公司对子公司的增、减资决策经过慎重分析；
- 降低子公司上市风险，确保子公司上市的可行性最大化。

第三节　控股公司管理

- 确保公司战略规划对控股公司的发展战略的指导性；
- 确保投资管理部对控股公司的经营信息能够及时了解并做出评价和建议；
- 确保投资管理部对子公司出现的问题能够做出及时反应；
- 确保控股公司战略规划在日常经营管理过程中的贯彻。

第四节　证券投资实施

- 确保证券投资计划与公司的战略规划中的投资规划相一致；
- 除特殊情况，确保证券投资资金与公司年度预算相符并保证投资资金的合理运用；
- 确保证券投资的交易安全，并保证较好的投资收益；
- 确保证券投资信息及时整理和反馈，对证券操作行为能够及时、有效地进行监控和调整。

第五节　聘请中介机构/专家

- 确保中介机构/专家所提供的服务具有专业性；
- 确保与中介机构/专家合作的保密性、公正性；
- 确保聘请中介机构/专家费用支出的合理性。

第六节　召开董事会

- 确保董事会的召开符合法定条件；
- 确保董事会的召开有充分的准备，使得会议能够顺利召开，董事们决策有依据、有准备；

- 确保董事会文件的起草、准备、签署均符合法定形式要件；
- 确保董事表示独立、正确的意思，并为其表决负责。

第七节　股东大会

- 确保股东大会的召开符合法定条件；
- 确保股东大会的召开有充分的准备，使得会议能够顺利召开，股东们决策有依据、有准备；
- 确保股东大会的文件的起草、准备、签署、变更均符合法定形式要件；
- 确保股东大会议题所指向的文件的真实性、可行性；
- 严格按照同股同权的原则，切实保证各方股东的利益，使其能充分行使股东权力；
- 确保股东大会的信息发布符合国家法律和证监会的有关规定，确保信息公开发布的准确性、及时性。

第八节　分红派息

- 确保按照股东大会审核通过的方案进行红利分配；
- 确保分配方案的实施均符合国家法律和证监会的有关规定；
- 确保对外发布的信息的准确性、及时性。

第九节　投资者管理

- 确保与投资者保持经常的信息交流，建立公司在投资者心目中的良好形象；
- 确保公司对于机构投资者、战略投资者的重点关系维护、管理；
- 确保投资部成为股东及潜在投资者了解公司情况的窗口，为股东或投资者的投资决策提供一定的依据。

第十节　信息公开发布

- 确保一切对外发布的信息均由董事会秘书签字确认；
- 确保所有信息发布的及时性、准确性，符合三公原则；
- 确保信息刊登媒体选择的专业性，保证信息的顺利刊登。

(2) 战略规划管理主要控制点如下：

投资管理部总经理对外聘中介机构/专家申请理由进行审核，确定是否需要外聘专家；投资管理部总经理审核项目小组成员组成；投资管理部总经理审核项目资料的完整性、真实性、可靠性，并列举项目可能产生的风险以及风险管理方法；战略发展执行副总裁审阅项目主要风险的分析和控制状况。

总裁审阅战略发展执行副总裁、投资管理部总经理和筹备小组商讨确定的合作方；子公司高级管理人员的奖惩方案必须经过子公司董事会讨论通过；依据权限范围分别由战略发展执行副总裁、总裁、董事会或股东大会审核子公司的增资、减资、清算等重大决策；子公司上市计划必须经过投资管理部总经理、战略发展执行副总裁、总经理办公会审批。

投资管理部总经理和战略发展执行副总裁审批控股公司细化战略规划和年度生产经营计划；投资管理部总经理和战略发展执行副总裁必须审批控股公司董事会文件；子公司财务总经理审批定期财务报告，对于认为有重大财务问题的，提交财务总监审批；投资管理部总经理审批控股公司经营评价及建议报告,对于有重大经营问题的提交公司战略发展执行副总裁审批。

在权限范围内,投资管理部总经理审批自营投资决策报告和风险控制报告,如超出权限范围则由战略发展执行副总裁审批;在权限范围内,财务部总经理审批资金申请,如超出权限范围则由财务总监审批;证券投资调整方案及理由必须经过投资管理部总经理和战略发展执行副总裁审批;证券投资年报必须经过投资管理部总经理和战略发展执行副总裁审批。

投资管理部总经理负责审批中介机构/专家将要提供的服务需求之说明;投资管理部总经理和战略发展执行副总裁审批中介机构/专家情况报告和中介机构/专家项目建议书和报价,如超过审批权限,递交公司董事长或子公司总经理审批;投资管理部总经理、战略发展执行副总裁审批聘请中介机构/专家的合同,如超出权限范围交由公司董事长或子公司总经理审批。

证券部会务组必须在会议召开10日前通知各位董事;证券部会务组统计出席会议的董事人数,必须确保与会董事占全体董事半数以上,才可以召开董事会;证券部会务组必须将董事会文件提案在会议召开前一周送交各位董事审阅,使得董事们事先对提案能够作较为充分的了解;各位董事对董事会报告和各项提案进行审议,并对形成的决议进行表决,过半数董事同意,决议通过;董事会秘书所做的会议纪要必须经各位董事审阅后签字认可。

证券部总经理、董事会秘书和董事长审核股东大会所有文件;财务总监审核财务报告,总经理审核总经理业务报告;董事会秘书必须签字确认股东大会一切向外公开发布的信息;股东大会会议通知必须提前30天公告;证券部总经理审核参加会议的重要宾客和公司领导名单并由行政部提前10天进行通知;股东大会投票需要由公证处进行公证;在股东大会结束3个工作日内必须在指定的媒体上公告股东会决议。

证券部总经理审核资金申请单是否与股东大会通过的红利发放决议相符;分红派息公告经过证券部总经理和董事会秘书审核。

证券部总经理审核股东分类标准并确定股东分类;证券部接待人员根据投资者的来访意图、时间、人数、拟了解的信息决定是否有必要制订接待计划;证券部接待人员拟订的接待计划必须经过证券部总经理审核;如证券部总经理决定有必要请董秘和公司高层领导参与接待,必须由董秘审核接待计划和高层领导参与的必要性。

董事会秘书必须对信息披露申请表、停牌申请表进行签字确认。

4. 新产品研发管理流程总览

如图4-40所示。

(1) 战略规划管理主要控制目标如下:

第一节 新产品概念设想市场调研

• 确保公司的新产品设想市场调研活动能够符合并促进公司整体战略和新产品战略的达成和发展;

• 确保公司的新产品概念设想融合技术和经营可行性。

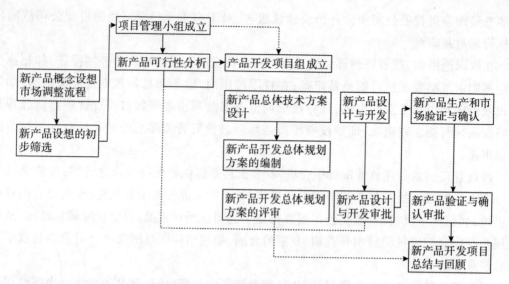

图 4-40 新产品研发管理流程总览

第二节 新产品设想的筛选

• 基于公司产品规划和资源条件进行新产品开发决策,确保新产品开发能够增强企业的核心竞争力;

• 确保公司高层对新产品开发决策达成一致意见,以实现新产品开发过程的资源保障。

第三节 项目管理小组成立

• 根据新产品开发的性质,确保产品经理人选有能力协调各方资源完成新产品开发任务;

• 确保项目管理小组人员的素质与技能合理组合。

第四节 新产品开发可行性分析

• 合理计划新产品开发资源投入,控制开发项目风险;

• 确保分析过程中提出的技术可行性方案能够实现。

第五节 新产品开发总体规划方案

• 确保新产品开发总体规划方案符合公司的新产品开发任务要求;

• 确保新产品开发总体规划方案建立在客观评估公司资源条件的基础上;

• 确保各部门充分理解和支持新产品开发工作,并认可总体规划方案中对本部门的人员调度和进度安排。

第六节 新产品设计与开发

• 确保新产品设想报告中的功能需求在原型样机上逐一得到实现和验证;

• 确保新产品设计与开发的工作进度和预算符合总体规划方案的要求。

第七节 新产品验证与确认

• 确保新产品设计中的问题通过生产和市场的验证得以发现和纠正;

• 确保下阶段新产品量产与市场投放活动的正常进行;

- 确保不适合进行商业化的新产品能够以技术转让等形式及时得到价值实现。

第八节　新产品开发总结与回顾

- 确保新产品开发的设计文档齐全；
- 确保新产品开发过程中积累的经验和知识得到管理和共享；
- 确保新产品开发的奖惩措施和激励政策得到贯彻和实施。

（2）战略规划管理主要控制点如下：

市场执行副总裁审批新产品概念设想初稿；市场执行副总裁审批新产品概念设想书。

产品管理委员会各评审委员签字确认新产品设想评审报告；营运总裁签发新产品设想评审报告和新产品开发项目管理任务书。

产品管理委员会对产品经理候选人进行评估，确定最终人选；产品管理委员会提名产品副经理人选，与产品经理沟通确认。

产品管理委员会核实可行性分析报告对公司资源现状评价的客观性，并对可行性方案进行取舍；公司总裁签发新产品开发可行性方案及评审报告。

项目管理小组确定产品开发项目组的人员素质组合模型；产品管理委员会确定产品开发项目组的人力资源配置和总体规划方案；各部门负责人审核新产品开发规划中模块的规划；公司总裁签发新产品开发总体规划方案。

产品管理委员会和项目管理小组对设计与开发过程中的关键控制点进行事前和事中控制，确保分单元的需求分析、概要设计、详细设计、系统集成、样机试制各阶段的问题能够及时发现和解决，避免新产品开发资金的浪费；项目管理小组确保产业化人员和市场人员参与新产品的设计与开发过程，避免市场、研发和生产之间脱钩。

项目管理小组按照新产品开发总体规划方案组织和协调样机小批量试制和用户试用、试销活动；产品管理委员会协调解决部门安排与项目进展之间的冲突，并对重大问题进行协调和处理。

产品管理委员会和产品开发项目组分别对新产品开发工作进行回顾和总结，董事会评估产品管理委员会的业绩，产品管理委员会评估产品开发项目组的业绩，层层落实奖惩措施。

本章小结

企业为更好地实施战略，都会建立各自合适的组织结构。从原则上来说，当原有的组织结构不能持续提供成功实施企业战略所需的协调、控制和方向时，组织结构就会发生改变。每当企业发展进步并改进其战略时，就需要一个改进的结构来配合整个战略的实施。反之，现有的组织结构也会对企业未来的战略抉择产生影响。

企业战略的变化将导致组织结构的变化，组织结构的重新设计又能够促进公司战略的实施。企业战略与组织结构是一个动态变化的过程。

组织结构的设计要以客观理念为指导，遵循一定的原则和步骤。职能制结构是最早被大公司使用的，并最终与官僚制联系到了一起。事业部制结构是组织的下一个创新,这种模式提供了一个方式,将诸如通用汽车公司和西尔斯—罗巴克公司这样的大公司划分成更多的可控利润中心。接着发现了跨职能团队的概念,这种团队以横向方式工作,以便实现跨部门的协调。横向团队演进成为矩阵式结构,这种结构同时具有两个方向的层级制度。随着管理复杂性和多样性的增强,多维立体式结构越来越多地出现在大型组织中。

在新经济条件下,组织设计的创新体现在,由纵向向横向管理的重要转变,业务流程的重新设计,以及使用动态网络结构。这种创新通过新的方式开发利用人力资源,给企业的发展带来竞争优势。

拓展与延伸

1. 组织结构设计的基本原则有哪些?
2. 组织结构的基本形式都有哪些?各有什么优缺点?
3. 简要说明基于流程的组织结构设计的步骤。
4. 找一家周边的企业进行调研,对其进行组织结构再设计。

案例分析:腾讯的组织架构变迁

在企业发展壮大、业务多元化的过程中,许多企业会受到大企业病的困扰,造成工作推进效率低下。腾讯公司在发展壮大的过程中就遇到过类似的问题,但是,他们通过不断的组织结构变革解决了这些问题。

2005年以前:职能式组织架构

腾讯早期采用的是职能式组织架构,主要分为渠道、业务、研发和基础架构部门,另设行政、人力资源、内部审计、信息等职能部门。职能式架构在当时的组织规模下简单易行:COO管渠道和业务,CTO管研发和基础架构,上层再由CEO统一协调。当时腾讯的规模还比较小,只有QQ一个核心产品,人心齐,管理简单,职能式架构可以发挥最优作用。

但是随着腾讯的发展壮大,业务向多元化拓展,职能式架构出现了很大的问题。当公司只有一个核心业务时,CEO只需要关心一件事,把所有的业务部门抓住协调推进即可。但到了2005年时,腾讯的多元化布局已经完成,旗下有无线业务、互联网增值业务、游戏和媒体等多种差异非常大的业务,此时CEO已经很难再进行良好协调。按照当时腾讯CEO张志东所述,腾讯是以产品为导向、以用户体验为中心的。但是当时所有的职能部门、研发部门不买产品部门的账,产品部门根本影响不了研发部门,产品做得好,研发部门也不受激励。

2005—2012 年:业务系统式组织架构

基于职能式架构造成的管理混乱,腾讯开始了第一次大规模组织变革——业务系统(Business Unit,BU)化。如图 4-41 所示,腾讯的总体架构分为企业发展系统、运营平台系统、职能系统及业务系统 B 线和平台研发系统 R 线。B 线和 R 线下设不同的业务单元,业务发展较为独立。在这样的架构下,腾讯形成了双重分工系统:横向是业务分工,纵向则是决策分工。从横向看,业务系统可以被看作生产线,主要承担一线营收,其他系统为其提供支持和指引。纵向来看,组织层级又分为系统—部—组的三层体系,组织结构扁平化,从而提高了决策效率,每个业务单元也能快速响应环境变化。

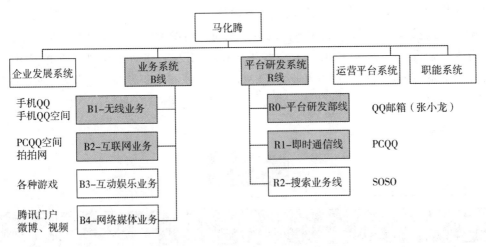

图 4-41 腾讯组织架构(2005—2012)

但是仔细看 B 线和 R 线下属的业务单元,我们会发现手机 QQ 和 PCQQ、手机 QQ 空间和 PCQQ 空间等都不在同一个业务单元。这是由历史原因造成的,B1 最早的无线业务主要包括用手机充话费、发短信、聊 QQ 等无线 SP(Service Provider)业务,和中国移动、中国电信等运营商联系比较紧密。当时的手机 QQ 和 PCQQ 之间还没有形成良好的关联,甚至可以说是两个较为独立的平台。

在腾讯游戏带来很大收入以前,手机 QQ 是重要的创收部门,当时移动端的手机 QQ、手机 QQ 空间、手机 QQ 音乐等都是从 B1 着手开发的。但当时无线端并不是公司的重点,公司把主要精力放在做 PC 互联网产品上。2011 年左右,移动互联网浪潮兴起,手机 QQ 的定位不再只是与运营商合作,提供营收,更重要的是优化产品,抓住风口拓展市场。此时,腾讯的主要精力都转到了移动端平台的开发与优化上。

但是在重点转移的过程中,组织的内耗非常严重。在 2012 年,手机 QQ 的消息数第一次超过了 PCQQ,传统 PC 部门开始着急,公司内各部门开始各种各样的 PK,在需要共同推进的事项上配合也不顺利。比如,当手机 QQ 实现了基本的用户需求后,后续的更多需求需要由手机端和 PC 端共同去完成。例如:QQ 上的未读消息,在手机上阅读以后,PC 上的 QQ 就需要取消闪烁提醒。但是当 B1 的手机 QQ 产品经理去和 R1 的 PCQQ 部门沟通需求时,发现不同部门的 KPI 不一致,两个 QQ 的消息后台也不一样,无论是需求推进还是实际开发,都遇到了非常大的阻力。这就需要高层不断协调,每天都在开会,开会都是在协调,而不在谈业务,导致最后的用户体验没有人负责。不合理的业务单元划分严重地拖慢了重点转移速度,导致部分功能无法快速上线供用户使用,产品很难适应移动互联网时代的竞争。

2012年以后:事业群式组织结构

马化腾曾提出这样的疑问:"当团队规模变大后,很容易会滋生一些大企业毛病。到底我们如何能够克服大企业病,打造一个世界级的互联网企业?"为了便于公司相关业务协调,减少部门间相互扯皮和恶性竞争的情况,腾讯做出了第二次组织架构调整,为了更好地应对用户的新需求,以及新技术、新业务模式层出不穷的挑战。

调整后,腾讯从原来以产品为导向的业务系统式组织架构升级为事业群制,把业务重新划分为企业发展事业群(CDG)、互动娱乐事业群(IEG)、移动互联网事业群(MIG)、网络媒体事业群(OMG)、社交网络事业群(SNG),整合原有的研发和运营平台,成立新的技术工程事业群(TEG),后续又将微信独立,单独成立了微信事业群(WXG),如图4-42所示。

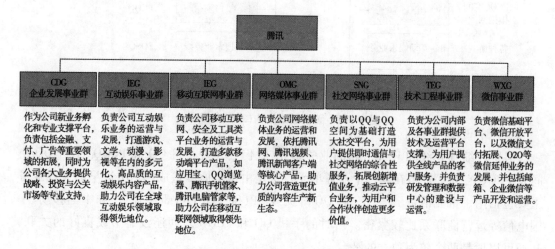

图4-42 腾讯组织架构(2012年后)

总体看来,这次组织架构调整将同一产品的手机端和PC端整合,把原来的无线业务,从B1分离出来,和PC上的对等业务合并在一个部门(例如PCQQ与手机QQ合并、PCQQ空间和手机QQ空间合并),两拨人变成一家人,背负同样的业务指标,不再是相互竞争关系。部门成员把座位也都搬在一起,便于同一体系内协调资源,从而快速推动产品上线。另外,将BU全面升级为事业群也是分权的过程,事业群的负责人拥有了更多的话语权,出现产品问题也要汇报给马化腾才能继续推动的情况越来越少。各事业群也拥有更多的自主空间,可以灵活响应,适应外部快速变化的环境。

马化腾在给员工的信里,也对第二次架构调整做出了说明:"这次调整的基本出发点是按照各个业务的属性,形成一系列更专注的事业群,减少不必要的重叠,在事业群内能充分发挥'小公司'的精神,深刻理解并快速响应用户需求,打造优秀的产品和用户平台,并为同事们提供更好的成长机会;同时,各事业群之间可以共享基础服务平台以及创造对用户有价值的整合服务,力求在'一个腾讯'的大平台上充分发挥整合优势。"

(案例来源:https://baijiahao.baidu.com/s? id=1586094820583061739 & wfr=spider & for=pc)

请根据上述案例,回答下列问题:

1. 从理论上来说不同组织结构形式都有哪些优势和不足?
2. 这些优劣势在腾讯公司的组织结构的变革过程中都有哪些体现?

第五章
组织岗位与编制设计

知识目标

1. 了解岗位设计与定编的定义和重要性；
2. 了解岗位设计与定编的一般原则；
3. 熟悉岗位设计与定编的一般步骤。

学习目标

1. 掌握岗位设计与定编的主要方法；
2. 具备岗位设计与定编的能力。

导入案例:A 公司总部到底需要多少员工?

作为中国机场内多种设备运行、维修和维保企业的标杆,A 设备管理公司拥有20余年的管理经验,是国内第一家以运行维修维保机场设备、承接机场专业工程和空港设备开发制造为主营业务的中外合资公司,共有员工1 800余人。

2008年,公司行政人事部分拆为人力资源部和行政事务部,许多人力资源管理文件资料尚不完全,例如职位说明书的编订是由人力资源部起草一份范例,各岗位人员根据个人理解和个人情况进行填写,完全失去职位说明书应有的作用;同时,由于管理部门存在工作时间和工作质量、结果难以进行定额核定,任职人员的能力对工作结果和工作效率影响巨大等特点,公司一直没有推进这方面的工作。

公司总部管理部门共设定员工68名。在实际运行中,总部不少部门存在长期借调下属部门员工现象。并且公司张总经理发现,有些人员每天忙碌,只是因为不能掌握计算机工具,而有些人只是貌似忙碌,实际整日在电脑上玩游戏等。

本章将主要阐述岗位设计与定编的定义和重要性、一般原则、主要方法和一般步骤。

第一节 岗位与岗位设计

一、岗位

(一)岗位的定义

岗位(Position)是组织要求个体完成的一项或多项职责及赋予个体的权力的总和,也称职位。为了更好地理解岗位的定义,有必要澄清与之相关的一些基本概念,包括任务、职责、职权等。

任务是对某个员工所从事的某件具体事情的描述,任务是岗位内容的基本单位,是对工作职责的进一步分解;职责是某个员工承担的一项或者多项相关任务的集合;而职权是指赋予完成某项任务的特定权力。

举例来讲,人力资源部经理是一个岗位,它承担员工招聘、员工培训、薪酬管理、绩效管理、员工满意度监控等职责。员工满意度监控包括设计满意度调查问卷,进行问卷调查,统计分析问卷结果,向高层反馈调查结果,采取应对措施等。为了完成这些任务,人力资源经理拥有决定调查问卷内容、要求公司员工配合填写等权力,以上这些要素共同构成了一个岗位。

(二)岗位分类

岗位分类也称岗位分级、岗位归级。它是在工作分析、评价的基础上,采用一定的科学方法,按岗位的工作性质、特征、难易程度、职责大小和任职资格等,对岗位所进行的多层次划分。

岗位分类包括横向分类和纵向分类。

在横向分类中,按工作性质将岗位分成大、中、小三类。大类叫职门,也叫职类;中类叫职组,也叫职群;小类叫职系。职系是指一些工作性质相同,而责任轻重和困难程度不同,所有职级、职等不同的岗位系列。简言之,一个职系就是一种专门的职业(如机械工程职系)。工作性质相近的若干职系综合而称职组。工作性质和特征相近的若干职组的集合称为职门。

在纵向分类中,按工作的轻重程度将职位分级划等。在同一职系内分级就产生职级,在各职系间统一划等就产生职等。工作的轻重程度一般由工作的繁简难易、责任轻重、所需人员资格条件高低等因素来体现和评价,因此,职级是指在同一职系内,工作繁简难易程度、责任轻重程度及所需人员的资格条件高低都充分相近的岗位群。职等是指岗位的工作性质虽然不同,但工作的繁简难易、责任轻重及所需人员资格条件都相近的岗位群。

在现实企业中有很多岗位,按照性质的不同可以分成若干个类型。

(1)生产岗位:主要指直接从事制造、安装、维护及为制造做辅助工作的岗位。生产岗位的员工主要从事企业基本的生产业务。

(2)执行岗位:主要指从事行政或服务性工作的岗位。执行岗位的员工根据上级的安排执行自己的任务。

(3)专业岗位:主要指从事各类专业技术工作的岗位,如工程师、经济师、会计师或者软件设计师等。

(4)监督岗位:主要指部门科室、办事处等岗位,执行监督工作。例如,审计部门、监察部门或其他受董事会或股东会委托,监督企业各项工作的人员。

(5)管理岗位:主要指一些部门、科室的主管或者经理,或者是一家单位的负责人。他们的职责是管理自己所在的部门或单位。

(6)决策岗位:主要指公司的高级管理层,如企业的总裁、总经理、副总经理或分管各个业务的总监等。

二、岗位设计

(一)岗位设计的定义

岗位设计也称为工作设计,是指根据组织业务目标的需要,并兼顾个人的需要,规定某个岗位的任务、责任、权力及在组织中与其他岗位的关系的过程。它所要解决的主要问题是组织向其成员分配工作任务和职责的方式。

亚当·斯密(Adam Smith)在其《国富论》(*The Wealth of Nations*)中论及岗位设计,他以制针业为例说明了岗位的专业化分工的效率。"科学管理之父"泰勒所进行的"时间—动作"研究,实际上也是一种岗位设计。他将岗位的工作程序和操作方法标准化,大大提高了劳动生产率。

岗位设计是通过满足员工与工作有关的需求来提高工作效率的一种管理方法,因此,工作设计是否得当对激发员工的工作热情、提高工作效率都有重大影响。

(二)岗位设计的内容

岗位设计主要针对以下六个方面内容进行设计:

(1)工作内容。这主要是关于工作范畴的问题,包括工作种类、工作自主性、工作复杂性、工作难度和工作完整性等。

(2)工作职责。这是关于工作本身的描述,包括职责、权限、工作方法、协作和信息沟通等。

(3)工作关系。这主要是指工作中人与人的关系,包括上下级关系、同事关系、个体与群体的关系等。

(4)工作结果。这主要是指工作的产出情况,包括数量、质量、效率及相应奖惩等。

(5)工作结果的反馈。这主要指任职者从工作本身获得的直接反馈,以及从上下级或同事那里获得的间接反馈。

(6)任职者的反应。这主要指任职者对工作本身及对工作结果的态度,包括工作满意度、出勤率和离职率等。

(三)岗位设计的作用

岗位设计的作用主要体现在三个方面:

(1)通过岗位设计,可以使该岗位的工作内容、方法、程序、工作环境、工作关系等与任职者的特性相适应,可以减少无效劳动、提高生产率。

(2)岗位设计过程中考虑了人的因素,改变了工作单调重复和不完整的特性,实现了工作的多样化,减少了任职者的不良反应。

(3)岗位设计改善了任职者之间的关系,任职者可以获得工作中的自主权和责任感,增强主人翁意识,更好地融入组织。

（四）岗位设计与组织设计、工作分析的关系

岗位设计是组织结构设计最终的体现环节。组织结构设计通过明确公司的管理模式、各级部门职责划分和汇报关系，并最终落实到岗位设计上。组织设计与岗位涉及的关系如图 5-1 所示。

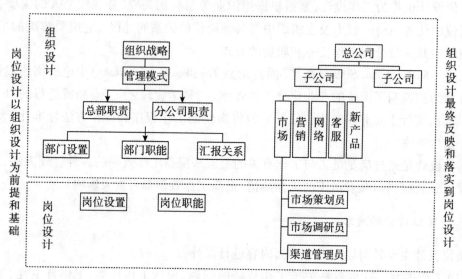

图 5-1　岗位设计与组织设计的关系

岗位设计与工作分析是不同的工作，工作分析是对现有岗位的客观描述，而岗位设计是对现有岗位的认定、修改或对新岗位的描述；工作分析可以为岗位设计提供验证，通过工作分析可以发现岗位设计中的缺陷、问题，从而对原有岗位设计进行调整、修改。岗位设计的中心任务是要为企业提供完成战略目标的保证，并为人力资源管理提供基本的依据，保证事得其人、人尽其才、人事相宜。

第二节　岗位设计理论

一、科学管理

1911 年，弗雷德里克·W. 泰勒（Frederick W. Taylor）所概括的科学管理理论强调工作是生产过程。他的研究从此之后成了现代科学管理的基础，也成了人力资源管理的基础。泰勒最早在宾夕法尼亚的一家钢铁公司的工作经历，对他形成自己关于工作过程和职位设计的思想有很大的影响。他在很年轻时就已经被提升为该公司的总工程师。他研究了生产过程的技术方面、个人以及雇员所组成的群体。他研究的目的是要得出管理和控制工作的普遍适宜的原则。泰勒设计职位的方法强调的是以下内容：使组成职位的任

务更加简单,非常专门的职位描述,系统的工作程序和计划,严密的监控等。

科学管理进行岗位设计的方法的核心,是把每一个职位的操作都简化为基本的动作,并在严密的监督下完成操作,这实际上是一种工作简化。泰勒的科学管理是人类比较早对职位设计进行系统研究的努力。但泰勒对工作简化的追求走向了极端,对于许多工人来说,过分简单化的工作致使他们感到异化、不满和挫折。人际关系运动发现了这些问题,并且寻找到了职位丰富化这一出路。

二、社会技术系统方法

社会技术系统方法关注的是提高职位设计使工作的社会和技术方面紧密配合。为了达到这一目的,重要的是研究工作小组或团队,而不是单独的职位。在这种方法中,传统的职位已经不复存在,取而代之的是小组或团队的任务。现在每一个个人为了完成团队的任务而被指派了一项工作,每个人的工作都是围绕完成团队的任务而设计的。

通过社会技术系统方法来重新设计岗位,必须要有雇主、雇员、管理者、工会组织的通力合作。在这里,岗位被按照最容易完成的方式被设计。这时,管理者关心的是企业的任务能否完成,这似乎又回到了科学管理的原则上,但这里,重要的是组成工作团队的成员必须具备完成工作任务的资格,而且必须赋予工作团队以管理工作过程的自主权力。

三、人际关系理论

当科学管理在实践中被运用到极端之后,人际关系运动在很大程度上是作为对这一运动的反应而出现的。人际关系运动强调的不是组织的生产需要,而是从雇员个人的视角来看待职位。这一运动最早是由梅奥进行的霍桑实验而引发的。科学管理过分强调职位设计的技术方面,1933年的霍桑实验是一个转折点,它使工人的社会需要得到了承认,而且看到了这种社会需要对工作业绩可能产生的巨大影响。霍桑实验最早的目的是要解释工作环境的变化是影响生产率的。但研究结果与当初的设计是不同的,研究发现,工作环境的变化对生产率的影响并不如一起工作的工人之间的社会互动重要。

在人际关系运动倡导下,人力资源管理中的职位设计活动开始将社会需要作为动力进行管理。职位轮换、职位扩充和职位丰富化等职位设计活动都是在人际关系的影响下出现的。在这之后,人们对工作技术方面的重视下降,而对工作中劳动者的社会和感情需要更加重视。在当代出现的质量圈等一系列工人参与管理的活动,都是人际关系理论在实践中的发展。

四、工作任务特性理论

人们进行岗位设计是从发现和研究工作任务的一些特性开始的。如今,组织的管理者在进行工作设计时格外关注这些特性,并会根据工作任务的特性进行相应改变。

(一)必备任务特性理论

20世纪60年代中期,美国心理学家特纳(Turner)和劳伦斯(Lawrence)提出了一套研究方法,用以评价不同种类工作对员工满意度及缺勤情况的影响。他们试图鉴别出工作内容的特性,并确认这些特性是如何组织在一起形成各种职位的,同时还要找出这些任务特性与员工激励、员工满意度、员工绩效之间的关系。他们预测员工将会偏爱做那些复杂和具有挑战性的工作,即这种工作能增强员工的满意度并降低缺勤率。

特纳和劳伦斯提出的任务特性包含六个方面的内容:变化性、自主性、责任、所需知识与技能、所需的社会交往、可选择的社会交往。他们的理论研究表明,从事复杂性工作的员工满意度高,缺勤率低。

(二)工作特征模型

20世纪70年代末期,哈佛大学教授理查德哈德曼(Richard Hackman)和伊利诺依大学教授格雷格·奥尔德汉姆(Greg Oldham)提出了工作特征模型,即JCM(Job Characteristics Model),也称五因子工作特征模型(如图5-2所示)。它是工作丰富化的核心。模型认为,我们可以把一个工作按照它与核心维度的相似性或者差异性来描述,于是按照模型中的实施方法丰富化了的工作就具有高水平的核心维度,并可由此而创造出高水平的心理状态和工作成果。

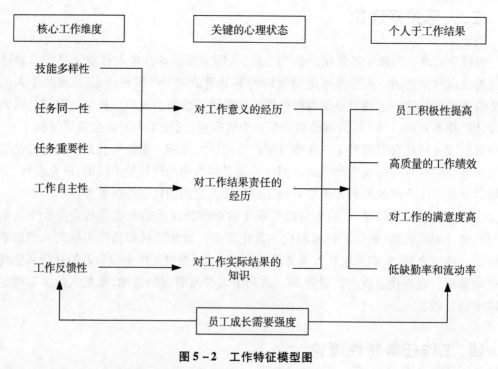

图5-2 工作特征模型图

工作特征模型的核心内容(维度)是:
(1)技能多样性(Skill Variety),即完成一项工作涉及的范围,包括各种技能和能力。

(2）任务同一性（Task Identity），即在多大程度上工作需要作为一个整体来完成——从工作的开始到完成并取得明显的成果。

(3）任务重要性（Task Significance），即自己的工作在多大程度上影响其他人的工作或生活——不论是在组织内还是在工作环境外。

(4）工作自主性（Autonomy），即工作在多大程度上允许自由、独立，以及在具体工作中个人制订计划和执行计划时的自主范围。

(5）工作反馈性（Feedback），即员工能及时明确地知道他所从事的工作的绩效及效率。

哈克曼和奥尔德汉姆利用上述五个核心维度计算得出一个预测性指标，即激励潜能分数（Motivating Potential Score, MPS）。计算公式如下：

$$MPS = \frac{(技能多样性 + 任务同一性 + 任务重要性) \times 自主性 \times 反馈}{3}$$

根据这一模型，一个工作岗位可以让员工产生三种心理状态，即感受到工作的意义，感受到工作的责任，以及了解到工作的结果。这些心理状态又可以影响到个人和工作的结果，即内在工作动力、绩效水平、工作满足感、缺勤率和离职率等，从而给员工以内在的激励，使员工以自我奖励为基础自我激励产生积极循环。工作特征模型强调的是员工与工作岗位之间的心理上的相互作用，并且强调最好的岗位设计应该给员工以内在的激励。

这一模型的侧重点在个人与职位之间的互动上面，显示雇员个人对职位的反应的差异。所有的职位特征对雇员都有心理的影响。前面三种特征影响雇员对工作意义的看法。自主性决定雇员感觉到的责任的程度。反馈性决定雇员对职位的满足程度。具有讽刺意味的是，在实践中，运用这一职位设计方法的人可能发现，有一些雇员认为这些心理状态没有什么意义。研究发现，根据这些心理因素重新设计的职位对一些人是有作用的，而对一些人却没有什么作用。

第三节 岗位设计的过程和方法

一、岗位设计的原则

岗位设计一般要遵循如下几个原则：

(1）因事设岗原则。从"理清该做的事"开始，"以事定岗、以岗定人"。设置岗位既要着眼于企业现实，又要着眼于企业发展。按照企业各部门职责范围划定岗位，而不应因人设岗；岗位和人应是设置和配置的关系，而不能颠倒。

(2）整分合原则。在企业组织整体规划下应实现岗位的明确分工，又在分工基础上有效地综合，使各岗位职责明确又能上下左右之间同步协调，以发挥最大的企业效能。

(3）最少岗位数原则。既考虑到最大限度地节约人力成本，又要尽可能地缩短岗位之间信息传递时间,减少"滤波"效应,提高组织的战斗力和市场竞争力。

(4)规范化原则。岗位名称及职责范围均应规范。对企业脑力劳动的岗位规范不宜过细,应强调留有创新的余地。

(5)客户导向原则。客户导向是指岗位设计应该满足特定的内部和外部顾客的需求。

(6)一般性原则。应基于正常情况的考虑,不能基于例外情况。例如,90%情况下这个岗位需要多少工作量,多少工作强度。

二、岗位设计时应考虑的因素

(一)环境因素

岗位设计必须充分考虑到人力的供应问题及人力的满足欲望。

1. 人力资源

这是指在岗位设计时要考虑到能找到足够数量的合格人员。如亨利·福特设计汽车装配线时,考虑到当时大多数潜在劳动力缺乏汽车生产经验,因而把岗位设计得比较简单。不发达国家往往引进生产设备时,缺乏对人力资源的充分考虑,在花钱购买技术时没有考虑某些关键职务国内合格人才的缺乏,所以事后又不得不从外国高薪聘请相应专家担任所需职务。

2. 社会期望

这是指人们希望通过工作满足什么。工业化初期,由于城市找工作不容易,许多人可以接受长时间、体力消耗大的工作,但随着文化教育水平的提高,人们对工作生活质量有了更高的期望,单纯从工作效率、工作流程考虑的组织效率往往欲速不达。所以在岗位设计时,也必须同时考虑"人性"方面的诸多要求和特点。

(二)组织因素

1. 专业化

专业化就是按照所需工作时间最短、所需努力最少的原则分解工作,结果是形成很小的工作循环。

2. 工作流程

工作流程主要是考虑在相互协作的工作团体中,需要考虑每个岗位负荷的均衡性问题,以便保证不出现所谓"瓶颈",不出现任何等待停留问题,确保工作的连续性。

3. 工作习惯

工作习惯是在长期工作实践中形成的传统工作方式,反映工作集体的愿望,这是岗位设计过程中往往不可忽视的制约因素。

(三)行为因素

岗位设计不能只考虑效率因素,还应当考虑满足工作人员的个人需要。

1. 任务一体化

某项岗位的突出问题就是缺乏任务的一体化,员工不能参与完整的某几件工作,他们几乎毫无责任感及缺少对成果的骄傲,在完成本职工作后无任何成就感。如果任务组成能够使职工感到自己做出了可以看得到的贡献,工作满意感将大大增加。

2. 多样性

工作时需使用不同的技巧和能力,如果缺乏多样性会导致疲劳厌烦,可能产生更多的失误。通过岗位设计考虑工作的多样性特征,能减少疲劳引起的失误,从而减少效率降低的诱因。经过研究表明,工作轮换对于工作效率会产生积极的作用,自主权及多样性的运用是职工满意的主要原因。

3. 自主权

对从事的工作有责任,人们有自由对环境做出自己的反应,给予员工的决策权力,提供附加责任,可增强员工自尊、受重视的感觉。换句话说,缺乏自主权可能导致员工的冷淡及低绩效。

4. 任务意义

和任务一体化密切相关的是任务意义。做任何一种工作如果本身缺乏意义就不可能使执行者对职务工作产生满意感。任务意义就是使工作人员知道该项工作对于组织中或外部的其他人是重要的,使职务对工作人员来说甚至更有意义,因为他们知道其他人正依赖自己的工作,因而加强了自身重要性的感觉,自豪、允诺、激励、满意及较好的绩效就可以自然产生。

5. 反馈

当职务不能给予员工们其工作做得如何的反馈,那么就几乎没有引导和激励。例如,让员工知道自己的产量与日定额相比如何时,就给了工作人员的反馈,并允许他们调整自己的工作强度,在这种情况下,就可以通过反馈改善激励状况。

以上三大因素之间往往是有矛盾的。行为因素要求职务设计增加自主权、多样性、任务的完整性、意义及反馈从而提高员工的满意度,但往往导致组织效率降低,劳务成本上升;效率因素要求提高专业化程度,指挥的统一性,分工的细化,但又可能引起员工不满而导致怠工、缺勤、离职,因此必须在两者之间权衡好,才能确保岗位设计的有效性。

三、岗位设计的一般步骤

岗位设计项目一般可分为四个步骤:

一是组织设计小组,了解对现有岗位产生影响的各种因素及新的需求与现状的差距等;

二是确定需要弥补差距的主要方面并选择适当的岗位设计方法;

三是设计新的岗位设置方案;

四是与有关人员进行交流,进行新的方案试点,通过试点取得经验并逐步推广。

具体的职务设计一般有以下三个步骤:

1. 工作分析

工作分析就是对组织内完成组织目标的所有作业活动进行分析、描述和记载。工作分析是职务设计的前提和依据，它不仅应对所有工作及其相互关系予以完整、准确地说明，而且应对每一项工作所包含的全部内容予以完整、准确地说明，它要确定每一项工作的性质、任务、责任、工作的前后连贯性、工作量、工作的难易程度、责任大小、所需任职资格高低等事项，为设定职务服务。

2. 设定职务

对完成组织目标的各种工作，按管理的需要，将其归并组合成一个个的职务，以便寻找适当人员担任。在归并组合中应注意将性质相同的作业活动尽量组合为一个职务，以便配合专业分工的发展和寻找专业人才任职；将难易程度、责任大小、任职条件等相当的工作尽可能组合为一个职务，使人力资源得到充分利用；应使职位保持适当的工作量，根据工作量确定职位的数量，以免产生人员闲置的现象。

3. 规范职务内容和运行模式

职务规范也就是职务说明书，建立职务说明书以规范和确定职务内容和运行模式，包括职务名称、职责、职权、工资报酬、所需任职资格条件、职务的纵向领导和横向协作关系等内容。这样，既确定了职务的职责、职权，又确定了工作在职务之间的流程。

四、岗位设计的方法

在充分理解了客户需求之后，即可开始选择岗位设计的方法，主要有以下四种方法：

一是组织分析法。这是一个广泛的岗位设计方法。首先从整个组织的远景和使命出发，设计一个基本的组织模型。然后根据具体的业务流程需要，设计不同的岗位。

二是关键使命法。岗位设计仅仅集中于对组织的成功起关键作用的岗位。

三是流程优化法。根据新的信息系统或新的流程对岗位进行优化。这种方法可以确定新的岗位。

四是标杆对照法。参照本行业典型企业现时的岗位设置进行设计。

以上各种方法的运用不是绝对的，而应该根据不同部门/岗位情况运用不同的方法，成功的关键在于对不同方法的灵活运用和充分沟通。

(一) 组织分析法

组织分析法通常适用于大型企业的大范围重组项目，在这个项目中，组织设计和岗位设计占整个项目的大部分工作。组织分析法要求必须有一个相对稳定的业务环境和发展战略，否则难以形成相对稳定的组织结构和职责分工。

组织分析法的优点在于能深入解决许多细节问题，尤其适合一个大型的传统组织，在从事变革之前，需要对方方面面进行确认，利用组织分析法可以提供广泛的组织和岗位的设计，最终取得一个与公司长远战略一致的解决方案。而其缺点在于，组织分析法的成果是基于一个比较理想的组织模型产生的设计，岗位设计往往会过于复杂和具体。这种方法适用一个企业具有明确的目标,并有长远的战略去实现这个目标的情况。而现实情况一般不是这样。

组织分析法步骤一般如下:

(1)综合考虑授权方式和服务实现方式,选择合适的总部和分支机构之间的管理模式;

(2)对公司的各主要职能进行分析,明确各部门的使命和关键职责;

(3)在部门内部对职责、任务再进行细化分类,再分解到各个岗位上。

(二)关键使命法

关键使命法能否成功应用,关键在于对管理和支持部门内关键岗位的认定要有判断力和决心。其优点在于注意力集中于关键岗位,可以用较少的投资得到较高的回报,注意力集中于关键业务领域,可以确保得到业务利益,这种方法可以比较灵活地用于不同的组织中,而缺点在于它不是一个综合的方法,有可能对岗位与岗位之间的衔接处理相对较差,也可能因为把整个组织的业务分成关键与非关键部分而造成组织内部的摩擦,并且这种方法需要较深的专业知识,以及对组织和员工的需求要有较高、较深入的了解。

关键使命法步骤一般如下:

(1)根据已经梳理的组织结构,分析各部门的关键业务和关键职责,明确需要设定的关键岗位。

(2)通过岗位分析,确定各关键岗位的核心角色,由此界定其主要职责。

(3)以现有的组织结构图和岗位职责为基础,形成科学规范的岗位说明书。

关键使命法应用实例如图5-3所示。

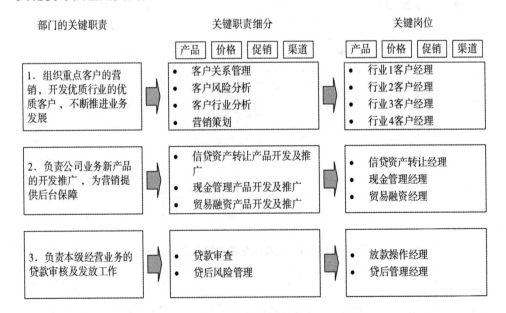

图5-3 某金融企业关键使命法应用示例

(三)流程优化法

流程优化法的要求较为苛刻,参与人员必须十分熟悉工作流程,否则很难提出改进意见。但是,参与人员又必须能跳出原有的、已经习以为常的工作流程,否则也很难提出改进意见。

流程优化法的优点在于注重新的管理信息系统对在岗者的影响,这种优化方式服从系统的要求,根据新的信息系统进行调整,较为缓和,然而必须认识到这种方式并没有真正投入大量的资源进行岗位设计,可能会导致较差的结果。

宏观地说,流程由三部分组成:投入、过程和结果,而流程本身仅可以控制的部分是过程和结果。因此,要想让流程合理、高效并达到目的,除了对其结果进行控制之外,还需要对其过程中的所历经的时间、所花费的成本、所可能产生的风险进行控制,才能保证流程最终促成企业关键成功因素的实现。因此,在对各主要业务流程进行分析时,主要应该从时间、成本、风险、结果四方面,考虑是否需要对这些因素进行控制。

流程优化法的实施步骤如图5-4所示。

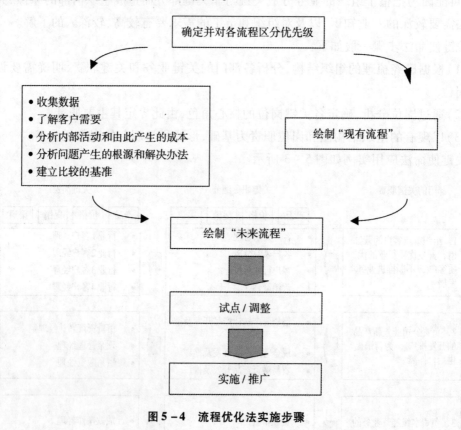

图5-4 流程优化法实施步骤

> **知识拓展**

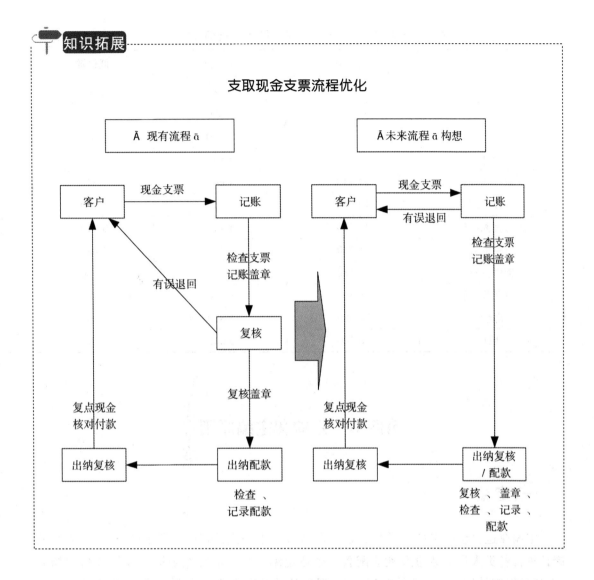

(四)标杆对照法

标杆对照法的运用要求使用者对标杆企业或参考数据有比较透彻的了解,否则参考意义有限。这种方法简单易行,可以由企业内部人员设计,设计成本低,能够很快帮助企业完成工作岗位设计,但如果照搬照抄,则容易脱离本企业实际,造成新的混乱。

标杆对照法即在本行业内选取成功的企业作为标杆,以它做参考进行本企业的岗位设计。有些国家的政府部门(如人力资源和社会保障局)每年对本国主要行业的岗位、人数、营业额及本岗位的平均工资等情况进行统计并公开发布,这些数据也可成为企业进行岗位设计的参考(见表5-1)。

表 5-1 武汉市 2016 年工资指导价（部分）　　　　　　　　（单位：元）

职位（工种）	高位数 月薪	中位数 月薪	低位数 月薪
经理（厂长）	29 700	6 570	3 680
副经理（副厂长）	24 390	5 340	3 310
总会计师	15 010	4 880	3 740
财务经理	14 110	4 640	3 310
行政经理	12 050	4 510	3 210
人力资源经理	11 770	4 410	3 210
财务主管	5 730	3 600	2 680
销售主管	5 580	3 280	2 740
人力资源主管	5 500	3 450	2 880
出纳	4 980	2 810	1 960
会计	6 560	3 080	2 270

第四节　定编和定编原则

一、定编

定编在这里包括定员。所谓定编定员，就是采取一定的程序和科学的方法，对确定的岗位进行各类人员的数量及素质配备。企业定编定员一般在企业既定发展战略的指导下，通过组织结构设计和职能分解，在设置岗位的基础上确定企业的编制，进而确定执行岗位的具体工作人员的管理活动。

定编定员是一种科学的用人标准。它要求根据企业当时的业务方向和规模，在一定的时间内和一定的技术条件下，本着精简机构、节约用人、提高工作效率的原则，规定各类人员必须配备的数量。它所要解决的问题是企业各工作岗位配备什么素质的人员，以及配备多少人员。

定编定员的主要特征是：

(1) 必须在企业有一定业务规模的基础上进行；

(2) 必须在企业业务发展方向已定的基础上进行；

(3) 具有一定的时效性，即有一个发生、发展的过程；

(4) 不仅要从数量上解决好人力资源的配置，而且还要从质量上确定使用人员的标准，从素质结构上实现人力资源的合理配备。

定编定员与岗位设计是密切相关的,岗位确定过程本身就包括工作量的确定,也就包括了对基本的上岗人员数量和素质要求的确定。

二、定编定员的意义

(一)为企业编制劳动计划和进行劳动力调配提供依据

企业只有根据先进合理的定员标准,才能正确地决定各类人员的需要量,控制好各类人员的比例。对于新建企业,通过定编定员,可以有计划地、分期分批地按需招收和配备各类人员,防止盲目性。定编定员的过程也是合理安排劳动力的过程。在出现劳动力余缺时,先进合理的劳动定员为劳动力的调配提供了依据。

(二)为企业充分挖掘劳动潜力、节约使用劳动力提供依据

一位哲人说过,一切节省归根到底都是时间的节省。劳动时间的节省,在企业内部往往通过合理定员、节约使用劳动力来实现。

(三)为企业不断地改善劳动组织提高劳动生产率提供条件

先进合理的编制定员是以合理的劳动人事组织为基础的,反过来又会促进企业不断地改善劳动人事组织,合理地设置组织机构,合理地进行劳动组合,克服机构臃肿、纪律松弛、人浮于事、效率低下的弊病,从而有效地提高劳动生产率。

定岗定编的积极意义在于可以帮助企业进行人力资源规划、预测,以便更好地帮助企业实现其业务目标。由于人的主观能动性是难以预测的,所以在任何时候,定岗定编都不可能是绝对准确的,只可能是一种参考。其次,由于企业所处的环境及其各种条件变化越来越快,在某一时间段上做出的定岗定编只可能在本时间段内有意义。一旦某些因素产生新的变化,它必须跟着进行再调整。现在许多企业的困惑是各部门都喊人少,结果人员越来越多,但企业的效率却没有真正提高。因此,企业希望找到一种办法来控制这些部门的人数。事实上,这种只靠人力资源部门进行单方面控制,而其他部门缺乏自我约束的做法是难以奏效的。定岗定编是企业所有部门的事,而不是人力资源一个部门的事。因此,企业需要的是一个大家在人员方面都能进行自我约束、自我控制的机制,而不是一套硬性的定岗定编的规定。

三、定编原则

(一)以企业经营目标为中心,科学、合理地进行定编

企业定编工作,就是要合理地确定各类人员的数量及他们之间的比例关系。其依据是计划期内的企业目标业务量和各类人员的工作效率。

所谓科学,就是要符合人力资源管理的一般规律,做到"精简有效",在保证工作需要

的前提下，与同行业标准或条件相同的企业所确立的标准相比较，要能体现出组织机构精干、用人相对较少、劳动生产率相对较高的特点。

所谓合理，就是要从企业的实际出发，结合本企业的技术、管理水平和员工素质，考虑到提高劳动生产率和员工潜力的可能性来确定定员数。

（二）企业各类人员的比例关系要协调

为了正常进行企业的生产经营活动，在安排各类人员的比例时，必须注意处理好以下几个关系：

（1）直接与非直接经营人员的比例关系。直接经营人员是企业财富的直接创造者，他们的工作产出对企业效益有直接影响；非直接经营人员为直接经营人员服务，对于保证企业正常经营活动的展开也必不可少。

（2）直接与非直接经营人员内部各种岗位之间的比例关系。在直接与非直接经营人员中，由于工作难易程度的差异，也存在主要办事人员和协助办事人员的区别，两者的比例也需要控制。

（3）管理人员和全体人员的比例关系。管理人员占员工总数的比例，与企业的规模、生产类型、专业化程度、产品性质、员工素质、企业文化及一些其他因素有关。企业在保证做好各项管理工作、减少管理工作失误的前提下，应力求降低管理人员的比重，消除机构臃肿和人浮于事为现象。

（三）进行定编工作时，以专家为主，走专业化道路的原则

定编是一项专业性、技术性比较强的工作，它涉及业务技术和经营管理的方方面面。从事这项工作的人，应具备比较高的理论水平和丰富的业务经验。只有这样才能保证其结果的科学性和合理性。

（四）坚持科学性，保证员工正常休息时间

定编必须坚持科学性，并遵守国家有关用工时间的规定，不能用增加劳动强度和延长工作时间的办法减人。员工的正常休息时间，是《劳动法》赋予员工的一项权利。此外，对于劳动强度大、噪音大、有毒有害的工作岗位，定编时要留有余地，适当配置预备人员。

第五节　定编方法

定编定员的方法主要有劳动效率定编法、业务数据分析法、本行业比例法和预算控制法等几种，下面将逐一进行介绍。

一、劳动效率定编法

劳动效率定编法是指根据生产任务和员工的劳动效率以及出勤等因素来计算岗位人数的方法。实际上就是根据工作量和劳动定额来计算员工数量的方法。因此,凡是实行劳动定额的人员,特别是以手工操作为主的岗位,都适合用这种方法。劳动定额的基本形式有产量定额和时间定额两种。

(一)产量定额

产量定额下的计算公式为:

$$定编人数 = \frac{计划期生产任务总量}{员工劳动定额 \times 出勤率}$$

举例来说,某企业每人每年需生产某零件 4 651 200 只,每个车工的产量定额为 16 只,年平均出勤率为 95%,求车工定编人数,计算如下:

$$定编人数 = \frac{4\ 651\ 200}{16 \times (365 - 2 \times 52 - 10) \times 0.95} = 1\ 219(人)$$

(二)时间定额

时间定额下的计算公式为:

$$定编人数 = \frac{生产任务 \times 时间定额}{工作时间 \times 出勤率}$$

同样以上例来说明,如单位产品的时间定额为 0.5 小时,则可计算如下:

$$定编人数 = \frac{4\ 651\ 200 \times 0.5}{8 \times (365 - 2 \times 52 - 10) \times 0.95} = 1\ 219(人)$$

二、业务数据分析法

业务数据分析法是根据企业的历史数据和战略目标,确定企业在未来一定时期内的岗位人数。企业业务数据包括销售收入、利润、市场占有率、人力成本等。

根据企业的历史数据(业务数据/每人)及企业发展目标,确定企业短期、中期、长期的员工编制。具体来说,可以将员工数与业务数据进行回归分析,得到回归分析方程,而后根据企业短期、中期、长期业务发展目标数据,确定人员编制。

三、本行业比例法

本行业比例法是指按照企业职工总数或某一类人员总数的比例来确定岗位人数的方法。在本行业中,由于专业化分工和协作的要求,某一类人员与另一类人员之间总是存在一定的比例关系,并且随着后者的变化而变化。该方法比较适合各种辅助和支持性岗位定员,如人力资源管理类人员与业务人员之间的比例在服务业一般为1∶100。

其计算公式:

某类人员总数(M) = 服务对象人员总数(T) × 定员比例(R)

四、预算控制法

预算控制法实是西方流行的定编方法,它通过人工成本预算控制在岗人数,而不是对某一部门内的某一岗位的具体人数做硬性的规定。部门负责人对本部门的业务目标、岗位设置和员工人数负责,在获得批准的预算范围内,自行决定各岗位的具体人数。由于企业的资源总是有限的,并且是与产出密切相关的,因此,预算控制对企业各部门人数的扩展有着严格的约束。表5-2是人工费用举例。

表5-2 人工费用举例表

	业务量(月)			
人工费用	5 000元/月 5 000元/月 5 000元/月 5 000元/月		6 000元/月 6 000元/月 6 000元/月	人工费用
	合计:20 000/月(4人)		合计:18 000万/月(3人)	

五、业务流程分析法

业务流程分析法一般可分为以下三个步骤:

(1)根据岗位工作量,确定各个岗位单个员工单位时间工作量,如单位时间产品、单位时间处理业务等;

(2)根据业务流程衔接,结合上一步骤的分析结果,确定各岗位编制人员比例;

(3)根据企业总的业务目标,确定单位时间流程中总工作量,从而确定各岗位人员编制。

六、管理层、专家访谈法(德尔菲法)

通过管理层访谈可以获得以下信息:下属员工工作量、流程的饱满性,员工编制调整建议;预测其下属员工一定期限之后的流向,如提升(部门内和跨部门提升)、轮岗、离职(自愿和非自愿)等,统计各部门一定期限之后的员工数目。

通过专家访谈可以获取国内外同行业企业的各种岗位类型人员结构信息(包括管理

层次和管理幅度等信息)。

管理者综合所获得的各种信息,完成岗位设置。

七、按组织机构、职责范围和业务分工定编的方法

这种方法一般是先确定组织机构和各职能科室,明确各项业务分工及职责范围以后,根据业务工作量的大小和复杂程度,结合管理人员和工程技术人员的工作能力和技术水平确定岗位人数的方法。这种方法主要适用于企业管理人员和工程技术人员定编。

需要注意的是,管理人员的定编受很多因素的影响:

(1)管理人员个人的因素,如个体偏好、本人的能力、下属的能力、受教育程度等;

(2)工作因素,如工作的标准化程度和相似程度、工作的复杂程度、下属工作之间的关联程度;

(3)环境因素,如技术、地点、组织结构等。

事实上,世界上不同企业对于管理人员的定编,都没有一个定数,都是根据自己企业当时的实际情况确定出来的。

在各种方法中,按效率定编定员是基本的办法。在实践工作中,通常是将各种办法结合起来,参照行业最佳标杆来制定本企业的岗位人数。由于各企业的情况差别和情况的不断变化,很难会有一个所谓"绝对正确、完全适用和一成不变"的编制,它主要还是服从于企业的总体目标要求,在不断的变化中调整,是个动态的过程。定岗定编的硬约束是成本投入。企业的投入在一定时期内总是有限的。在投入有限的情况下,岗位和人数的有限性是不言而喻的。人力资源管理要做的是,在一定时期内,如何运用有限的资本投入获得最佳的岗位和人数的组合。

八、定编一般流程

以下定编流程综合运用了上述几种方法,有一定的普遍适用性:

(1)明确公司长期战略、盈利模式和年度业务目标;

(2)确定公司业务人员的人均财务指标,收集公司相关历史数据及本行业相关财务指标;

(3)依据公司年度财务目标、人均财务指标、参考公司历史数据和行业数据来确定公司业务人员的人数;

(4)依据本行业业务人员与职能人员的比例,参考公司历史数据,确定本公司职能人员的人数;

(5)依据本行业业务人员与职能人员的比例,参考公司历史数据,确定本公司管理人员的人数;

(6)将业务、职能和管理三类人员的人数相加,得出员工总数;

(7)对照其他因素,如员工流动性、人工成本等,对预测员工人数和结构进行再调整;

(8) 根据前述同样的原则,将员工综述在各部门之间进行分配;
(9) 在企业内进行试运行,对运行结果进行调整。

本章小结

本章内容主要分为两个部分。

第一部分内容介绍了岗位和岗位设计的含义、内容和重要性等,以及岗位设计的理论基础和实操方法。岗位设计是为了配合企业战略、组织结构设计和业务流程调整,按照一定的原则,对公司岗位进行设计或调整,是一个动态过程。岗位设计内容包括:工作内容、工作职责、工作关系、工作结果、工作结果的反馈、任职者的反应。岗位设计的原则包括:因事设岗原则、整分合原则、最少岗位数原则、规范化原则、客户导向原则、一般性原则。进行岗位设计,应当体现企业战略意图、适应组织结构和业务流程,并且能够为员工能力开发提供平台。可采用的方法包括:组织分析法、关键使命法、流程优化法、标杆对照法。

第二部分定编定员的原则和方法。定编就是确定的岗位进行各类人员的数量及素质配备。定编必须以企业经营目标为中心,注意保持企业各类人员的比例关系协调,进行定编工作时,以专家为主展开工作,同时要充分保证员工正常休息时间。定编定员的方法主要有劳动效率定编法、业务数据分析法、本行业比例法和预算控制法等几种。

拓展与延伸

1. 岗位设计的主要内容是什么?
2. 岗位设计需要遵从哪些原则?
3. 岗位设计有哪些方法?各有什么优点和局限?
4. 定编原则有哪些?
5. 定编方法有哪几种?如何选取合适的定编方法?

案例分析:B 公司定岗定编项目

案例背景

B 公司是中国电力机车主要研制生产基地。公司主要产品为电力机车、城轨车辆,轨道工程车辆、制动系统等。现有员工万余名,资产总额几十亿元,先后通过 ISO 9001 质量管理体系、ISO 14001 环境管理体系和 OSHMS 职业安全健康管理体系认证。

随着国家经济体制和企业管理体制改革的不断深入,企业面临日趋激烈的市场竞争,该公司认为定岗定编是为进一步规范职位及人员配置标准,提升组织和个人工作效率,有效降低运行成本,防范企业经营风险,提升精细化管理水平的重要手段之一,是适应新形势的必要选择。于是,该公司邀请了专业的人力资源顾问公司实施定岗定编项目。

现状问题及分析

顾问公司专家组通过深入现场调研,对组织结构、岗位职责、制度、流程、信息数据、各层级人员访谈、工作量模板设计与验证、工作写实、工作量核定等进行了分析研究。在现场调研时各生产部门需要加人、职能部门需要加人、管理部门需要加人,几乎所有部门都觉得人员紧缺,按原管理模式和人岗量,该公司需要大幅增人,随之可能带来的是增人、增量、不增效益的局面。专家组经过分析研究认为:

(1)B公司目前的人均饱和度普遍不高。经分析,人均饱和度平均在70%—80%,是有一定合并减编、调整编制的基础的。

(2)B公司在实际生产过程中,忙闲严重不均衡,有的部门极忙,有的部门极闲。

(3)影响人员编制的因素中除了饱和度以外,还有就是生产不均衡下一些配套设施不到位,如管理不配套、技术不配套、供应不配套等。

因此,华恒智信专家组针对公司实际采取分层分类的定岗定编方式,而不是采用单一的方法。有的单位侧重编制调整,有的是定岗的优化,有的是合理的组织合并,有的是工作方式的改变(用人方式),有的是工作频次调整,有的是加强工作力度,有的是增加相应职能,等等。职能部门重点在定岗,生产部门重点在定编,这是管理特点所在。

定岗定编方案

专家组在定岗定编过程中将岗位进行分类。第一类是直接生产类,第二类是职能保障类,第三类是经营管理类,第四类是工程技术类,第五类是辅助类。每类都有突出特点,每类人员的定岗定编的方案如下:

1、直接生产类

根据该公司实际分析研究,影响生产人员定岗定编的主要因素有:产量(含返工、更改生产量)、单件工件生产工作量、等待时间、人员技能、工装设备等配套措施。

根据机械制造生产量,分别得出各工序工件、组织合件的生产量,由单个工件生产时间,加准备时间、作业宽放时间、休息宽放时间及等待时间,得出员工工作饱和度从而确定人员编制。

某阶段机械设备生产量×单台机械设备各工序工件量×单件工件生产工作量+该工序返工量=各工序某阶段生产工作量

各工序某阶段生产工作量加准备时间、各类等待时间为该工序某阶段工作时间总和,由此而得出各工序人员编制。

专家组还建议该公司:引入定额制模拟考核,生产部门对人均劳动率、人均劳动定额进行约定。生产部门是动态定编,人员编制数量是生产部门的初步约定,不是结果定编,在生产任务变化时可以加编可以减编。通过这次工作量梳理、人员分工方式调整、一专多能的使用等,使有的部门产量有较大提升,做到人员编制科学合理。

2、职能保障类

通过分析确定该公司职能保障人员定岗定编因素有:领导干部对下级人员的分工不

清晰；管理不够精细化，缺少具体关键时间的约定，该检查没检查，该监督没监督；人员技能不能胜任新的发展需要；高效工具方法没有引入，ERP系统没有充分利用，重复打电话，召开会议，浪费时间。

职能保障人员定编影响因素有多方面，但如何进行职能保障人员工作量量化分析，专家组自主研发职能保障人员工作量量化评估工具，以时间和频次为要点，将日常工作量和阶段性工作量分别核算，从而最终确定出该岗位的工作饱和度情况，结合其他因素核定人员编制。量化工具科学合理、公平公正，已被各部门在人员使用和调剂上进行了充分利用，得到该公司高度评价。

3、工程技术类

专家组根据该公司工程技术部门特点，设计新型的技术人员量化评价方法。研发设计项目分为前期调研及投标前技术交流、投标、合同谈判、方案设计、技术设计、施工设计、生产配合、用户培训、技术支持等，每个阶段花费的时间约定下来，作为基本工作量，当多个项目并行时，分别处于项目的不同阶段，得出当时那个阶段多少人，引入量化评价工具，科学地对技术人员进行定编。

专家组根据该公司研发部门实际情况建议：

一要引入项目管理制。明确项目权利：项目策划、组织实施、团队协调、资源安排、团队辅导、团队考核、项目控制、成果验收、定期汇报与反馈等；设定指标：项目进度、项目成本控制、项目质量控制、客户满意度、项目技术文件资料、项目知识产权、项目安全管理等。对项目管理的评价和方式进行丰富，评价人和事，两个结合起来。

二要引入优秀的任职资格制度，将技术人员的能力等级进行合理划分，让"能人"干"能人"的事情，"辅助"干"辅助"的事，提高工作效率，建立分享平台。

4、辅助生产类

专家组根据现场调研，确定该公司辅助生产类人员定编因素主要为生产任务量，排班方式和工作分工，工作地理位置，特殊工作时间，设备、工装、工具的使用，员工技能和一专多能的实现，等等。辅助生产类不同的岗位采用不同定编方法。

专家组建议该公司辅助生产类人员：

（1）加强一专多能培养，一方面辅助岗位一专多能，岗位职能合并以提高工作饱和度，另一方面一专多能实现由辅助服务的对象兼职，减少等待时间，提高工作效率，减少用工成本。如：天车工在高空操作时时间利用效率较低，但又必须配置相应人员，如由天车起吊改地面起吊，对生产一线人员进行天车操作培训，取得天车操作证，这样可大幅减少天车工，同时提高生产一线人员工作效率。

（2）尽量采用外包制，对非技术性岗位、值守类岗位、纯体力岗位等实行外包制。

（3）采用辅助设备、工具、工装取代人工方式，大幅减少用工。

5、经营管理类

影响经营管理人员定岗定编主要因素有：企业战略，组织结构，管理幅度，信息化程度，信息传递速度，决策速度，各类人员数量，等等。专家组针对现场情况提出了一系列建议：

(1)丰富管理者职能,明确上下级各种责任关系。在我们调查研究中,特别是生产相关单位职能人员中,部门的壁垒较严重,有很多工作在重复做,在资源整合、信息共享方面亟待提高。

(2)经营管理人员定岗定编过程中不是简单的工作饱和度问题,而是用工作组织结构调节,在组织结构上完善,专家愿意帮助经营管理人员在工作规范和工作标准上进行梳理及提升绩效。

(3)整体讲管理责任不够清晰,日常、月度责任不够清晰,责权利不对等,对管理人员考核和约束不足。因此,应该明细责任,加强考核。

(4)管理人员缺少的职能中,检查、督查、抽查职能欠缺,平常做的更多是应急性工作,前置性分析和决策工作较少,工作推脱较多,事后等待救火性的居多,不是有预案地去解决问题。因此,要建立真正职业化管理平台,管理人员应通过业绩考核、管理考核、能力考核,三个方面的考核来提高管理岗位整体素质,为管理产生绩效奠定良好的管理基础。

(5)精细化、标准化不够,组织分工精细化、岗位规范精细化、制度流程精细化需要进一步加强。如监督检查工作:在我们有的部门有规定职能人员监督检查,但哪项工作由谁查、检查什么、检查方法标准、什么时间查、在什么地方查、检查频次、检查出的问题纠正预防措施是什么,谁整改等都不够精细。这些都有待于进一步提升。

(案例来源:http://bbs.pinggu.org/thread-2966368-1-1.html)

请根据上述案例,回答下列问题:
1. 企业邀请外部专家协助定编有什么优势?
2. 专家组在定编时采用了哪些方法?

第六章
组织设计实务：以巨正环保公司为例

> **知识目标**

1. 了解组织设计的实务；
2. 掌握组织设计的流程和方法。

> **学习目标**

1. 掌握组织设计的方法及其应用；
2. 具备独立进行组织设计的基本能力。

第六章 组织设计实务:以巨正环保公司为例

导入案例:巨正环保的组织结构再设计

立达至诚管理咨询公司项目组(以下简称"咨询项目组")对巨正环保科技有限公司(以下简称"巨正环保")现行组织结构进行了诊断分析后,向公司提交了组织结构诊断报告,并随后在公司发展战略专题会议上向公司高层管理人员作了专题汇报。

在明晰公司未来3—5年的总体发展战略后,咨询项目组在前期诊断分析的基础上,秉持发展战略导向这一组织结构设计的核心原则,基于"战略—流程—部门—岗位"的组织设计逻辑主线对公司的组织结构框架进行了重新设计,对部门、岗位设置和部门、岗位职责进行了重新调整和规范,完成了组织结构设计的"七定":定流程、定结构、定部门、定岗位、定部门职责、定岗位职责、定编制,并对公司治理结构的主要机构进行了制度设计,包括董事会议事规则、监事会议事规则和总裁办公会议事规则。

本章将详细介绍咨询项目组对巨正环保进行的组织结构再设计的过程和结果,包括组织结构诊断分析,组织结构框架设计,部门、岗位及编制设计,部门职责设计和岗位职责设计,公司治理结构主要制度设计。

第一节 组织结构诊断分析

一、组织结构现状

巨正环保是一家从事环境监控物联网建设、运营及数据服务的高科技服务型企业,成立于2009年,办公地址位于武汉东湖新技术开发区光谷总部国际。公司各项资质齐全,建立了完备的研发、生产、销售、工程、服务、管理的体系。

公司下辖四家子公司(江西怡正环保科技有限公司,湖南慧正环境科技发展有限公司,湖北中地大生态环境科技有限公司,宜昌市巨正环保科技有限公司),六个地域分公司及办事处,两个研究院(环保云计算研究院、智能设备研究院),以及三个事业部(湖北事业部、智能环保事业部、环境工程事业部)。公司总部设有七个职能管理部门:总裁办公室、行政人事部、企业发展与科管部、技术支持中心、审计监察部、财务管理部、物资管理部。

公司组织结构分为七个层级,即总裁→副总裁→总经理→副总经理→部门经理→部门主管→一般员工。现行组织结构图如图6-1所示:

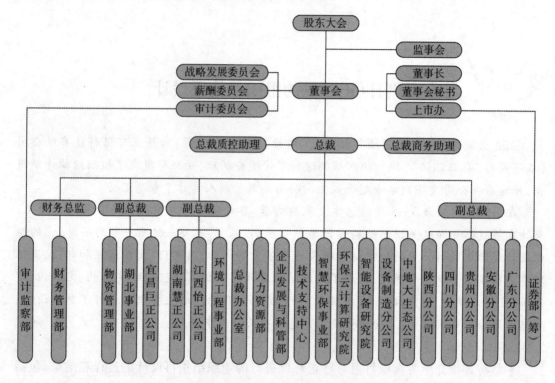

图6-1 巨正环保现行组织结构图

二、组织结构问题分析

巨正环保自成立以来发展迅速,并且建立了良好的品牌优势,但由于受到地域、环境、人力资源等客观因素及民营企业发展初期的限制条件,公司在迅速发展的同时,也暴露出一些经营管理方面的问题,与公司的发展势头相比相对滞后。现行组织结构主要存在以下几方面的问题:

(1)公司业务发展战略不清晰、组织结构模式不符合公司发展要求。

公司现行的直线职能制的组织结构是与原来单业务线和单一产品的业务模式相适应的,这种组织结构类型不能有效地支撑公司多业务线经营的相关多元化发展战略。同时公司的发展战略目标和战略规划也缺乏科学性,贪大图快,忽视主业发展,导致了不合理的组织结构变革行为,结果导致公司组织结构和公司自身条件不相适应的现象。

(2)组织机构臃肿、冗员增多。

由于体制原因造成的因人设事、因人设岗、因人设机构等因素,必然导致组织机构臃肿和冗余人员增多。公司性质是民营企业,是在收购原企业的基础上改制成立的,同时又是家族式管理模式,因此公司人员构成很复杂,既有家族成员,又有原有企业老职工;既有社会招聘的员工,又有靠关系推荐的员工。因此,公司在岗位设置及人员任用上存在诸多问题:因人设事、因人设岗、因人设机构,造成机构臃肿,人员冗余;官本位思想严重,能进难出,能上难下,造成岗位越来越多、高层管理人员越来越多、组织结构头重脚轻的现象。

(3)部分职能缺失、交叉和职责不清。

在公司的组织运作中,各部门之间的责任界定不清,有待进一步梳理与完善。由于责任不明确,造成各部门不知"该不该做""应做到什么程度",于是就产生了部门间协调的矛盾。而靠争吵或上级协调来解决问题是不够的,必须有清晰的组织结构设置和完善的管理制度来解决。

部门间职责界定不清导致了推诿扯皮现象的发生,项目组在调查中发现,仅有极少数被调查对象认为在工作中没有推诿现象。推诿扯皮造成的直接后果是增加沟通成本,办事效率低下,影响员工关系,形成消极的企业文化。

另外,有部分被调查者认为在需要相关部门合作的事务中,各部门已界定的职责在执行时经常过界。职责过界必然会导致出现个别强势部门,破坏分工协作体系,影响效率,增加协调难度,影响管理者及员工的积极性。职责过界产生的原因是高层管理人员太多,各自为政,岗位设置和部门职责不清,多头领导等。

(4)管理层级过多、指挥系统失灵、跨级指挥和越级汇报现象严重。

调查问卷统计结果显示,大部分员工认同"领导跨级指挥现象严重";少部分员工认同"同时会有两个甚至多个领导安排工作"。越级汇报和多头指挥造成的结果是降低中层管理人员的威信,损害管理者在员工中的整体形象,导致指令信息传递不畅,造成指挥系统低效,使得处于基层和中层的员工漠视制度,使得制度执行变形,实施不力等。

越级汇报和多头指挥产生的原因是公司缺乏稳定的组织结构,导致指挥链经常变化;公司横向沟通渠道不畅,导致部门间协调难度较大;公司内部信息传递渠道单一。

(5)部门职责和权力不匹配,存在有权无责,有责无权的现象。

职责和权力不匹配首先表现在相当一部分员工反映常常接到超出自己职责范围的工作任务。其次表现在,相当一部分员工反映,属于自己职责范围之内的工作,自己却没有权力实施。造成这种现象的最根本的原因是公司在组织结构设计时,岗位、部门的职责界定不清,责、权、利不对等,"员工不知道该干什么,领导不知道该安排谁去干",结果必然是随意性工作。

在接受访谈的过程中,有一些中高层管理人员被问到是什么职位,岗位职责是什么时,表示无法回答,因为公司没有给予其清楚的定位。没有确定的职位,岗位职责也不十分明确。这样员工工作容易没有针对性、目的性及方向性,出现不知从何处集中用力的情况,从而也不知如何更好地提高业绩,也会导致公司管理成本上升,管理效率下降。

当然,出现这种现象还有另外一个原因,就是公司在组织结构设计时违背了"既无重叠、又无空白"的设计原则。结构设计有重叠必然导致多头领导,该由谁干、不该谁干难以界定。结构设计有空白,则谁都不管,出了问题没有责任人,每个部门都有责任去干,但任何部门都没有权力去干,因为组织结构设计时没有赋予该部门此项权力。

(6)企业管理规范执行不力,导致组织运营的无效或者低效。

一个企业管理水平的高低在很大程度上都取决于执行力的高低。再好的管理方法与制度,如果不能够很好地执行下去也属枉然。在访谈中我们了解到,"执行力不强问题"普遍存在于公司内部,也成为困扰各级管理人员的一个最主要的问题。高层管理人员的一些决策或者管理制度,往往得不到具体有效的执行。例如,报账不按流程报账而走特批,以前制定的绩效考核方案最终也只是流于形式。在平时的日常管理中也常常出现"有法不依"的情形。而一个组织的执行力往往是从上而下传承下来的,因此,需要提高的首先是管理层的执行力。

(7)现代人力资源管理体系建设滞后。

公司一直沿用传统的人事管理制度,干部选拔凭领导印象和群众关系,缺乏科学的人才测评和甄选标准,选人、育人、用人、留人机制不完善,也未建立完善的绩效考评制度。目前公司用人制度主要是全员劳动合同制和聘任制,即以劳动合同形式把企业和个人之间的关系明确下来,并对管理人员实行分级聘用。公开选拔、竞争上岗的方式还没有进一步推行。随着市场化的推进,这种制度表现出的缺陷是缺乏竞争性、公开性、公平性,同时人员配置机制不规范,因人设岗现象严重,工作职位与个人能力上的能级对应原则没有充分体现,造成人才缺乏与人才浪费并存、人才闲置与用人不当并存。同时,现有的组织结构不能提供足够的舞台来施展他们的才能,出现"人心思走、人心思混",甚至无所事事的不良局面。

所有这些现象都表明,公司现有的组织体系已无法满足实现公司发展战略目标的要求。

三、初步诊断建议

鉴于公司存在上述问题,咨询项目组经过讨论与分析,对巨正环保组织结构调整提出以下的初步诊断建议:

(1)明晰公司发展战略,基于战略和流程设计组织结构。

建议公司首先召开公司发展战略专题会议,对公司未来三至五年乃至十年的发展战略进行深入研究,确定公司主导业务以及业务组合,理清业务流程和管理流程,界定职能部门的部门职责,梳理岗位体系,重新设计公司组织结构,建立与公司发展战略相匹配的、支撑公司业务发展的组织结构,并运用科学的方法对各岗位进行评估,建立巨正环保岗位等级体系,明确岗位职责,规范工作流程。

(2)按照"人岗匹配"原则,让合适的人做合适的事。

人力资本是企业制胜的最大资本,而人力资源管理的核心在于把合适的人放在最合适的岗位,并充分激励其发挥最大潜能。坚持因岗设人的原则,杜绝因人设岗或者随意调配,推行公开选拔、竞争上岗的用人制度,以实现人力资源的合理利用,管理效率的最大化和公司效益的最大化。

(3)完善公司各项管理制度,提高制度执行力。

通过完善公司各项管理规章制度,明确部门和岗位职能职责,从上到下加强公司现代企业管理意识与执行力度,形成有法可依且有法必依的团结整体。加强公司员工的上下沟通与横向沟通,使之协调畅通,并创造团结、和谐、激情、高效的工作氛围。

设计与建立公平合理的价值分配体系和激励机制。实现薪酬的外部竞争性、内部公平性与个人激励性。从而很好地吸引人才、留住人才,并充分调动其工作积极性,激发广大员工的工作激情和创造潜能。

建立完善的岗位价值评价和绩效管理体系,在全公司范围内实现岗效挂钩,保障个人和企业目标的达成。为各部门和员工确定明确的具有挑战性的工作业绩目标,为员工的工作指明方向,提出明确的工作标准,通过公平合理的考核充分调动员工工作热情。同时也迫使各级管理者关注、指导、激励、约束和培养下属,提升各级管理者的管理能力。

第二节　组织结构框架设计

一、组织结构再设计的指导思想

(一)适应公司现有业务结构特点、未来发展战略和行业竞争战略的需要

巨正环保的战略定位很清晰,即在未来3—5年内,发展成为中国环保行业内有重要影响的、从事环境监控物联网建设、运营及数据服务的高科技服务型上市企业。

公司业务发展主要围绕环境监控物联网的感知、接入、平台、应用四个层面进行云计算技术、物联网技术及移动互联网技术的开发、应用和服务。

公司已经成功开发出多项拥有专利技术和自主知识产权的软硬件产品及系统解决方案,并承接了多项国家、省、市及高新区的行业相关科研课题且产出了多项重要成果:

(1)硬件方面,公司开发并拥有了智能数据终端、氨氮自动监测仪、COD自动监测仪、水质重金属自动监测仪、水质监测采样及控制装置、餐饮油烟自动监测仪、监测设备QR码、各类智能传感器等20余种系列产品。

(2)软件方面,公司开发了国内第一个"环保云计算平台"并拥有"智能化运营管理系统""在线监控""总量减排""政务管理""评估预测""预警应急"及"移动应用"等一系列环境管理和服务软件,并结合地理信息和数学模型开发了各种环境质量状况的可视化表达系统,能为用户提供污染源、地表水、空气、噪声、辐射、危废、食品、工矿等多个专业方向的环保物联网全面解决方案,满足政府、企业、高校、科研机构、社会公众的各类环境数据信息服务需求。

(3)科研课题方面,"十二五"以来,公司结合国家关于发展物联网和云计算的产业导

向,积极开展"产学研用"合作,与中国地质大学、华中科技大学等多所大学和企事业单位共同申报和承担了《基于物联网的环境保护综合信息服务示范推广》《基于移动互联网的环境信息发布平台与产业化》等多项国家、省、市及高新区科技计划及集成示范类项目,积极推进云计算和物联网技术在环境监控领域的应用示范。公司高管人员和学术带头人近年来还出版了《环境自动监控系统技术与管理》《清洁生产实用教程》《企业云计算架构与实施指南》《云计算和物联网》《iPad应用开发指南》等多部专著,对行业发展做出了积极贡献。

近年来,公司已累计完成污染源、环境水质、大气、城市噪声、放射源、危废、餐饮油烟等2 000余项监控物联网的项目建设并提供专业化运营服务;完成包括生活污水、工业废水和烟气治理工程、清洁生产审核、环境影响评价等在内的多个项目。

由此可以看出,巨正环保的业务结构具有项目驱动型、技术驱动型、软硬件产品并存型、跨区域型、业务范围相对集中型等特点,因此,公司组织结构设计必须适应上述业务结构特点,并与公司发展战略相匹配,才能赢得日益激烈的行业市场竞争。

(二)适应现代化大企业集团管理控制的需要

未来,随着公司业务的发展,围绕各种开发出的软硬件产品可能将成立相应的产品事业部,省级区域分公司仍有可能继续拓展,公司的规模和结构将逐渐扩大,公司无疑将很快发展成为一家大型企业集团。因此,公司组织结构设计必须适应这种现代化大型企业集团管理控制的需要,公司组织结构类型的选择和公司总部机构的设置必须符合这种要求。

显然,公司组织结构必须选择一种分权的结构类型,而公司总部机构设置必须符合以下要求:

(1)总部机构精干高效,降低组织管理成本,增强组织结构应付外部环境变化的灵活性,从而达到提高组织管理效率的目的。

(2)各功能部门的权责划分明确,最大限度地避免官僚行为及相互推诿现象的发生,便于内部协调与人力的分配,能使组织内各部分在公司整体经营目标下充分发挥能力和达成各自目标。

(3)确保公司的弹性,既保持基本形态,又能适应各种环境条件的变化,具有灵活反应能力和创新能力。

(4)总部应有能力对涉及公司长期竞争优势的核心业务活动进行协调与监控。

(5)总部应合理把握在不同的发展阶段实施战略管理、财务监控和具体运作管理的比重,使用各种科学手段优化公司核心资源配置。

(三)适应公司向上市企业过渡的需要

巨正环保的发展战略规划清晰地表明,公司必须在未来3—5年内成功上市,因此,公司组织结构设计必须符合向上市企业过渡的需要。

按照《公司法》的要求,上市公司应严格按照国家法律法规和中国证监会有关规定的要求,积极推行现代企业制度,不断完善法人治理结构,注重规范运作。

公司应依法设立股东大会、董事会、监事会,通过对《股东大会议事规则》《董事会议事规则》《监事会议事规则》等规范性文件和内部制度的制定及完善,进一步明确股东大会、董事会、监事会和高级管理人员之间的权责范围和工作程序。

同时为进一步完善公司治理结构,公司还应依照《公司法》《上市公司治理准则》《中小企业板投资者权益保护指引》等相关规定的要求,设立董事会提名委员会、董事会薪酬与考核委员会、董事会审计委员会,进一步建立健全公司董事及高级管理人员的考核和薪酬管理制度,确保董事会对高管层的有效监督。

因此,公司组织结构设计必须适应向上市企业过渡的需要,设计出符合上市企业要求的公司治理结构和相关规则、制度,确保公司顺利发展和成功上市。

二、公司组织结构框架

基于上述指导思想和组织结构设计的基本原则,为了激励公司高层管理人员适应公司快速发展的需要,巨正环保的组织结构框架设计如图6-2所示。

三、再设计方案具体说明

(一)关于法人治理结构

为适应公司向上市企业过渡的需要,公司必须完善法人治理结构。图6-2中,董事会中增加了战略管理委员会和薪酬与绩效管理委员会,目的是加强董事会对公司经营层的战略管理和薪酬与绩效管理的审查和指导;董事会秘书下辖上市办公室,专门负责公司上市前的各项有关工作及上市过程中的有关事务,这是一个临时性机构,一旦公司成功上市,上市办公室就将被解散。另外,为增加监事会主席的日常性工作,将审计监察委员会设置于监事会管辖之下。

(二)关于组织结构类型的选择

鉴于公司的发展战略和业务组合结构特点,公司组织结构类型存在两种可能,即事业部制和矩阵制。尽管矩阵制比事业部制要节省组织成本,但考虑到其客观存在的双重领导及协调困难的结构性弊端,特别是考虑到各区域分、子公司的业务和经营管理的相对独立性,咨询项目组最终还是选择了基于区域和业务类别的事业部制作为公司的组织结构形式。

(三)关于公司高管层的设计

再设计方案中设置了7个副总裁,分别为分管4个省域分公司业务的副总裁、分管湖北省业务的副总裁、分管市场的副总裁、分管研发的副总裁、分管技术的副总裁、分管行政

192 组织设计与工作分析

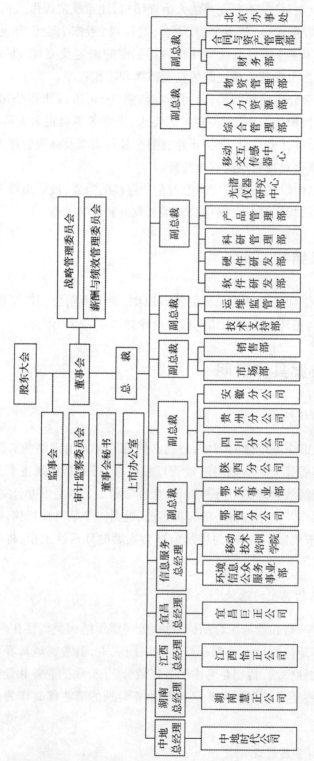

图6-2 巨正环保公司组织结构再设计框架图

的副总裁和分管财务的副总裁。

这7个副总裁和其他4个省区子公司的总经理以及环境信息公众服务事业部总经理共12人与公司总裁一起,构成公司高管层,对公司经营管理决策均有投票权。需要指出的是,这12个副总裁或总经理虽然行政级别相同,但在薪酬档级上仍会有所区别,薪酬档级会根据岗位的相对价值及业绩贡献加以区分。另外,在1—2年内,公司现任总裁可能退出经营班子,而专任公司董事长,这样的话,业务口的副总裁或总经理们(共7位)可以通过公平竞争,公开选拔出一个总裁接任者。

具体分管方面,4个省区子公司和环境信息公众服务事业部以及北京办事处由公司总裁直接管辖;业务副总裁设了两个,一个分管4个省域分公司,另一个分管鄂西分公司、鄂东事业部;分管市场的副总裁具体分管市场部和销售部;分管研发的副总裁具体分管光谱仪器研究中心、移动交互传感器研究中心、软件研发部、硬件研发部、产品管理部和科研管理部;分管技术的副总裁具体分管技术支持部和运维监管部;分管行政的副总裁,具体分管综合管理部、人力资源部和物资管理部;将原有财务总监正名为分管财务的副总裁,分管公司总部和各分、子公司的财务工作,具体分管财务部和合同与资产管理部。环境信息公众服务事业部总经理还分管移动技术培训学院。

这样设计的原因主要有几个方面的考虑:一是把总裁从公司日常事务中解放出来,使其有更多的时间和精力考虑公司的经营战略等大事;二是可为公司总裁培养接班人;三是增加了公司高管的职务晋升激励期望;四是符合精简高效的设计原则,减少组织层级,充分授权,增强企业的市场响应性;五是原有的三位副总裁均为主管分、子公司的业务领导,同质性过强,对职能部门的管辖缺乏结构性依据,因此需要综合调整;六是符合公司人力资源的现实情况,是实际可行的设计。

(四)关于职能部门的增设或调整

再设计时,咨询项目组基于公司的主业务流程和管理支持流程,如图6-3所示,增设或调整了14个职能部门和1个事业部,它们分别是市场部、销售部、综合管理部、人力资源部、物资管理部、技术支持部、运维调度部、光谱仪器研究中心、移动交互传感器研究中心、软件研发部、硬件研发部、产品管理部、科研管理部、合同与资产管理部和环境信息公众服务事业部,加上财务部,公司共设职能部门15个。

(1)新设市场部和销售部。

因公司原有的框架中,各分、子公司的业务都各自为政,没有统一统筹和规划,业务信息来源不全面,因此有必要成立"市场部",主要负责全公司业务信息的收集、整理、策划及方案的提出,为各分、子公司和事业部提供业务信息。另外,将原有的企业发展部的职能根据流程的需要分解到其他职能部门去,其中,有关项目的招投标管理职能划归到市场部,这将有利于公司的项目管理效率。

成立"销售部",主要是为了统一管理销售本公司软、硬件产品,另外,为了加强对公司传统业务范围之外的新项目、新区域的开发,开拓新市场及新领域,在销售部中增加项目拓展职能。

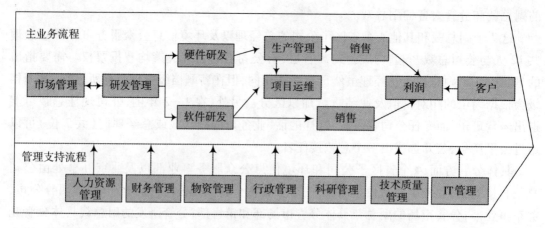

图6-3 巨正环保主业务流程和管理支持流程图

(2)公司财务部和各分、子公司财务部由分管财务的副总裁直线管理。

公司财务部管辖总部财务及各分公司的财务工作,公司财务部和各分、子公司财务部由分管财务的副总裁直线管理,主要是加强公司财务的统一监管,使公司的财务管理流程更加系统化、规范化和标准化。

(3)新设合同与资产管理部,负责公司的合同管理及固定资产管理。

将原分属行政人事部的合同管理职能单独划出来成立职能部门,主要是由于公司每年的合同数量较多,基本都在400份以上,同时随着公司业务快速发展,公司合同数量会继续增加,为了规范管理合同,监督项目进展情况,督促应收账款的追缴,保障公司现金流的畅通,有必要设置职能部门来管理公司的所有业务合同。

另外,考虑到公司项目执行进度的监管、收入的确认、收入的催缴、应收账款的缴收状况及固定资产的专项管理,这些均与项目合同管理有着一定的内在联系,所以将这些职能活动一并纳入同一个部门,并与财务部一起由公司分管财务的副总裁分管,将有利于上述工作的协调和完成。

(4)新设人力资源部、综合管理部,调整物资管理部的部分职能,取消企业发展部,将其职能分解到综合管理部、市场部和科研管理部。

之所以单独成立"人力资源部",一是因为随着公司业务的发展,员工规模逐年递增,员工招聘、培训及职业发展等事务性工作量激增,有必要成立专门的人力资源管理部门来进行管理;二是因为公司到了必须加强目标绩效管理的时候了,需要有专门的人力资源管理部门来负责这些工作的计划和执行。

公司原来的组织框架中,行政人事部和总裁办在职责上有很多重叠的地方,导致员工推诿现象不断,并且增加人力资本。因此,为符合精简高效的原则,成立"综合管理部",承担公司的行政、信息技术辅助管理平台和后勤管理职能;另外,将原企业发展部中的公司战略规划制定和监督执行、公司年度经营计划的制定和监督执行等职责划归到综合管理部。

保留物资管理部,但下放部分物资采购权给各分、子公司,公司物资管理部主要负责公司供应商的准入资格审查和大宗物资的采购,以及对各分、子公司的物资采购计划和执行的监管。

(5)新设软件研发部。

将原来的"环保云计算研究院"和"智慧环保事业部"的软件研发资源进行整合,设立"软件研发部",主要目的是基于公司战略级平台,研发适合公司现在和未来发展需要的软件产品。

(6)新设硬件研发部。

将原来的"设备制造分公司"和"智能设备研究院"的硬件研发资源进行整合,设立"硬件研发部",主要目的是基于公司战略级平台,研发适合公司现在和未来发展需要的硬件产品。

(7)新设产品管理部。

产品管理部主要是对软件研发部和硬件研发部的研发产品进行品质监管和及时推广。具体包括两块职能:一是负责对公司的现有软件产品及新产品进行评估和专利申报,并及时推广到市场,对成熟产品将为其设立独立经营的产品事业部,为公司创造价值和利润;二是负责对公司现有的硬件产品及新的产品进行生产、监督和质量控制。

(8)新设科研管理部。

将原企业发展部中的课题申报职能划归到新设的科研管理部,科研管理部的主要职能是负责公司课题项目的申请、实施和验收;负责公司所有新资质申报及旧资质的升级和更换工作;根据公司科技发展规划,编制年度科研课题、技术开发服务项目指南;对公司承接科技项目和合作项目,从申报、立题、实施、结题、成果推广,进行全过程监督管理,并提供咨询及服务;对科技项目运行中的进度、质量等进行督促与管理;建立健全科技档案管理(分类、归档、立卷、编目、计算机管理)和科技统计工作;搞好科技情报、资料的收集与交流,负责科研课题质量管理和科技成果推广的日常工作;按国家和上级颁发的有关科技成果奖励条例办法管理全院科技成果的鉴定、登记、申报。

(9)新设运维监管部,与调整后的技术支持部一起由分管技术的副总裁分管。

设立运维监管部,主要目的是对公司所有运维人员进行培训、调度和指导,以及对各分、子公司和事业部进行运维成本管控、质量监督和效益管控。

调整后的技术支持部作为公司技术管理的最高机构,主要负责公司的技术标准、规范、方案的制定和审核工作,原来的常规项目技术支持职能下放到各个分、子公司和事业部中去,以完善各分、子公司和事业部的职能。

(10)将原有的智能设备研究院更名为光谱仪器研究中心,与新设的移动交互传感器研究中心一并由分管研发的副总裁管理。

(11)将原来的智慧环保事业部改造为环境信息公众服务事业部,专门从事环保网站和移动互联网的环境信息向公众发布的经营以及环境信息专用芯片的销售和推广工作。移动技术培训学院与其一起由事业部总经理管理。

(12)将原来的湖北事业部分解为鄂西分公司和鄂东事业部。

第三节 部门、岗位及编制设计

为了使公司顺利、高效率、低成本地开展工作,公司从精简、高效、协调、专业的原则出发,对公司各部门、各分公司和事业部岗位及人员编制进行了设置,如表 6-1 所示。

需要说明的是,表中各部门,各分、子公司及事业部的岗位编制是按照最低岗位编制数原则制定的,实际定员时,可根据实际情况进行空编、缩编和扩编,逐步调整到位。

另外,表中董事会、监事会、经营决策层和各分、子公司及环境信息公众服务事业部的决策层的人员和编制存在重叠现象,所以,在最终的编制总计中扣减了重叠的人数。巨正环保的部门、岗位和编制的设置目前只是暂定设置,对其运行只起参考作用。最终,公司编制总计为 479 人。

表 6-1 公司部门及岗位、编制

部门、分公司、事业部	岗位	编制
董事会 (9 人)	董事长	1
	内部董事	3
	外部董事	2
	独立董事	3
	董事会秘书(某内部董事兼)	1
监事会 (5 人)	主席	1
	内部监事	2
	外部监事	2
经营决策层 (13 人)	总裁(董事长兼)	1
	副总裁	7
	子公司总经理和信息服务事业部总经理	5
上市办公室 (2 人)	主任(董事会秘书兼)	1
	证券事务代表	1
市场部 (5 人)	部长	1
	高级项目经理	1
	市场信息专员	1
	市场推广专员	1
	非常规项目投标专员	1

续表

部门、分公司、事业部	岗位	编制
销售部 （4人）	部长	1
	软件产品销售专员	1
	硬件产品销售专员	1
	新项目拓展专员	1
综合管理部 （9人）	部长	1
	副部长	1
	行政后勤专员	1
	企划兼档案管理专员	1
	董事长兼总裁秘书	1
	网管员	1
	车队队长	1
	司机	2
	前台（劳务派遣）	1
人力资源部 （4人）	部长	1
	人事专员	1
	绩效薪酬专员	1
	招聘培训专员	1
物资管理部 （4人）	部长	1
	计划统计专员	1
	采购专员	1
	物资管理专员	1
合同与资产管理部 （3人）	部长（监事会主席兼）	1
	副部长	1
	合同管理专员（副部长兼）	1
	固定资产管理专员	1
财务部 （8人）	内部核算专员	1
	部长	1
	副部长	1
	税务及收入主办会计（兼管四川分公司）	1
	费用及往来主办会计（兼管安徽分公司）	1
	费用及资产协办会计（兼管贵州分公司）	1
	材料及成本主管会计	1
	分公司财务主管会计	1
	出纳	1

续表

部门、分公司、事业部	岗位	编制
技术支持部 （8人）	部长	1
	环境监测高级工程师	1
	放射源监测高级工程师	1
	油烟危固废治理高级工程师	1
	系统集成高级工程师	2
	自控高级工程师	1
	内务管理专员	1
运维监管部 （3人）	部长	1
	协调监督专员	2
光谱仪器研究中心 （7人）	主任	1
	自动化工程师	1
	光学工程师	2
	信号分析工程师	1
	质量检验工程师	2
移动交互传感器中心 （7人）	主任	1
	硬件工程师	1
	结构设计工程师	1
	软件工程师	1
	组装调试工程师	1
	化学分析工程师	1
	电气工程师	1
软件研发部 （30人）	部长	1
	APP研发项目经理	1
	在线软件研发项目经理	1
	辐射软件研发项目经理	1
	综合业务软件研发项目经理	1
	系统架构师	1
	数据库分析师	1
	软件开发工程师	11
	安卓软件开发工程师	6
	IOS软件开发工程师	3
	组织级配置管理员	1
	质量保证员	1
	美术设计师	1
	文档整理员	1

续表

部门、分公司、事业部		岗位	编制
硬件研发部 （22人）		部长	1
		环境感知设备研发项目经理	1
		环境监测设备研发项目经理	1
		集成技术研发项目经理	1
		硬件工程师	2
		结构设计工程师	2
		集成项目设计工程师	2
		软件工程师	2
		组装调试工程师	4
		化学分析工程师	2
		电气工程师	2
		采购员兼商务经理	1
		文档整理员	1
产品管理部 （10人）		部长	1
		软件产品经理	1
		软件产品技术支持工程师	2
		软件产品测试经理	1
		软件产品测试工程师	3
		硬件产品经理	1
		硬件产品质量管理员	1
科研管理部 （3人）		部长	1
		课题专员	1
		资质专员	1
移动技术培训学院 （5人）		院长	1
		教务专员	1
		招生专员	3
鄂西分公司 （22人）	决策层	总经理	1
		副总经理	1
	总经办	主任（副总经理兼）	1
		协调专员	1
		司机	1

续表

部门、分公司、事业部		岗位	编制
鄂西分公司 （22人）	决策层	经理	1
		大区经理	3
		区域经理	3
	财务部	经理	1
		会计（财务部经理兼）	1
		出纳	1
	工程技术服务中心	主任	1
		安装工程师	2
	运维技术服务中心	主任	1
		质控工程师	1
		运维工程师	3
		试剂员	1
鄂东事业部 （47人）	决策层	总经理	1
		副总经理	1
	总经办	主任（副总经理兼）	1
		协调专员	3
		司机	4
	业务部	经理	1
		大区经理	4
		区域经理	4
	工程技术服务中心	主任	1
		安装工程师	7
	运维技术服务中心	主任	1
		副主任	1
		运维工程师	12
		质控工程师	4
		质检工程师	1
		试剂员	2

续表

部门、分公司、事业部		岗位	编制
陕西分公司 （31人）	决策层	总经理	1
		副总经理	1
	总经办	主任（副总经理兼）	1
		协调专员	1
		司机	1
	业务部	经理	1
		大区经理	1
		区域经理	1
	财务部	经理	1
		会计（财务部经理兼）	1
		出纳	1
	工程技术服务中心	主任	1
		安装工程师	5
	运维技术服务中心	主任	1
		运维工程师	15
四川分公司 （13人）	决策层	总经理	1
		副总经理	1
	总经办	主任（副总经理兼）	1
		协调专员	1
		司机	1
	业务部	经理	1
		业务经理	1
		经理	1
	财务部	经理	1
		会计（财务部经理兼）	1
		出纳	1
	工程技术服务中心	主任	1
		安装工程师	2
		运维工程师	2

续表

部门、分公司、事业部		岗位	编制
贵州分公司 （19人）	决策层	总经理	1
		副总经理	1
	总经办	主任（副总经理兼）	1
		协调专员	1
		司机	1
	业务部	经理	1
		大区经理	1
		区域经理	1
	财务部	经理	1
		会计（财务部经理兼）	1
		出纳	1
	工程技术服务中心	主任	1
		安装工程师	1
		运维工程师	6
		质控工程师	1
		试剂员	1
安徽分公司 （17人）	决策层	总经理	1
		副总经理	1
	总经办	主任（副总经理兼）	1
		协调专员	2
		司机	1
	业务部	经理	1
		大区经理	1
		区域经理	1
	财务部	经理	1
		会计（财务部经理兼）	1
		出纳	1
	工程技术服务中心	主任	1
		运维工程师	4
		安装工程师	2

续表

部门、分公司、事业部		岗位	编制
环境信息公众服务事业部（20人）	决策层	总经理	1
		副总经理	1
	总经办	主任（副总经理兼）	1
		协调专员	1
	市场营销部	经理	1
		业务经理	1
		芯片销售专员	1
	网站招商部	经理	1
		招商专员	2
	网站运营部	经理	1
		网站策划专员	1
		网站程序员	2
		网页设计专员	1
		网站编辑	1
	产品管理部	经理	1
		产品经理	3
		外联专员	1
北京办事处（5人）		主任	1
		协调专员	1
		区域经理	3
中地时代公司（41人）	决策层	总经理	1
		副总经理	1
	总经办	主任（副总经理兼）	1
		行政专员	1
		采购员	1
		前台	1
		司机	1
	财务部	经理	1
		会计（财务部经理兼）	1
		出纳	1

续表

部门、分公司、事业部		岗位	编制
中地时代公司 (41人)	决策层	经理	1
		业务经理	2
	治理工程项目部	经理	1
		治理工程项目经理	4
		治理工程师	16
	危废检测项目部	经理	1
		运维工程师	4
	土壤地下水修复技术培训项目部	经理	1
		治理工程师	2
湖南慧正公司 (44人)	决策层	总经理	1
		副总经理	1
	总经办	主任(副总经理兼)	1
		行政专员	1
		采购员	1
		前台	1
		司机	1
	财务部	经理	1
		会计(财务部经理兼)	1
		出纳	1
	市场营销部	经理	1
		业务经理	2
		销售经理	2
	治理工程项目部	经理	1
		副经理	2
		治理工程师	6
		设备安装工程师	1
	运维技术部	经理	1
		运维高级工程师	1

续表

部门、分公司、事业部		岗位	编制
湖南慧正公司（44人）	怀化办事处	主任	1
		运维工程师	4
	邵阳办事处	主任	1
		运维工程师	4
	湘西办事处	主任	1
		运维工程师	7
江西怡正公司（31人）	决策层	总经理	1
		副总经理	1
	总经办	主任（副总经理兼）	1
		行政专员	1
		采购员	1
		司机	1
	财务部	经理	1
		会计（财务部经理兼）	1
		出纳	1
	市场部	经理	1
		业务经理	6
	工程技术部	经理	1
		治理工程师	3
	运维技术部	经理	1
		运维工程师	3
	九江办事处	主任	1
		行政专员	1
		运维工程师	5
宜昌巨正公司（46人）	决策层	总经理	1
		副总经理	2
	总经办	主任（副总经理兼）	1
		行政专员	1
		司机	1

续表

部门、分公司、事业部		岗位	编制
宜昌巨正公司（46人）	市场部	经理	1
		业务经理	4
	财务部	经理	1
		会计（财务部经理兼）	1
		出纳	1
	物资供应部	经理	1
		计划统计专员	1
		物资管理员	1
	生产技术部	经理	1
		车间主任	1
		技术员	5
		生产计划调度员	1
		质量检验员	1
		工人	10
	汽车尾气检测中心	主任	1
		运维工程师	10
合计			479

第四节 公司治理结构主要制度设计

一、董事会议事规则

第一条 为规范武汉巨正环保科技有限公司（以下简称公司）董事会议事和决策程序，充分发挥董事会的经营决策作用，根据国家有关法律、法规和公司章程规定，制定本规则。

第二条 公司董事会会议分为定期会议和临时会议。

第三条 董事会每年至少召开两次会议，由董事长召集和主持。董事长因特殊原因不能履行职务时，由董事长指定一名董事召集和主持。董事会设秘书1人，协助董事长处理董事会日常事务。

第四条 有下列情形之一时,董事长应召集临时董事会会议:

(一)董事长认为必要时;

(二)三分之一以上董事联名提议时;

(三)监事会提议时;

(四)总经理提议时。

第五条 董事会会议由三分之二以上的董事出席方可举行。公司总裁、监事、董事会秘书列席董事会,与所议议题相关的人员可由董事会通知列席会议。

第六条 董事会召开董事会议,应在会议前十日,由董事会秘书将会议时间、地点和议题书面通知全体董事;会议有关的材料应在会议召开前一周送达全体董事。

第七条 董事会会议应由董事本人出席。董事因特殊情况不能出席董事会会议,应事先向董事会请假,可事先就董事会所议事项提出书面意见或书面表决意见,也可委托他人代为出席,但需出具董事本人签署的"授权委托书"。"授权委托书"应明确授权范围,受托人在授权范围内行使权利。

第八条 董事会审议或决策事项:

(一)公司中长期发展战略、经营方针和投资计划;

(二)公司年度经营计划和投资方向、重大项目投资方案;

(三)公司年度财务预算方案、决算方案;

(四)公司利润分配方案和弥补亏损方案;

(五)公司增加或减少注册资本方案;

(六)审议增加或者减少注册资本以及发行公司债券的方案;

(七)审议公司合并、分立、解散或者变更公司形式的方案;

(八)审定公司内部管理机构的设置及基本管理制度;

(九)聘任或者解聘公司总裁及其报酬事项,并根据总裁的提名决定聘任或者解聘公司副总裁、财务负责人及其报酬事项;

(十)公司管理人员及所属全资企业法定代表人的报酬及支付方式;

(十一)公司章程的修改。

第九条 董事会决议的表决,实行一人一票,董事会决议须经全体董事过半数通过。

第十条 董事会秘书负责做好董事会会议记录,将董事会所作出的决议整理好形成会议决议,参加会议的董事应在会议决议上签名,出席会议的董事有权要求在会议决议上对其发言部分做出说明性记载。

第十一条 董事会会议记录包括以下内容:

(一)会议召开的日期、地点和召集人姓名;

(二)出席董事的姓名以及受他人委托出席董事会的董事(代理人)姓名;

(三)会议议程;

(四)董事发言要点;

(五)每一决议事项的表决方式和结果(表决结果应载明赞成、反对或弃权的票数)。

第十二条　董事会决议应报送出资人或其授权机构备案。

第十三条　董事会会议档案，包括会议通知和会议材料、会议签到簿、会议录音资料、会议记录、经与会董事签字确认的会议决议等，由董事会秘书负责保管。董事会会议资料的保存期限为十年以上。

第十四条　本规则未尽事宜，应依照国家有关法律、法规以及公司章程和其他规范性文件的有关规定执行。

第十五条　本规则由董事会负责解释。

第十六条　本规则自发布之日起实施。

二、监事会议事规则

第一条　为规范武汉巨正环保科技有限公司（以下简称公司）统一、高效、科学地运作，根据《中华人民共和国公司法》等相关法律、法规及《公司章程》的规定，特制定如下公司监事会议事规则。

第二条　监事会是公司行使监督职能的机构，依法行使下列职权：

（一）检查公司财务；

（二）对董事、高级管理人员执行公司职务的行为进行监督，对违反法律、行政法规、公司章程或者股东会决议的董事、高级管理人员提出罢免的建议；

（三）当董事、高级管理人员的行为损害公司的利益时，要求董事、高级管理人员予以纠正；

（四）提议召开临时股东会会议。在董事会不履行《公司法》规定的召集和主持股东会会议职责时，召集和主持股东会会议；

（五）向股东会会议提出提案；

（六）依照《公司法》第一百五十二条的规定，对董事、高级管理人员提起诉讼；

（七）公司章程规定的其他职权。

第三条　公司设监事会，成员三人。监事会设召集人一人，由全体监事过半数选举产生。监事会召集人召集和主持监事会会议；监事会召集人不能履行职务或者不履行职务的，由半数以上监事共同推举一名监事召集和主持监事会会议。

董事、高级管理人员不得兼任监事。

第四条　监事的任期每届为三年。监事任期届满，可以连选连任。

监事任期届满未及时改选，或者监事在任期内辞职导致监事会成员低于法定人数的，在改选出的监事就任前，原监事仍应当依照法律、行政法规和公司章程的规定，履行监事职务。

第五条　监事可以列席董事会会议，并对董事会决议事项提出质询或者建议。

监事会的监事发现公司经营状况异常，可以进行调查；必要时，可以聘请会计师事务所等协助其工作，费用由公司承担。

第六条　监事会每年度至少召开一次会议，监事可以提议召开临时监事会会议。

监事会的议事方式和表决程序,除《公司法》有规定的外,根据公司章程的规定制定。

监事会决议应当经半数以上监事通过。

监事会应当对所议事项的决定作会议记录,出席会议的监事应当在会议记录上签名,并作永久保存。

第七条　本规则自发布之日起实施。

三、总裁办公会议事规则

第一条　为建立和完善巨正环保公司经理层民主、科学的集体决策运行机制,规范议事决策的方法、程序,根据公司章程和现代企业制度的基本要求,结合公司经营管理工作实际,制定本规则。

第二条　公司总裁办公会(以下简称办公会)是公司经理层议定日常经营管理事项的行政会议,是经理层最高议事决策形式。

总裁、副总裁、子公司总经理、信息服务事业部总经理参加会议,并享有投票权。其他与会人员根据具体议题内容确定。

第三条　办公会议定事项:

(一)安排、部署、协调、检查、督办日常工作,研究解决执行中遇到的各种问题;

(二)专题研究、议定经营管理工作中的重要事项;

(三)审议公司内部机构设置、调整事宜,研究公司经理层领导分工和各部门职能的划分方案;

(四)审议公司人事安排事项,职工工资、奖金标准及调整方案,以及有关职工福利方面的其他重要安排;

(五)审议公司的基本管理制度,制定具体规章;

(六)公司章程规定或董事会授权的其他事项。

第四条　办公会由公司总裁召集并主持,特殊情况下总裁可委托一名副总裁召集和主持。

第五条　办公会议题的确定:

办公会议题内容一般通过以下三种方式提出和确定。

(一)公司总裁认为需要办公会研究的事项直接列为议题内容;

(二)公司副总裁就其职责工作认为需提交办公会研究的事项,报公司总裁审定后,列为议题内容。

第六条　办公会议题确定后,相关部门应及时准备会议材料,综合管理部负责通知与会人员会议时间、地点,并做好其他会务保障工作。

第七条　临时提请办公会研究决定的事项,应在会前经总裁或受托人批准。

第八条　办公会决议的表决,实行一人一票,办公会决议须经全体享有投票权的人员过半数通过。

第九条　办公会的情况及所议事项由综合管理部指定专人记录。记录要求内容详尽、完整，包括时间、地点、主持人、参加人、主要议题及与会人员发言内容等。对临时取消的议题和需要复议的事项应做明确的记录。

第十条 记录人根据会议记录中总裁确定的事项及意见，整理好会议纪要。会议纪要应明确所议事项的承办部门，并依据公司的工作制度，按公司领导分工、部门职责划分办理，综合人事部负责督办，并将办理情况提交下一次总裁办公会汇报。

第十一条 办公会议定需要上报董事会决议的事项报请董事会审定。

第十二条 会议记录及会议纪要由综合管理部负责存档，保存期为 5 年。

第十三条 本规则经公司董事会审议批准后实施，并由综合管理部负责解释。

本章小结

本章以武汉巨正环保科技有限公司组织结构再设计项目为例，详细阐述了组织结构再设计的流程、方法和内容。首先，介绍了组织结构诊断分析的过程和结果；然后，介绍了组织结构再设计的指导思想、组织结构框架设计和再设计方案的具体说明，以及部门、岗位及编制设计；最后，对公司治理结构的主要机构进行了制度设计，包括董事会议事规则、监事会议事规则和总裁办公会议事规则。由于篇幅问题，省略了部门职责设计和岗位职责设计的内容。

拓展与延伸

1. 项目组是如何基于战略—流程—部门—岗位的组织设计的逻辑主线对巨正环保公司的组织结构框架进行再设计的？

2. 部门职责设计和岗位职责设计是否是公司制度设计的主要内容？请选择巨正环保公司的某个部门和某个岗位进行职责设计。

第七章
工作分析的流程及方法

知识目标

1. 了解工作分析的重要性;
2. 理解工作分析在管理职能、人力资源管理中的重要地位;
3. 掌握工作说明书的编写方法。

学习目标

1. 掌握工作分析的基本知识、基本方法、基本技术及其应用;
2. 具备工作分析的基本能力。

导入案例：一份招聘启事

本公司因业务发展的需要，急需聘任营销主管两名。

条件：具有很强的独立工作能力，较好的外语水平和计算机操作能力，丰富的大中型企业经营管理经验，大学本科学历，35 周岁以下，男女不限。

XX 公司人力资源管理部
联系电话：87654321

案例问题：

1. 这个岗位的具体工作是什么？
2. 该公司为什么要提这些条件？
3. 该招聘启事存在什么问题？

本章将主要阐述工作分析的概念、内容、流程与方法，以及工作说明书的编写方法。

第一节 工作分析概述

一、工作的定义

对"工作"的定义多种多样。从狭义上来看，工作是指一段时间内为达到某一目的的活动，即任务。从这个角度理解，在工作描述中，工作是个人从事的一系列专门任务的总和。从广义上来看，工作又是个人在组织里的全部的角色的总和，甚至包含了个人的职业发展道路。

我们通常通过组织的角度，来理解工作这一概念：

（一）工作是组织最基本的活动单位

汪洋大海是由千万滴海水汇聚而成，同样，组织也是由一个个的工作构建而成。工作是组织中最基本也是最小的结构单元，它是组织工作中最小的相对独立体（当然，组织中最小的单元受组织的技术结构、分工结构和管理结构的影响)。每一个工作从本质上来说都是不尽相同的,它们具有支撑组织有效达到目标的不同的功能。

(二)工作是相对独立的责权统一体

工作并不是单纯的由系统相互联系的任务组合,同时也是一个相对独立的责任与权利的集合体。责任和权利来自组织的授予,而这种授予是顺利履行工作所必需的。因此我们说,工作是任务、责任和权利的统一体。完成任务是履行组织所赋予的职责,而权利是改选职责的组织保障。

(三)工作是同类岗位(职位)的总称

准确来说,工作等同于职务,岗位等同于职位。但是基于我国复杂的社会情况,工作、岗位、职务、职位往往混为一谈,连专业的人力资源从业者往往也分不清楚。工作(或职务)是同种岗位(或职位)的总称。或者举例说,企业有五个打字员,即打字员是一个工作,提供了五个打字的岗位。工作是组织的一部分,是理性设计的结果。一般说来,工作的设计是逻辑分组和同类性分组的产物,因此,在组织中是没有相同的工作的。但是,工作存在一些类似的状态。如果一个组织结构复杂而且庞大,那么分工的细化程度就高,工作的类似性程度也越高;然而在一个小型的或者组织边界不清晰的组织中,工作的类似性程度往往就很低。有时,为了便于管理,我们常常把相似的工作作为一个族来进行管理。

(四)工作是部门、业务组成和组织划分的信息基础

组织的划分与部门业务的分割,往往是以工作的信息为基础的。工作是从组织中分解出来的,是组织的一部分,但是它一旦分解出来,便成为组织管理的基础。部门的职责是由具体的工作支持的,业务的划分也是以流程的逻辑相关性或活动的同类性为基础的。所以,工作分析所提取的信息,不仅仅是管理工作的重要基础,也是管理组织的重要基础。

(五)工作是人进入组织的中介

由于工业化的发展,人们脱离了生产资料,因而导致人不再具有与生俱来的就业权利。人是通过工作的中介进入组织的,这就是我们经常说的"为事求人而不是因人设事"。在传统产业,人进入组织是为履行工作职责的,因此对进入组织中的人是有要求的,这些要求,即能力与经验是履行工作职责所产生的。当然,这种工业化的思考就是标准化,以其不变的工作来管理变化的人(市场化、流动的人)。

(六)工作与组织的相互支持

组织目标是工作分解的基础,工作是构成组织的最小单元。当组织发生变革的时候,工作的分配也将发生改变;同时,随着工作过程的改变、工艺流程的改变、工作熟练程度的提升等,工作的内涵和外延都会发生变化,而这种变化最终导致组织分工方式和管理方式的改变。

二、工作分析

(一)工作分析的定义

工作分析是采用科学的方法或技术全面了解一项工作或提取关于一项工作的全面信息的活动。这一概念包括如下内涵:首先,工作分析是一种技术,它包含一系列的方法和程序;其次,实施工作分析是一种过程,是采用标准的程序和方法收集有关工作信息的过程;再次,工作分析的结果是制定工作说明书(包括工作内容和任职资格等)。

学者萧鸣政认为,工作分析即分析者采用科学的手段与技术,对每个工作岗位的结构因素及其相互关系,进行分析、比较、综合,确定该工作岗位的工作要素特点、性质与要求的过程。工作分析由两大部分组成:工作描述和工作说明书。通过对工作输入、工作转换过程、工作输出、工作的关联特征、工作资源、工作环境背景等的分析,形成工作分析的结果——职务规范(也称为工作说明书)。

E. J. 麦考密克(E. J. McCormick)认为,工作分析是研究人的工作,涉及职务(工作)有关的信息收集、评估与记录。

雷蒙德·A. 诺伊(Raymond A. Noe)认为,工作分析是获取与工作有关的详细信息的过程。

加里·德斯勒(Gary Dessler)认为,工作分析是组织确定某一项工作的任务、性质及什么样的人员可以胜任这一工作,并提供与工作本身要求有关的信息的一道程序。

付亚和、孙健敏认为,工作分析也叫职务分析,是指采用科学的方法和技术全面了解一项工作或提供一项工作信息的过程。

彭剑峰认为,工作分析是人力资源管理的一项核心基础职能,是一种应用系统方法收集、分析、确定组织中职位的定位、目标、工作内容、职责权限、工作关系、业绩标准、人员要求等基本因素的过程(活动)。

本书认为,工作分析是就是与此相关的一道程序,确定某一个岗位的工作任务和性质,对组织中所有为实现组织目标所做的工作、所完成的任务及能成功承担此项工作所必需的个人特征进行细化的过程,以确定每一个工作的任务和职责,以及完成工作所需要的技能、能力、知识和其他要求的过程。它是人力资源管理在短时间内,用以了解有关工作信息与情况的一种科学手段。

(二)工作分析的内容

工作分析内容的确定,是在进行工作分析时一个最重要也是最基本的要素,它是工作分析人员进行工作分析的依据。只有明确了工作分析的内容和各项指标,工作分析人员才能有侧重地收集相关工作信息,分析并形成工作分析文件。

工作分析的内容是指工作分析的各项指标,即与工作有关的各方面信息。工作分析的内容是工作分析落到实处的保障。只有明确了工作分析的各项内容,针对列出的各项工作指标来进行有关工作信息的收集,做起来才更有针对性,最后形成的工作分析文件的信度和效度才会更高。工作分析内容应包括哪些项目则因工作分析目的的不同而有所不同。

一般情况下,工作分析的内容包括工作基本资料(如工作名称、工作代码、工作地点、所属部门、上下级关系等),工作内容(如工作任务、工作责任、工作标准等),工作关系(如监督指导关系、职位升迁、工作联系等),工作环境(如工作的物理环境、安全环境、社会环境等),以及任职条件(如教育背景、必备知识、经验、素质要求等)等。

一般来讲,工作分析的内容主要包括工作描述和工作规范两个方面。

1. 工作描述

工作描述是指确定工作的具体特征,是对某个工作的范围、任务、责任、方法、工作环境等的详细描述,主要包括以下 7 个方面(6W1H)的内容。

(1)工作内容:做什么(what)。"做什么"是指员工所从事的工作活动,我们经常要思考的问题是,"该工作包括哪些体力和脑力劳动?"其主要包括以下三方面的内容:

①工作的任职者需完成的工作内容。

②工作的任职者需达到的工作目标。

③工作的任职者完成此工作需达到的工作标准。

(2)为什么做(why)。"为什么做"是指工作任职者的工作目的及此工作在整个组织中的作用,具体包括以下两方面内容:

①该项工作的目的。

②该工作与组织中其他工作之间的联系。

(3)责任者:谁来做(who)。"谁来做"是指谁从事此工作及从事该工作人员必备的素质要求,主要包括以下五方面的内容:

①身体素质的要求。

②知识技能的要求。

③相关工作经验的要求。

④教育和培训的要求。

⑤个性特质的要求。

(4)工作时间:何时做(when)。"何时做"是指员工从事此工作的时间安排,例如工作在什么时间、节奏下完成?其主要包括以下两方面的内容:

①从事该工作作息时间的安排。

②对该项工作每日、每周、每月的工作进度的安排。

(5)工作岗位:在哪里做(where)。"在哪里做"是指此工作的工作地点、环境等,主要包括以下两方面的内容:

①从事该工作的硬件环境、自然环境。

②从事该工作的人文环境、社会环境。

(6)为谁做(for whom)。"为谁做"是指员工从事的工作与企业中的其他部门之间发生的相互关系,主要包括以下两个对象:

①负责该工作的部门直接领导,即请示汇报的对象。

②在工作过程中需要横向联系的组织中的其他部门或人员。

(7)怎么做(how)。"怎么做"是指此工作如何从事或者企业要求员工如何从事此项工作,主要包括以下三方面的内容:

①工作程序、规范。

②展开工作所必备的各种硬件、软件设施。

③从事该工作所需要的权利。

2. 工作规范

工作规范是指胜任某工作所需的知识、技能及职责、程序的具体说明。它是工作分析结果的一个组成部分。工作规范可以让员工更详细地了解此工作的内容和要求,以便能顺利地开展工作。

工作规范主要包括以下五项内容:

①知识与学历,指胜任某工作的知识要求和学历要求。

②技能要求,指胜任某工作应具备的基本技能。

③身体素质要求,指身体健康状况。

④工作职责,指自身工作职责及对其他人的职责。

⑤工作环境,指工作场所、工作危害等。

(三)工作分析的三个层次

1. 组织层次

工作分析是为一系列组织和管理职能提供信息基础的一个工具,也是组织中最小、最基本的组成单元。因此,在组织上,工作分析能确定组织的总体目标,也能对组织内外的环境进行分析,从而更好地维持和发展组织的管理活动。

2. 作业层次

作业层次主要指的是在组织的作业部门展开的工作分析。指系统收集反映工作特征的数据,核定期望绩效标准,观测实际的作业过程。这一过程能确定总体的理想绩效与实际绩效的差异,这个层次的分析单位是以部门或工作水平为表征的。

3. 个人层次

工作分析为人员甄选、员工培训与开发等一系列职能活动提供支持,其主要分析实现理想绩效所需要的知识、技能、能力等,分析个人在这些方面与期望状态的差异。

(四)工作分析的基本术语

在本书中,与工作分析相关的基本术语包括:

工作要素(Job Elements),指工作中不能再继续分解的最小活动单位,工作要素是形成职责的信息来源和分析基础,并不直接体现于职位说明书之中,如接听电话。

任务(Task),指为了达到某种目的而进行的一系列工作要素,是职位分析的基本单位,是对工作职责的进一步分解,如回答客户的电话答询。薪酬专员的职责之一——"定期进行工资调查"就是由下列任务组成的:设计工资调查表,发给被调查单位,对调查表进行必需的解释和说明,按期收回调查表,进行汇总、整理,写出分析报告。

职业(Occupation),指在跨行业、跨部门基础上的综合层次的工作,它不局限于一个组织内部。例如,警察作为一个职业,是交通警察、刑警、民警等的统称。

职位(Position),指承担一系列工作职责的某一任职者所对应的组织位置,它是组织的基本构成单位。职位与任职者是一一对应的。如果存在职位空缺,那么职位数量将多于任职者人数。例如,薪酬专员就是一个职位(岗位)。

注意:在人力资源管理的实践中,职位与岗位的使用范围有区别。具体来讲,对于工业企业中主要进行操作的蓝领工人工作,一般使用"岗位"一词;对于国家机关、团体、事业单位等组织中的人员,一般使用"职位"一词;在心理学中,一般使用"职位"一词。

职务(Job),指组织中承担相同或相似职责或工作内容的若干职位的总和,如销售部副经理。

职级(Class),指工作责任大小、工作复杂性与难度,以及对任职者的能力水平要求近似的一组职位的总和,它常常与管理层级相联系。例如,部门副经理就是一个职级。

职位族(Family),指根据工作内容、任职资格或者对组织贡献的相似性而划分为同一组的职位。职位族的划分常常建立在职位分类的基础上。例如,管理职位族,研发职位族,生产职位族,营销职位族,等等。

职责(Responsibility),指为了在某个关键成果领域取得成果而完成的一系列任务的集合,它常常用任职者的行动加上行动的目标来加以表达。例如,维护客户关系,以保持和提升公司在客户中的形象。薪酬专员的职责之一是"定期进行工资调查"。

职责细分(Duty),可以作为职位分析中完成职责的主要步骤而成为职责描述的基础,也可以以履行程序或"小职责"的身份出现在职位说明书中。例如,处理客户的电话咨询与投诉。

任职资格(Qualification),指为了保证工作目标的实现,任职者必须具备的知识、技能与能力。它常常以胜任职位所需要的学历、专业、工作经验、工作技能、能力(素质)等加以表达。

权限(Authority),指为了保证职责的有效履行,任职者必须具备的对某事项进行决策的范围和程度。它常常用"具有批准……事项的权限"来进行表达。例如,具有批准预算外 5 000 元以内的礼品费支出的权限。

业绩标准(Performance),指与职位的工作职责相对应的对职责完成的质量与效果进行评价的客观标准。例如,人力资源经理的业绩标准常包括员工满意度、空岗率、培训计划的完成等。

工作描述(Job Description)是以规范的形式对工作职责、工作权限、工作条件、需使用的工具和设备,以及工作环境等方面进行的描述。这种描述根据应用目的的不同,既可以很细致,也可以很简略。

工作规范(Job Specification)即任职资格,它界定了工作对任职者的教育程度、工作经验、培训、知识、技能、能力、心理特征等方面的要求。

胜任特征模型(Competency Model)就是对员工核心能力进行不同层次的定义及相应层次的行为描述,确定胜任工作所需的关键能力和技能掌握的熟练程度。

工作分类(Job Classification)是在工作分析和工作评价的基础上,采用科学的方法,根据工作性质和特点,对组织内的工作在横向和纵向两个维度上进行划分。工作分类的结果是将组织内所有工作纳入大类、中类和小类和等级所构成的体系之中。其中,大类、中类和小类是按照工作特点进行的横向工作分类,工作等级是按照工作责任大小、技能要求、劳动强度、劳动环境等要素指标所进行的纵向工作分类。

职位评价(Position Evaluation)或称为岗位评价,是在工作分析的基础上,系统地对各职位的价值进行评价,从而确定各职位的相对价值及相互关系的过程。

表7-1是以上几个重要概念之间关系的举例。

表7-1 职系、职组、职级、职等之间的关系举例

职组	职系	职等 V / 职级 员级	IV / 助级	III / 中级	II / 副高职	I / 正高职
高等教育行业	教师		助教	讲师	副教授	教授
	科研人员		助理工程师	工程师	高级工程师	
	实验人员	实验员	助理实验师	实验师	高级实验师	
	图书、资料、档案	管理员	助理馆员	馆员	副研究馆员	研究馆员
科学研究行业	研究人员		研究实习员	助理研究员	副研究员	研究员
医疗卫生行业	医疗、保健、预防	医士	医师	主治医师	副主任医师	主任医师
	护理	护士	护师	主管护师	副主任护师	主任护师
	药剂	实验员	助理实验师	实验师	高级实验师	
	其他	技士	技师	主管技师	副主任技师	主任技师
工业企业	工程技术	技术员	助理工程师	工程师	高级工程师	正高工
	会计	会计员	助理会计师	会计师	高级工程师	
	统计	统计员	助理统计师	统计师	高级统计师	
	管理	经济员	助理经济师	经济师	高级经济师	
农业	农业	技术人员	农业技术员	助理农艺师	农艺师	高级农艺师

续表

职组	职系	职等 V 员级	IV 助级	III 中级	II 副高职	I 正高职
新闻业	记者	助理记者	记者	主任记者	高级记者	
	广播电视播音	三级播音员	二级播音员	一级播音员	主任播音指导	播音指导
出版业	编辑		助理编辑	编辑	副编审	编审
	技术编辑	技术设计员	助理技术编辑	技术编辑		
	校对	三级校对	二级校对	一级校对		

第二节 工作分析的流程和方法

工作分析是人力资源管理部门一项艰巨而复杂的基础性工作。它是在对企业一切问题进行深刻了解的基础上进行的,所产生的结果可以在企业人力资源管理的组织设计、招聘录用、绩效管理、人力资源规划、员工培训、薪酬设计等多个领域应用。

工作分析是对工作一个全面的评价过程,这个过程一般可分为以下几个阶段,如图7-1所示:

(1)准备阶段:成立工作小组;确定样本(选择具有代表性的工作);分解工作为工作元素和环节,确定工作的基本难度,制定工作分析规范;选择信息来源;选择工作分析人员;选择收集信息的方法和系统。

(2)调查梳理阶段:编制各种调查问卷和提纲,广泛收集各种资源,具体包括工作内容、责任者、工作岗位、工作时间、怎样操作、为什么要做、为谁而服务。

(3)分析阶段:审核已收集的各种信息;创造性地分析,发现有关工作的主要职责、职权或工作人员的任职资格、岗位等级等;归纳、总结出工作分析的必需材料和要素。

(4)运用阶段:主要是促进工作分析结果的使用,编制各职位说明书。

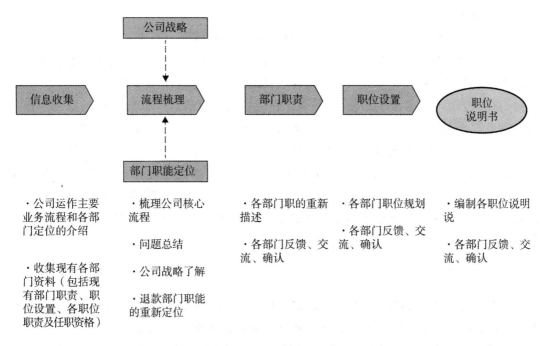

图 7-1 工作分析的流程

一、工作分析的准备阶段

(一) 明确工作分析的目的

我们知道工作分析的目的是工作分析最先注意的问题,有了明确的目的,才能正确确定分析的范围、对象和内容。

在进行工作分析时,我们首先要弄明白以下几个层面的问题:

1. 工作的输出特征

一个工作的输出(产品、劳务)是什么?它与组织内的其他输出有什么联系和区别?

2. 工作的输入特征

一个工作对工作执行人员的资格要求(知识、经验、机能等)是什么?使用什么设备和材料?需要运用什么其他非人力的资源?

3. 工作的转换特征

一个工作的输入是如何转化为输出的?转化的程序、技术和方法是怎样的?人和设备之间的职能是如何分配的?在转化过程中,人的活动、行为和联系有哪些?

4. 工作的关联性特征

这个工作在组织中的位置是什么?工作的责任和权利是什么?工作对人的体力和精力有什么要求?工作执行的时限是什么?适用该工作的规章制度和法律有哪些?

5. 工作的动态特征

每一工作或者职务的内容都是不断变化的。工作分析中应该考虑时间、情景、人员这三个可变因素。

在一个已成熟的组织中,工作分析的目的不同,其侧重点也有所不同。

如果工作分析的目的是编写工作说明书并为空缺的职位招聘员工,那么这时工作分析的侧重点是该职位的工作职责以及对任职者的要求,尤其如果我们需要招聘员工的话,明确对任职者的要求是非常重要的;如果工作分析的目的是为了培训和开发,那么工作分析的侧重点就在于衡量每一项工作的职责,以及履行这一职责所需的员工的能力;如果工作分析的目的是为了确定绩效考核的标准,那么其侧重点就应该是衡量每一项工作任务的标准,需要澄清任职者完成每一项工作任务的时间、质量、数量等方面的标准,如果工作分析的目的是为了确定薪酬体系,那么仅仅通过访谈等方法获得描述性的信息是不够的,还需要采用一些定量的方法对职位进行量化的评估,确定每一职位的相对价值。总之,工作分析所要达到的目的不同,其实际的操作过程也会千差万别。

(二)制订总体的实施计划

整个工作分析的过程,一般包括计划、设计、信息分析、结果表述及运用指导五个环节。其中,计划与设计是基础,信息分析和结果表述是关键,运用是目的。

明确工作分析的目的之后,就需要制订一份详细的工作分析实施计划。工作分析中的计划包括:

(1)确定工作的目的、结果与适用范围,明确所分析的资料到底用来干什么、解决什么问题。

(2)界定所要分析信息的内容与方式,预算分析的时间、费用与人力。

(3)组建工作分析小组、分配任务与确定权限。

在制订实施方案时,还应注意对工作分析中的用语进行规范。在工作分析过程中,信息的表达方式可以是多样的,对于一个问题的理解和结论也是不尽相同的。为了保证不同的工作分析人员所收集上来的信息一致,应减少因用语不同所造成的误差。

具体的工作分析的设计要求包括:

(1)明确分析客体,选择分析样本。

(2)选择分析方法与人员。

(3)做好时间安排与制定分析标准。

(4)选择信息来源。

(三)收集和分析有关资料

收集工作分析资料的人通常有三种类型:工作分析专家、主管和工作的任职者。三种人员各自都有自己的优点和缺点。因此,在成立工作分析小组时,应充分注意到这一点。一般而言,专门的工作分析小组的成员包括:进行策划和提供技术支持的工作分析专家,实施操作的专业人员,以及负责联络协调的人员。通常,专家是从外部聘请的,其他人员则从组织内部抽调。

在工作分析中,有些信息需要实地去收集,而有些现存的背景资料对于工作分析也是非常重要的,不能忽视。信息分析包括对工作信息的调查收集、记录描述、分解比较、衡量、综合归纳与分类。

对工作分析有参考价值的背景资料主要包括:国家职业分类标准或国际职业分类标准,有关整个组织的信息(包括组织机构图、工作流程图、部门职能说明等),以及现有的职位说明或有关职位描述的信息。

1. 职业分类标准

职业分类是采用一定的标准,依据一定的分类原则,对从业人员所从事的各种社会职业进行全面、系统地划分归类。职业分类的基本依据是工作性质的同一性。我国的职业分类大典中将职业分为大类、中类、小类和细类4个层次,依次体现由粗到细的职业类别。我国的职业分类体系借鉴国际标准职业分类体系,将职业分为8个大类、66个中类、413个小类和1838个细类。每一个层次都有不同的划分原则和方法。大类层次的职业分类是依据工作性质的同一性,并考虑相应的能力水平进行分类的;中类层次的职业分类是在大类的范围内,根据工作任务和分工的同一性进行的;小类的职业分类是在中类的范围内,按照工作环境、功能及其相互关系的同一性进行的;细类的职业分类即为职业的划分和归类,它是在小类的基础上,按照工作分析的方法,根据工艺技术、对象、操作流程和方法的相似同一性进行分类的。

职业的细类主要是根据工作分析方法得出的,它是在许多不同组织中进行工作分析的结果的总结。因此,关于职业细类的描述对于进行工作分析非常重要。职业分类词典,对每个职业的功能按照对资料、对人、对物的关系进行标准化编码(见表7-2)。

表7-2 职业功能编码标度

	资料	人	物
复杂 ↕ 简单	0 综合 1 调整 2 分析 3 汇编 4 加工 5 复制 6 比较 7 服务	0 指导 1 谈判 2 教育 3 监督 4 转换 5 劝解 6 交谈-示意 7 服务 8 接受指示、帮助	0 创造 1 精密加工 2 操作控制 3 驾驶、操作 4 处理 5 照料 6 反馈-回馈 7 掌握

下面是职业分类词典中关于出纳职位的描述。

> **阅读材料**
>
> **211.362-18 出纳(财务人员)**
>
> 1、收进和支出资金,并保存资金的记录和财务交易中的可转让票据。
>
> 2、接收现金和支票并存在银行中,核对数目,检查支票背书。核对签名和余额之后将支票兑现。将交易的记录输入计算机,并出具计算机生成的收据。安排日常的现金供应,计算将要入账的现金。平衡现金支票,对账。开新账户,提取存款。使用打字机、复印机,准备支票和其他财务文件。
>
> GOE:07.03.01　　　STRENGTH:L　　　GED:R4 M3 L3　　　SVP:5

在上面的职位描述中,数字"211.362-18"表示的是职业代码。前三位数字表示的是分类编码。第4到第6位表示的是对职位所从事的活动的评定,其中:第4位表示与资料的关系,第5位表示与人的关系,第6位表示与物的关系。在上面这个"出纳"职位中,与资料的关系是"3 汇编",与人的关系是"6 交谈-示意",与物的关系是"2 操作控制"。在最后一行的符号和数字中,"GOE"表示按照职业兴趣、能力倾向等对职业进行的分类,"07.03.01"表示的是"商业细节、财务细节、付出与收进"。"STRENGTH"表示职业所需的体力程度,"L"指轻度体力活动。"GED"表示教育程度,"R"表示推理能力水平,"M"表示数学能力水平,"L"表示语言能力水平。最高分均为6分,6分表示最高的教育水平,1分表示最低的教育水平。"SVP"表示从事该职业所需的经验,"5"表示6个月到1年的经验。

在进行工作分析时,首先可以查阅职业分类词典,找到类似的职位描述,除非所要分析的职位是全新的职位。但一定要注意,不可照搬现有的资料,只可将现有的资料作为参考,因为职业分类词典中的职位描述并不是针对某个具体组织中的职位。很多情况下,在不同的组织中,名称相同的职位其具体的职责、任务、任职要求等都有很大的差异。因此,应针对具体组织中的实际情况做出具体的分析。

2. 组织中的有关资料

对工作进行分析时,组织中的一些资料是非常重要的。组织结构图是企业的流程运转、部门设置及职能规划等最基本的结构依据,常见的组织结构形式包括中央集权制、分权制、直线式以及矩阵式等。通过组织结构图,可以很清晰地理解各个职位在组织中的位置,如图7-2所示。

组织结构图表示的是部门或职位之间的一种静态联系。而工作流程图表明了部门或职位之间的一种动态联系。

工作流程图是通过适当的符号记录全部工作事项,用以描述工作活动流向顺序。它是用图的形式反映一个组织系统中各项工作之间的逻辑关系,用以描述工作流程之间的联系与统一的关系。工作流程图由一个开始点、一个结束点及若干中间环节组成,中间环节的每个分支也都要求有明确的分支判断条件。所以,工作流程图对于工作标准化有很

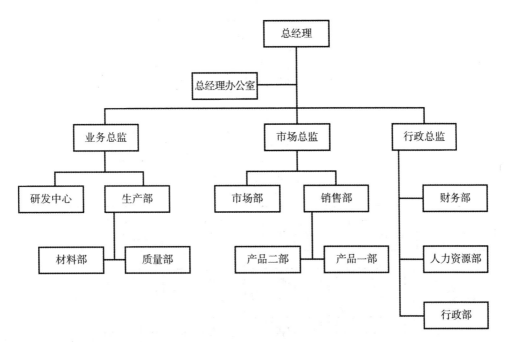

图7-2 组织结构图

大的帮助。工作流程图可以帮助管理者了解实际工作活动,消除工作过程中多余的工作环节、合并同类活动,使工作流程更为经济、合理和简便,从而提高工作效率。

图7-3是一个人力资源的工作流程图,空白处可自行填写相对应的资料。

除此之外,组织中各个部门的职务说明书也是进行工作分析时非常有用的资料。职务说明书是工作分析人员根据某项职务工作的物质和环境特点,对工作人员必须具备的生理和心理需求进行的详细说明。它是职务分析的结果,是经职务分析形成的书面文件。通常,部门职务说明书如下表7-3所示。

表7-3 部门职能说明书

人力资源部职能说明书					
部门名称	人力资源部	部门负责人	人力资源部经理	直接主管	行政副总
职位设置 人力资源部经理、招聘专员、培训专员、薪酬福利专员					
部门使命	人力资源部负责建立和健全人力资源开发和管理体系,并确保其得到持续、有效的实施发展,为各部门提供人力资源管理服务和支持				
部门主要职能	拟定人力资源管理规范 制定人力资源规划,进行人力资源需求分析 实施工作分析,编写岗位说明书 实施人员招募、甄选、评估工作 组织实施集团的绩效考核工作 建立与调整薪酬福利体系 分析培训需求,拟定培训计划,组织实施培训				

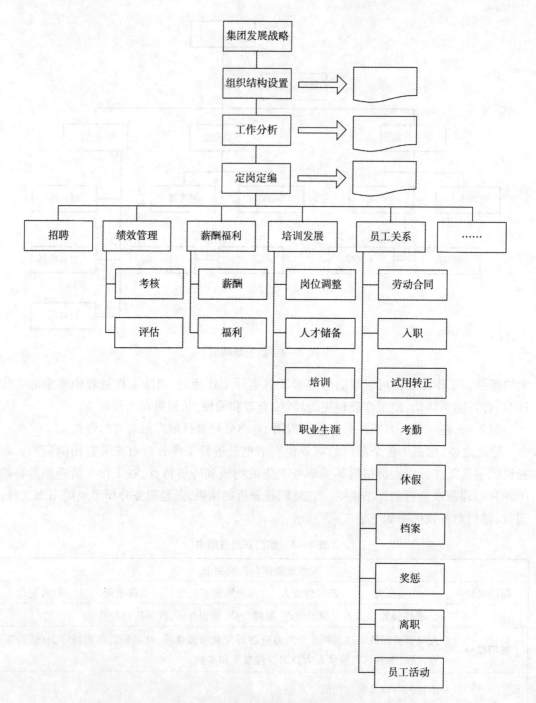

图 7-3 人力资源部工作流程图

(四)确定收集的信息

从对现有资料的分析中,我们已经得到了一些关于所要分析的职位的基本信息。但是,关于职位的最关键的大量信息往往不是从现有资料中可以获得的,需要从实地调查研究中得到。在实施工作分析调研之前,我们需要事先考虑收集哪些信息。确定要收集哪些信息,可以从以下几方面加以考虑:

(1)根据工作分析目的和侧重点,确定要收集哪些信息。

(2)根据对现有资料的研究,找出需重点调研的进一步信息或需进一步澄清的信息。

(3)按照6W1H的内容考虑需要收集的信息。

(五)选择收集信息的方法

收集信息的方法多种多样,有定性的方法,也有定量的方法;有以考察工作为中心的方法,也有以考察任职特征为中心的方法。那么,在具体进行工作分析时,如何选择最有效的方法呢?

在选择收集工作信息的方法时,首先要考虑工作分析所要达到的目标。当工作分析需要达到不同的目标时,使用的方法也有所不同。例如,当工作分析用于招聘时,就应该选用关注任职者特征的方法,当工作分析关注薪酬体系的建立时,就应当选用定量的方法,以便对不同工作的价值进行比较。其次,选择收集工作信息的方法时,要考虑所分析的职位的不同特点。例如,有的职位的活动比较外显,以操作机械设备为主,那么这样的职位就可以使用现场观察法;而有的职位的活动以内隐的脑力活动为主,不易进行观察,那么运用观察法对这样的职位收集工作信息就不适合。

一般来说,工作分析主要有资料分析法、问卷调查法、面谈法、现场观察法、关键事件法等。这几种工作分析方法各有利弊,如观察法要求观察者需要足够的实际操作经验,虽可了解广泛、客观的信息,但它不适于工作循环周期很长的、脑力劳动的工作,偶然、突发性工作也不易观察,且不能获得有关任职者要求的信息。面谈法是一种通过工作分析专家与管理岗位上的在职人员的面谈,对管理工作进行分析的方法,它主要用于对工作评估和报偿系统,利用它组织可以提高员工管理、招聘、绩效评估的水平,可以使管理者更加容易地参照责任标准检查工作的执行情况,继而给予合理的报偿。面谈法易于控制,可获得更多的职务信息,适用于对文字理解有困难的人,但分析者的观点会影响对工作信息的判断,面谈者易从自身利益考虑而导致工作信息失真,职务分析者问些含糊不清的问题会影响信息收集,且不能单独使用,要与其他方法连用。问卷法费用低、速度快,节省时间,不影响工作,调查范围广,可用于多种目的的职务分析。缺点是需经说明,否则会因为理解不同产生信息误差。采用工作实践法,分析者可直接亲自体验,获得真实信息;但只适用于短期内可掌握的工作,不适于需进行大量的训练或有危险性工作的分析。典型事件法直接描述工作中的具体活动,可提示工作的动态性,所研究的工作可观察、衡量,故所需资料适应于大部分工作;但归纳事例需耗大量时间,易遗漏一些不显著的工作行为,难以把握整个工作实体。人力资源管理者除要根据工作分析方法本身的优缺点来选取外,还要根据工作分析的对象来选择方法,比如针对管理者的工作分析可选取MPDQ和面谈法。MPDQ是一种管理职位描述问卷方法,它是一种以工作为中心的工作分析方法,是国外近年的研究成果。这种问卷法是对管理者的工作进行定量化测试的方法,它涉及管理者所关心的问题、所承担的责任、所受的限制及管理者工作所具备的各种特征,共 197 项问题,分为 13 类:产品、市场与财务规划;与其他组织与人员的协调;组织内部管理控制;组织的产品与服务责任;公众与顾客的关系;高级咨询;行为的自治;财务委托的认可;员工服务;员工监督;工作的复杂性与压力;高层财务管理责任;海外员工人事管理责任。

二、工作分析的实施阶段

经过了充分的准备工作之后,就可以进入工作分析的具体实施阶段了。在实施阶段,主要进行的几项工作有:与采纳和工作分析有关的人员进行沟通;制订具体的实施操作计划;实际收集和分析工作信息。

(一)与相关工作人员的沟通

工作分析需要深入每个具体的工作职位上,对每个职位都有全面而准确的了解,以便最终形成一份精确的工作说明书。在进行这项工作的过程中,必然要同大量的工作任职者和管理者发生关系,因此赢得他们的理解和支持是非常必要且重要的。

在开始实施工作分析时,需要与所涉及的人员进行沟通。这种沟通一般可以以召开员工会议的形式进行,在会上由工作分析小组成员对有关人员进行功能宣讲。但无论采取何种方式,都必须围绕员工的心理,以消除员工的恐惧感为目的进行。

具体而言,与参与工作分析的有关人员进行沟通主要有以下目的:

1. 消除员工的戒备心理

由于在工作中被人面对面地仔细观察时,员工往往会产生出于本能的关注和不安,最有名的例子就是霍桑实验。因此让参与工作分析的有关人员了解工作分析的目的和意义,消除其内心的焦虑和压力,争取他们在实际收集信息时的支持与合作是必要的。为了达到这个目的,可以向他们介绍工作分析对于开展工作的意义、对于管理工作的好处,以提高他们的兴趣。另外,还要澄清他们对工作分析的一些认识。例如,要让他们认识到工作分析的目标是针对工作的,而不是评估工作任职者的表现,消除他们不必要的担心。

2. 采取适当的步骤

工作分析人员在进行工作分析时,应把工作分析的步骤告诉参与的员工以安定员工的心理。员工在进行工作时,如果不知道工作分析的步骤,就会有急躁的情绪。告诉他们工作分析的步骤,就可以使参与的员工积极配合,最终使工作分析得以协调地进行。

3. 合理安排时间

要让参与工作分析的员工了解分析大致需要进行多长时间、大概的时间进度是怎样的。这样,他们就会了解自己大概会在什么时候、花费多少时间进行配合,便于他们事先做好安排。

4. 使用正确的方法

让参加工作分析的有关人员初步了解工作分析中可能会使用到的方法,以及在各种方法中他们需要如何进行配合、如何提供信息,会使收集的信息更加有效。

5. 选择参与的方式

工作分析人员在进行工作分析时,容易与员工产生隔阂。在这种情况下,告诉他们如何参与及有问题应找谁帮助,可以减少阻力,使得工作分析顺利进行。

(二)制订具体的实施操作计划

在工作分析的准备阶段,已经有了工作分析的实施方案。但这样的方案,往往只提供了大致的计划,在具体实施时,还应该有更细致的操作计划。

在实施的操作计划中,应该列出具体的精确的时间,具体到在每一个时间段,每个人的具体职责和任务是什么。对于接受访谈或调研的人,也应事先制定好时间,以便其安排手头的工作或事务。

这一具体的实施操作计划,在执行的过程中可能还会做出一定的调整。一旦计划发生改变,应及时通知相关人员。

(三)实际收集与分析工作信息

这一阶段是整个工作分析过程的核心阶段。一般来说,对工作信息的收集和分析主要包括以下内容:

1. 职位名称分析

对职位名称进行分析时,应注意使职位名称标准化,并符合人们一般的理解,使人们通过职位名以了解职位的性质和内容。命名应准确、不易发生歧义;名称应有美感,切忌粗俗。

2. 工作内容分析

工作内容分析是为了全面地认识了解工作。其具体内容包括:

(1)工作任务。明确规定某职位所要完成的工作活动或任务,完成工作的程序与方法,所使用的设备和材料。

(2)工作责任与权限。以定量的方式确定工作的责任与权力。例如,财务审批的金额、准假的天数等。

(3)工作关系。了解和明确工作中的关联与协作关系。该职位会与哪些工作发生关联关系,会对哪些工作产生影响,受到哪些工作的制约,与谁发生协作关系,可以在哪些职位范围内进行晋升和岗位轮换。

(4)工作量。确定工作的标准活动量。规定劳动定额、绩效标准、工作循环周期等。

3. 工作环境分析

(1)工作的自然环境。包括环境中的温度、湿度、照明度、噪音、震动、异味、粉尘、辐射等,以及任职者与这些环境因素接触的时间。

(2)工作安全环境。主要包括工作的危险性,可能发生的事故、事故的发生率和发生原因,对身体的哪些部分造成危害及危害程度,易患的职业病、患病率及危害程度等。

(3)社会环境。主要包括工作地点的生活方便程度、环境的变化程度、环境的孤独程度、与他人交往的程度等。

4. 工作任职者的必备条件分析

确定工作任职者所应具有的最低资格条件。主要包括：

（1）必备的知识。具体包括最低学历要求，有关理论知识和技术的最低要求（例如，使用机器设备的操作方法、工艺流程、材料性能、安全知识、管理知和技能等），对有关的政策、法令、规定或文件的了解和掌握程度等。

（2）必备的经验。包括过去从事同类工作的时间和业绩，应接受的专门训练的程度，完成有关工作活动的实际能力等。

（3）必备的身体素质。工作任职者应具备的行走、跑步、攀、站立、平衡、旋转、弯腰、举重、推拉、体力、耐力、手指与手臂的灵巧性、手眼协调性、感觉辨别力等。

（4）必备的操作能力。通过典型的操作来规定从事该职位的工作所需的注意力、判断力、记忆力、组织能力、创造能力、决策能力等。

（5）必备的个性特征。工作任职者应具备的细心、沉着、诚实、主动性、责任感、支配性、情绪稳定性等方面的特点。

另外，在分析阶段，还需注意仔细审核、整理获得的各种信息，创造性地分析、发现有关工作和工作人员的关键问题，以及归纳、总结出工作分析必需的材料和要素。

三、工作分析的方法

（一）问卷法

1. 问卷法简介

问卷法是工作分析中最常用的一种方法，就是采用问卷来获取工作分析中的信息，以实现工作分析的目的。问卷可以是结构化的，也可以是开放性的。问题大多要求被调查者对各种工作行为、工作特征和工作人员特征的重要性或频率评定等级。

问卷法可以分为两种：通用性问卷和指定性问卷。前者的内容具有普遍性，后者的内容只适用于特定的工作，多数情况下会把这两类问题放在一张问卷中。

2. 问卷法的优缺点

优点是①问卷法可以扩大分析的样本量，比较适用于需要对很多工作进行分析的情况，而且费用低、速度快、节省时间和人力。②问卷可以在工作之余填写，不至于影响正常的工作。③分析的资料可以数量化，由计算机进行数据处理。④问卷法可用于多种目的、多种用途的工作分析。

缺点是①设计理想的调查问卷要花费大量的时间、人力和物力，问卷本身的质量对工作分析的质量有至关重要的影响。②可控性比较差，可能因为被调查者对问卷的理解不同（或者由于理解能力和表达能力的限制）而产生信息误差。如果调查表是由工作人员单独填写的，则由于缺乏交流，被调查者可能会不予重视、不积极配合、不认真填写，从而影响调查的质量。③问卷法不容易了解对象的态度和动机等较深层次的信息。

> 阅读材料

某公司职位调查问卷

本调查问卷由任职人填写,填写后交上级主管签署意见,并送人事部门审核。

职位名称_____ 编号_____ 日期_____

班组名称_____ 部门_____

姓名_____ 性别_____

主管的职位名称_____

主管的姓名_____

上级的评语:_____

担任现职者对调查表的回答是否准确描述了工作要求?是_____否_____

如果没有,请说明并列出重要的遗漏项目或多余的项目_____
_____

日期_____ 职务_____ 签名_____

答题须知:

请您按照工作职位的实际要求答题,请不要以任何个人的因素来衡量。

选择题类,请于选定项字母或□前打√;问答题类,请于指定位置写出您的答案。

1. 本职位所需教育程度

 A. 初中(含)以下 B. 高中职技 C. 大专 D. 本科 E. 研究生以上

2. 本职位所需外语语种_____,外语程度要求

 A. 无须 B. 书面通 C. 书面及口语略通 D. 精通

3. 本职位所需汉语表达能力

 A. 不限 B. 普通话口头能力强

 C. 书面及口头能力强 D. 极强的文字功底

4. 本职位所需户籍所在地

 A. 本地户口 B. 不限

5. 本职位所需其专业的工作经验

 A. 6个月以下 B. 6个月—2年 C. 2—5年 D. 5年以上

6. 本职位应用哪种设备_____,设备、工具、仪器需要的应用能力为

 A. 搬运 B. 操作

 C. 操作及维修 D. 软硬件设计

7. 本职位对设备、工具、仪器的责任

 A. 不易损失 B. 有时损失需一般防范

 C. 容易损失需密切防范 D. 难免损失需严加防范

8. 本职位对材料、在制品、成本的责任
   A. 不易损坏　　　　　　　　　　B. 有时损坏需一般防范
   C. 容易损坏需密切防范　　　　　D. 难免损坏需严加防范
9. 本职位直接督导范围(人数)
   A. 0　　　B. 1—4　　　C. 5—10　　　D. 11—20　　　E. 21人以上
10. 职位间接督导范围(人数)
    A. 0　　　B. 1—20　　　C. 21—100　　　D. 101—300　　　E. 301人以上
11. 本职位管理工作中的责任及能达到的程度(一般员工可不答此题)
    A. 要负责分派工作,按规定检查工作成果,达成目标
    B. 要能很快熟悉接受新的工作,排定计划
    C. 要能解决工作中的矛盾,安排不同部门的活动以达成目标
    D. 要能有效分配组织资源,做出最佳激励政策,确保员工与公司的最大利益
12. 本工作所需的行政专业能力
    A. 例行性、重复性工作
    B. 例行性工作,偶尔需要个案处理
    C. 需要依经验改进技巧解决复杂问题
    D. 需要调查分析研究解决问题
13. 本工作的责任
    A. 按上级指示工作,上级对结果负责
    B. 根据计划进度,安排自己工作,根据内部原则工作
    C. 安排计划,分析结果决策可能与上级协商
    D. 有下属单位,需要制定公司目标和政策
14. 本工作职能对公司的影响范围
    A. 例行性工作,如果出错容易发现,错误对公司基本无影响
    B. 有限范围内协调工作,错误不易发现,错误对公司有些损害
    C. 职责对公司单位功能及本部门任务完成有一定的影响力
    D. 负责一个部门以上功能,本部门最高主管不在时,负责本单位
15. 本工作所需的人际关系能力
    A. 普通技巧　　　　　　B. 良好技巧　　　　　　C. 高度技巧
16. 所需体力及感官能力
    A. 不限　　　　　　　　B. 体力强　　　　　　　C. 敏捷而有力
    D. 身体素质强且五官感知力强
17. 所需资料处理能力
    A. 传递　　　　　　　　B. 记录整理及传递
    C. 依据常规做相关的技术性改进
    D. 需调研分析、评估与创新

18. 所需领导力
A. 无须　　　　B. 一般　　　　C. 较强　　　　D. 极强
19. 所需计划力
A. 无须　　　　B. 一般　　　　C. 较强　　　　D. 极强
20. 所需创新力
A. 无须　　　　B. 一般　　　　C. 较强　　　　D. 极强
21. 所需掌握事物能力
A. 无须　　B. 经过长时间可掌握　　C. 很快能掌握　　D. 一接触就掌握
22. 列出您的主要工作责任,至少 8—10 条(请按照主次顺序说明,用词要精确,不要模棱两可,不要官话套话),以及每项责任的重要程度(%)和所用时间(%)

23. 举例说明您的工作中常发生的关键事件、发生频率及每次的持续时间
　　关键事件　　　　　　　发生频率　　　　　　持续时间/次
24. 说明您的服务对象或客户是谁?工作中需要和哪些部门、哪些人合作?频率怎样?
　　服务对象/客户　　　　　需合作部门/人　　　　频率

25. 您的工作还需要哪些特长?需要什么证照?

26. 请描述您的工作地点及工作环境
　　工作地点:□办公室　□80%室内　□60%室外　□60%出差　□常年出差
　　工作环境:
　　　温度　□40度以上　□30—40度　□20—30度　□10—20度　□10度以下
　　　光线　□明亮　□一般　□较暗　□漆黑
　　　卫生　□清洁　□基本清洁　□一般　□较脏　□很脏
　　　危险　□无　□基本无危险　□比较危险　□非常危险
　　　空气　□清新　□普通　□较差　□极差
　　　其他:
27. 您的工作有哪些决策责任(说明您要做哪些决定,及决定会产生哪些影响)
　　决策责任:
　　决策影响:

28. 您还有其他需要表达的吗?

感谢您认真阅读本问卷!祝您工作顺利!

(二)面谈法

1. 面谈法简介

面谈法是由分析人员分别访问工作人员本人或其主管人员,以了解工作说明中原来填写的各项目的正确性,或对原填写事项有所疑问,以面谈方式加以澄清的方法。因此,面谈法的作用一是获得观察法所不能获取的资料,而是对已获得的资料加以证实。

2. 面谈法的优缺点

优点是用这种方法可以获得标准和非标准的资料,也可获得体力和脑力劳动的资料。由于工作者本身也是自己行为的观察者,因此,他可以常常提供不易观察到的情况。总之,工作者可以提供从任何其他来源都无法获得的资料。

缺点是分析人员对某一工作固有的观念会影响对分析结果的正确判断。而工作者,可能出于自身利益的考虑,采取不合作的态度或有意无意地夸大自己所从事工作的重要性、复杂性,导致工作信息失真。若分析人员和被调查者相互不信任,应用该方法具有一定的危险性。因此,面谈法不能单独作为信息收集的方法,只适合与其他方法一起使用。

3. 面谈法的内容与形式

面谈的内容主要有:

(1)工作目标。组织为什么设立这一职务,根据什么确定对职务的报酬。

(2)工作内容。任职者在组织中有多大的作用,其行动对组织产生的后果有多大。

(3)工作的性质和范围,这也是面谈的核心。主要了解该工作在组织中的关系,其上下属职能的关系,所需的一般技术知识、管理知识、人际关系知识,需要解决问题的性质,以及自主权。

(4)所负责任,涉及组织、战略政策、控制、执行等方面。

面谈的形式可分为个人面谈、集体面谈和管理人员面谈三种。由于有些工作可能主管与现职人员的说明不同,分析人员必须把双方的资料合并在一起,予以独立的观察。这不仅需要运用科学的方法,还需要有可被人接受的人际关系技能。因此,应该综合运用这三种方式,这样才能对工作分析真正做到透彻了解。

(三)观察法

1. 观察法简介

观察法是指有经验的分析者根据一定的研究目的、研究提纲或观察表,用自己的感官和辅助工具去直接观察被分析对象,从而获得资料的一种方法。科学的观察具有目的性和计划性、系统性和可重复性。常见的观察方法有核对清单法、级别量表法和记叙性描述。观察一般利用眼睛、耳朵等感觉器官去感知观察对象。由于人的感觉器官具有一定的局限性,观察者往往要借助各种现代化的仪器和手段,如照相机、录音机、显微录像机等来辅助观察。

2. 观察法的优缺点

优点是:

(1)通过观察法可以了解广泛的信息,如工作活动的内容、工作中的正式行为和非正式行为、工作人员的士气等。

（2）观察法所收集到的资料多为第一手资料，基本排除了主观因素的影响，比较客观和公正。例如，一些银行规定顾客存款从登记、核对到结束服务的总过程不得超过两分钟，这就是对银行工作人员进行时间—动作观察研究的结果。

（3）观察法适用于大量标准化的、周期短的、体力活动为主的工作。

缺点是：

（1）它不适用于脑力劳动为主的工作，也不适用于处理紧急情况的间歇性工作。因为这些工作包括许多思想和心理活动，需要运用分析能力并且带有创造性，不容易使用观察法，如教师、律师、医生等的工作。

（2）观察法所取得的资料的可信度会受到被观察对象的影响。这是因为，被观察的员工的行为表现会出现跟平时不一致的情况，在被观察的情况下，喜欢炫耀自己的员工会有出色的表现，有的员工则会因为情绪紧张而影响其能力的发挥；多数被观察者都会认为，被观察时的表现与工资的评定有关，因而总是全力以赴。这些都会影响分析人员对真实情况的了解。

（3）观察法的工作量比较大，要消耗大量的人力和财力，时间也比较长，这在工序复杂的大型企业里尤为明显。

（4）有关任职资格要求方面的信息，很难通过观察法获得。

（四）其他信息采集方法

1. 工作日志法

工作日志法，就是由工作者本人按工作日志的形式，详细地记录自己在一定工作周期内（通常是一个工作日）的工作内容、消耗的时间，以及责任、权利、人际关系、工作负荷、感受等，然后在此基础上进行综合分析，以实现工作分析目的的一种方法（如表7-4）。

这种方法的基本依据是：工作者本人对所从事工作的情况、要求最为了解。例如，有一家公共关系公司有几十名业务员，他们每天管理某一方面顾客的业务。对其进行工作分析时，采用面谈法所得到的结果及其他调查结果经常高估其主要工作，人事部门建议采用工作日志法。一开始大多数业务员拒绝执行，后经说明，同意试一个月，结果不仅人事部门获得了所需信息，业务员们也了解到工作时间是怎么分配的，从而找到了改进工作的方向。

表7-4 工作日志法示例

序号	工作活动名称	工作活动的程序	权限	时间消耗	备注
1	复印文件	审核领导签字—复印—登记	执行	45分钟	例行
2	开介绍信	审核领导签字—开信—登记	执行	15分钟	例行
3	起草公文	领会领导意图—撰写—修改—提交	需报审	2小时	偶然
4	送公文	亲送—收件人签收	委托负责	40分钟	例行

2. 工作实践法

工作实践法就是指工作分析人员通过直接参与某项工作来深入细致地体验、了解所分析工作的特点和要求的方法。

工作实践法的优点是：当一些有经验的员工，由于不善于表达或者并不了解自己完成任务的方式等原因，无法提供有效的工作分析信息时，工作分析者的亲自参与可以获得第一手的工作分析信息。工作实践法还可以确保收集信息的真实性和全面性。

工作实践法的缺点也是十分明显的，例如，对于一些危险的工作，就不适合用这种方法实地收集信息；对于现代企业中许多高度专业化的工作，工作分析者往往由于不具备从事某项工作的知识和技巧，因此无法参与实践。

3. 关键事件法

关键事件，也称典型事件，是指使实际工作成功或者失败、对实际工作特别有效或者无效的工作者的行为。当大量的这类事例收集起来后，按照他们所描述的工作领域进行归纳分类，最后就会对实际工作的要求有一个非常清楚的了解。关键事件法就是由工作分析人员向一些对某工作各方面情况比较了解的人员进行调查，要求他们描述该职务半年或一年内能够观察到并能反映其绩效好坏的一系列事件（关键事件）来获得工作信息，从而达到工作分析的目的的方法。

第三节 工作分析信息量化的方法

本节所讲的信息量化是指围绕着工作分析收集来的数据统计、分析而展开的关于标准的规范化的科学问卷的设计、使用和计算的全过程。在前面一节里面介绍了几种工作分析信息采集的方法，这些方法具有广泛的适用性，但当工作分析的目的是要决定组织内部的薪酬水平和薪酬关系时，就必须对这些信息进行量化处理来区分各项工作。因而本节选择了几种具有代表性的问卷方法。根据问卷的特点，本章重点介绍以人员为导向的职务分析问卷法和管理人员职务描述问卷。

一、职务分析问卷法

（一）概述

职务分析问卷（Position Analysis Questionnaire，PAQ）是19世纪50年代末期为分析一系列广泛的职位而开发出的工作分析系统。其产生伊始是为了实现当时社会上亟待实现的两个目标：①开发一种一般性的、可量化的方法，用以准确确定工作的任职资格；②开发一种量化的方法，用来估计每个工作的价值，进而为制订薪酬提供依据。因此，PAQ在研发之初即试图能够分析所有的工作。而在纷繁复杂的工作中，只有人的行为是共通的，所以 PAQ 的定位是人员倾向性的,即从普遍的工人行为角度来描述工作是如何被完成的,它可用于多种职位类型。

确切地说,PAQ 是通过标准化、结构化的问卷形式来收集工作信息的。它表现了一般的工作行为、工作条件或职位特征。具体来说,它收集了六大类信息。

(1) 信息来源:工人从哪儿以及如何获得执行工作所需的信息;
(2) 智力过程:执行工作所涉及的推理、决策、计划和信息处理活动;
(3) 工作产出:工人执行工作时所使用的身体活动、工具以及方法;
(4) 人际关系:执行工作所要求的与他人之间的关系;
(5) 工作背景:执行工作的物理和社会背景;
(6) 其他职位特征:其他与工作相关的活动、条件和特征。

其中,前三类信息被认为是与传统的行为模式相对应的,即行为过程由刺激(S)、机体(O)和反应(R)组成,如下所示:

信息输入(S)——信息处理与决策(O)——动作与反应(R)

因此,PAQ 要素所描述的是包含在工作活动中的人的行为,诸如工作中人的感觉、知觉、智力发挥、体力消耗和人际活动等。在实际操作过程中,PAQ 可根据需要选择 A、B 两种模式。其中,样式 A 包括 189 个工作要素,样式 B 包括 191 个工作要素。对此,详细的说明和工作举例分别见表 7–5、表 7–6。

表 7–5 样式 A 的结构

类别(纬度)	说明	工作要素举例
信息来源	任职者使用的信息来源是什么?包含哪些感觉和感性能力?	书面材料
智力过程	工作中包含哪些判断、推理、决策、信息加工等思考过程?	编码、译码
工作产出	任职者运用的明显体力活动是什么?	键盘的使用
人际关系	人际活动与职务的关系是什么?	交谈
工作背景	任职者在什么样的物理条件和社会条件下工作?工作伴随的社会和心理状况是什么?	高温作业
其他职位特征	其他方面	从事重复性工作

表 7–6 样式 B 的结构

类别(纬度)	说明	工作要素举例
信息来源	任职者在哪里,以及怎样获得工作时所使用的信息?	数据材料的使用
智力过程	工作中包含哪些判断、推理、决策、信息处理活动?	决策水平
工作产出	任职者从事何种体力活动?应用哪些工具和设备?	设备的控制
人际关系	工作过程中与其他任职者的关系是什么?	代码交流

续表

类别(纬度)	说明	工作要素举例
工作背景	工作在何种物理和社会背景下进行?	空气污染程度
其他职位特征	和工作相关的、又不属于上述任何类别的活动、条件或特征还有哪些?	着装

(二)职务分析问卷的操作过程与关键控制点

图7-4列出了PAQ实施的基本步骤和策略,但是,由于PAQ问卷本身的特殊性及分析结果的广泛应用性,我们在实际操作过程中需要注意其中的一些细节,以保证工作分析结果的准确性与适用性。

明确工作分析的目的——→赢得组织的支持——→确定信息收集的范围与方式——→培训PAQ分析人员——→与员工沟通整个项目——→收集信息并编码——→分析工作分析的结果

图7-4 PAQ实施的基本步骤和策略

1. 明确工作分析的目的

毋庸置疑,工作分析本身并不是目的,即无论任何组织,其实施PAQ方法或者完成若干份PAQ问卷都不是工作分析的目的所在,应用工作分析的结果更好地实现某些人力资源管理的职能才是工作分析的最终目的。工作分析是一项基础活动,一般来说,组织进行工作分析都希望达到多种目的或是实现多种人力资源管理职能,诸如进行工作评价、建立甄选或晋升标准、确定培训需求、建立绩效评价系统或设计职业生涯发展规划等。但在具体进行一项工作分析时,还是要有非常明确的或者说是主要的目标。

2. 赢得组织的支持

熟悉组织环境并赢得组织管理层的支持,对使用任何一种方法进行工作分析都是必不可少的部分。对于PAQ系统来说,有它需要特别注意的地方。首先,要明确组织的环境和文化。针对不同的组织文化选择不同的数据收集方式能提高效率。有的组织偏向于在数据收集过程中尽量少地接触任职人员,有的组织则希望任职人员能全面地参与到工作分析的过程中来。虽然两种情况下都能运用PAQ进行工作分析,但是明确组织的倾向是正确使用PAQ的前提。其次,对一些组织而言,另一个需要认真考虑的重要因素是,确定工作分析是从高级职位往下展开,还是从低级职位往上推进。另外,还要考虑是否需要在大范围开展工作分析前进行预测试;是否存在普遍受到认同的部门,以便从它开始进行信息收集。

一旦与组织相关的因素都明确后,便能确定将被分析的目标工作以及收集PAQ数据的内容和特定方式。然后,制定具体方案供组织管理人员审阅并得到他们的支持。

获得组织管理层的支持至关重要,因为只有获得管理层的重视与支持,才有可能得到全体员工的关注与配合,才能更好地和员工沟通,得到相对全面、准确的信息。而且,需要向管理人员强调的是,用 PAQ 进行工作分析是从行为的视角,而不从某位任职人员的实际绩效角度进行,即要使管理人员明确,对工作行为进行分析并不等同于对工作绩效或对某一任职人员的工作能力进行分析,而这正是 PAQ 的独特之处。

3. 确定信息收集的范围与方式

PAQ 具有多种不同的方式,但是概括起来,无非是因为对以下两个问题的回答不同导致了不同的选择:第一,谁来收集数据？第二,谁是工作信息的提供者？

首先,就第一个问题来说,挑选工作分析人员(以下也称 PAQ 分析人员)运用 PAQ 系统对工作内容进行处理,从而收集 PAQ 资料可以有多种不同的选择。一般说来,一人或者三人组成的小组都可用于提供职位信息。具体来说,这些小组成员可以包括专业工作分析人员、任职人员及该工作的主管。其中,专业工作分析人员可能最有能力实施 PAQ。因为 PAQ 系统以行为为导向的特点及理解各种评价尺度存在一定的难度,所以由任职人员或者主管在没有指导的情况下完成 PAQ 的分析是不明智的。但是,如果由组织内的专业工作分析人员进行分析的话,通常也需要一定程度的培训。而如果使用任职人员或者该工作的主管作为分析人员的话,除了一定程度的培训之外,他们应该是那些了解被研究的工作(例如,拥有 6 个月或者以上的工作经验)并且拥有较强阅读和口头表达能力的个人(也可能要求访谈和观察技能)。大多数情况下,这些任职人员可能是白领人员而非操作性的工人或者蓝领工人。此外,也可以选择使用上述三种人员的任意组合作为工作分析小组的成员。

其次,就第二个问题而言,选择工作信息的提供者显然是与工作分析人员的确定相联系的。一旦选定了工作分析人员的类型,就必须识别出将提供工作信息的个体。通常,工作信息的提供者是拥有丰富工作经验的任职人员。假如任职人员拥有与被研究工作相关的最新经验,那么也可以使用他们。

4. 培训 PAQ 分析人员

培训 PAQ 分析人员,是为了提高收集到的信息的有效性。如前所述,无论采取什么样的数据收集方式,对 PAQ 分析人员进行 2—3 天的正式培训是必不可少的。

培训内容首先是熟悉工作分析本身、PAQ 问卷的内容与操作步骤；然后是培训分析人员收集数据的技巧,尤其是如何倾听任职人员的描述等。在熟悉理论知识之后,通常正规的培训都会带领分析人员尝试利用 PAQ 分析一份工作,然后就实际操作过程中遇到的问题进行讨论,以加深分析人员的理解、提高分析人员的操作能力并统一所有分析人员对 PAQ 项目及评价尺度的认识。

5. 与员工沟通整个项目

获得全体员工的支持是在组织中推行工作分析项目的另一重要环节。要获得员工的支持,首先要与员工沟通,让员工了解工作分析的目的与意义等。这样的沟通可以由组织的管理人员进行,也可以由人力资源管理的专家进行,还可以通过组织常用的沟通渠道,如公告栏或员工会议等进行。

需要传递给员工的基本信息包括:工作分析的目的、时间规划及数据收集过程的注意事项等。工作分析的目的通常是为了理顺工作职能、提高工作效率。时间规划包括整个项目的时间计划及分析结果的反馈时限等。关于数据收集过程,以下信息需要与员工共享,首先要向员工说明的是运用 PAQ 分析的内容是工作内容,而不是员工的工作绩效,也就是说,PAQ 问卷并不是关于工作知识的试卷,而是理顺工作内容的工作,以便消除员工的顾虑;然后,要向直接参与工作分析,即提供工作信息的任职者说明需要他们考虑的是为了完成工作任务和职责,他们需要做什么及需要运用什么工具和信息。

6. 收集信息并编码

在确定信息收集策略、培训工作分析人员以及与员工进行必要的沟通之后,便进入了实际的信息收集阶段。需要指出的是,步骤三中所确定的信息收集范围与方式——特别是工作分析人员的类型——将在很大程度上直接决定获取 PAQ 信息的具体方法,诸如访谈法、观察法、直接填写问卷法等。假设在步骤三中采取的是由工作分析专业人员填写PAQ、任职人员或和直接主管提供工作信息的方式,那么信息收集的具体方法可以是访谈法、观察法,或者两者相结合。就访谈法而言,由于 PAQ 措辞的一般性和相对晦涩,在访谈之前,工作分析小组可以根据 PAQ 的结构,以及被分析工作的实际情况,来设计补充的工作分析表格,然后再使用这些表格实施结构化访谈。

7. 分析工作分析的结果

在所有被分析职位的 PAQ 填写完毕后,不但可以明确各工作对人员的任职资格要求,而且可以根据需要进行其他分析。由于 PAQ 所收集的是经验性资料,所以一系列广泛的分析都是可以利用的,包括从简单的制表到更复杂的分析。例如,几项研究表明 PAQ 测定了 32 项具体的、13 项总体的工作纬度(这些纬度的可操作性定义请参见表 7-7),通过这些纬度可以对任何一项工作进行评分,一旦经过评价以后,工作内容的概况就可以建立起来并用于描述所分析职位的特征。因此,PAQ 使得通过应用工作纬度评分定量化地描述某一职位成为可能。接下来,这些纬度评分能够用于对职位所需的雇员任职资格进行直接评估,甚至进而用于开发和挑选出用于评价这些雇员任职资格的测试和其他甄选技术。在利用 PAQ 系统进行工作分析的实际操作过程中,可以根据实际需要灵活安排上述 7 个步骤。但是无论如何安排,都必须注意控制操作过程中的关键点。而且,只有对这些关键控点处理得当,才能取得更好的效果,达到预期的目的。

表 7-7 PAQ 中关于工作纬度的操作性定义

具体纬度	
类别一:信息来源	类别四:人际关系
解释所感觉到的	交流、判断有关的信息
使用各种信息来源	致力于一般的个人接触
注意获取信息的工具、材料	执行/监督/协调相关的活动
评价、判断所感觉到的	交换与职位相关的信息
意识到的环境条件	进行公共的/相关的个人接触
使用各种感官	

续表

具体纬度	
类别二：智力过程 做决策 处理信息	**类别五：工作背景** 在压力/不愉快的环境中工作 参与个人奋斗的情况 在危险的情况下工作
类别三：工作产出 使用机器、工具、设备 执行需要一般身体运动的活动 控制机器、过程 执行需要技能的、技术性的活动 执行手工控制的、相关的活动 使用复合设备、机器 执行操作、有关手工的活动 一般的身体协调	**类别六：其他职位特征** 工作不典型/白天时间表 在有条理的情况下工作 穿着随意/特定服饰 可变薪酬/薪资基础 工作不规律/规律的时间安排 在职位要求的环境下工作 执行结构性/非结构性的工作 警觉处于变化中的条件
总的纬度	
拥有决策、沟通及一般的责任；操作机器/设备；执行文职/相关的活动；执行技术性/相关的活动；执行服务性/相关的活动；工作规律的天数/其他工作时间表；执行常规的/重复性的活动；意识到工作环境；从事身体活动；监督/协调其他人；进行公共的/顾客/相关的接触；在不愉快的/危险的/费力的环境下工作；拥有非典型的时间表；随意的服饰风格	

二、管理人员职务描述问卷

（一）概述

管理人员职务描述问卷（Management Position Description Questionnaire，MPDQ）是专门针对管理人员设计的工作分析系统，是所有工作分析系统中最有针对性的一种系统。

管理人员在组织中的特殊地位使得专门针对管理人员的工作分析系统具有很高的价值。组织需要通过工作分析来明确各类管理人员的工作内容，以及各类管理工作之间的相同点和不同点。在这方面，管理人员职务描述问卷是最好的选择。

长期以来，系统研究管理工作的方法都比较少，这是因为：

（1）管理行为的复杂性与广泛性使得我们难以用简单的语言来加以描述；

（2）一些认知行为或思想活动都属于管理工作的重要组成部分，如制订计划的过程，但是这些行为和活动难以被详细地观察到；

（3）工作中所需要的处理人际关系的艺术，如领导下属的艺术，难以从行为上加以描述和界定；

（4）现有的工作分析系统都力求能够分析所有类型的工作，缺乏针对性，难以深入地针对管理人员这一特殊群体的特点进行分析。

研究者们认为，传统的工作分析系统难以抓住管理工作的实质，因此需要有一种与管理工作特点相适应的方法来更准确地分析管理岗位，管理人员职务分析问卷就是在这种背景下产生的。

MPDQ问卷是一种结构化的、工作导向的问卷，分析对象是管理职位和督导职位，由任职人员自己完成。它具有数量形式，能够通过电脑对问卷收集到的信息进行分析。

通过各种回答形式，MPDQ问卷能够提供关于管理职位的多种信息，如工作行为、工作联系、工作范围、决策过程、素质要求及上下级之间的汇报关系等。MPDQ问卷的分析结果将形成多种报告形式，从而应用到工作描述、工作比较、工作评价、管理人员开发、绩效评价、甄选/晋升及工作设计等人力资源管理职能中去。

（二）管理人员职务描述问卷的结构与分析报告

1. MPDQ问卷的内容

MPDQ问卷中所包含的题目被分为几部分，这些题目的分类通过因素分析来进行。通过因素分析，所有题目被划分为15个部分，每个部分都包含一定的相关题目（见表7-8）。

表7-8 MPDQ问卷结构

MPDQ问卷内容	题目数量	
	描述工作行为的题目数	其他内容的题目数
1. 一般信息	0	16
2. 决策	22	5
3. 计划与组织	27	0
4. 行政	21	0
5. 控制	17	0
6. 督导	24	0
7. 咨询与创新	20	0
8. 联系	16	0
9. 协作	18	0
10. 表现力	21	0
11. 监控商业指标	19	0
12. 综合评定	10	0

续表

MPDQ 问卷内容	题目数量	
	描述工作行为的题目数	其他内容的题目数
13. 知识技能与能力	0	31
14. 组织层级结构图	0	0
15. 评论	0	7
总计	215	59

对 MPDQ 问卷各部分内容的简要描述如下：

（1）一般信息部分：这部分收集的主要是被分析工作和职位的一般信息，比如，任职者的姓名、头衔和该工作的职能范围，同时还收集关于该工作和职位的人力资源管理职责、财务职责及其他主要职责的信息；另外，还包括管理人员下属的数量和类型、管理人员每年支配的财政预算等。

（2）决策部分：这部分包括两个要素，即决策背景与决策活动。决策背景描述与决策相关的背景因素，反映决策的复杂程度，可以为工作评价提供依据；决策活动反映整个决策过程中涉及的重要行为，可为工作描述和工作评价提供信息。

（3）计划与组织部分：这部分描述的内容是战略计划的制订和执行情况。

（4）行政部分：这部分主要对管理者的文件处理、写作、记录、公文管理等活动进行评估。

（5）控制部分：这部分内容包括跟踪、控制和分析项目运作、财务预算、产品生产和其他商业活动。

（6）督导部分：这部分描述的是与监督、指导下属相关的活动和行为。

（7）咨询与创新部分：这部分包括的内容属于技术性专家的行为。

（8）联系部分：包括两个矩阵，即内部联系矩阵和外部联系矩阵。收集的信息包括联系对象和联系目的。

（9）协作部分：这部分内容描述当工作存在内部联系时的行为，这种合作行为多存在于矩阵式组织和团队作业为主的组织。

（10）表现力部分：这部分内容描述的行为通常发生在营销活动、谈判活动和广告宣传活动之中。

（11）监控商业指标部分：包括监控财务指标、经济指标、市场指标的行为，多为高级经理人的职责。

（12）综合评定部分：这部分根据上述各部分将管理活动分为 10 种职能，要求问卷填写者估计这 10 种职能分别占整个工作时间多大比，以及它们的相对重要程度。

（13）知识技能和能力部分：这部分内容要求问卷填写者判断高效完成工作所需要达到的知识、技能和能力的熟练程度，包括对 31 种素质范围的评定。本部分还要求问卷填写者回答他们是否希望接受培训，如果希望接受，愿意接受哪一方面的培训。

（14）组织层级结构图部分：这部分给出了一般性的组织层级结构图，让问卷填写者填写他们的下属、同级、直接上级和上级的上级的职位。这部分的信息有助于薪酬专家快速确定某任职者在组织中的位置。

（15）评论部分：问卷的最后一部分要求问卷填写人员反馈对问卷的看法。他们首先要回答的问题是估计自己的工作有多大比例的内容被本问卷涵盖；其次，问卷设计了5个问题，让问卷填写人员评定问卷总体、问卷题目及问卷模式的质量和使用的难易程度等，然后，问卷填写者还要回答他们完成问卷所花费的时间；最后，问卷填写者需要回答是否存在本问卷没有涉及的重要活动，如果有，需要说明是什么活动，这个问卷将有助于收集到其他的重要信息，而且为MPDQ问卷将来的发展与修订提供依据。

2. MPDQ问卷分析报告

任何一个人力资源管理职能的关键目标之一都是为人力资源管理决策提供信息和理由，MPDQ问卷作为一种比较成熟的管理人员的工作分析工具，也应能达到这一目标。利用MPDQ问卷对工作进行分析，最终可以形成8份工作分析报告，这8份报告都有着规定的格式，可以用来支持人力资源决策的制定，这些决策可能包括人员招聘、工作评价、工作分类、培训、职业生涯设计及工作设计等。

这8份报告包括：

（1）管理职位描述：对管理职位进行详细的描述。包括对某个管理职位财务职能、人力资源管理职能、重要活动、人际关系，以及职位所要求的知识水平、技能和能力水平的描述。

（2）管理工作描述：与管理职位描述类似，但是它反映的是对一组人的工作内容进行复合性或一般性的描述。

（3）个体职位价值报告：该报告将通过与参照性职位的比较，对被分析的管理职位的管理工作因子进行说明，然后从工作评价因子出发，评价该职位的相对价值。

（4）团体工作价值报告：与个体职位价值报告类似，但是它反映的是对团体的工作进行价值评价。

（5）个体职位任职资格报告：该报告反映了被分析职位的每个管理绩效因子的重要程度，以及对于MPDQ问卷所包含的31项知识、技术、能力（KSAs），该职位要求达到什么样的熟练程度。

（6）团体工作任职资格报告：与个体职位任职资格报告类似，但是它反映的是团体工作的每个管理绩效因子的重要程度，以及对MPDQ问卷所包含的31项知识、技术、能力的要求。

（7）团体比较报告：一个以表格的形式制作的分析报告，该报告可以区别6个或6个以上团体的工作内容的相同点和不同点。

（8）与职位对应的绩效评价表：为评价员工绩效、制定员工发展规划而产生的表格形式的报告，该报告根据工作任职者对其所承担的工作任务的认知，对9个管理绩效因子的意义作了进一步界定。

第四节 工作分析的结果与应用

工作分析结果的表述形式有职位说明书、工作评价、资格说明书等。工作分析结果的运用指导主要包括对运用范围、原则与方法的规定。

一、职位说明书

(一)职位说明书的内容

职位说明书,又称为岗位说明书或职务说明书,是用文件形式来表达的工作分析的结果,基本内容包括工作描述和任职说明,工作描述一般用来表达工作内容、任务、职责、环境等,而任职者说明则用来表达任职者所需的资格要求,如技能、学历、训练、经验、体能等,如图7-5所示。

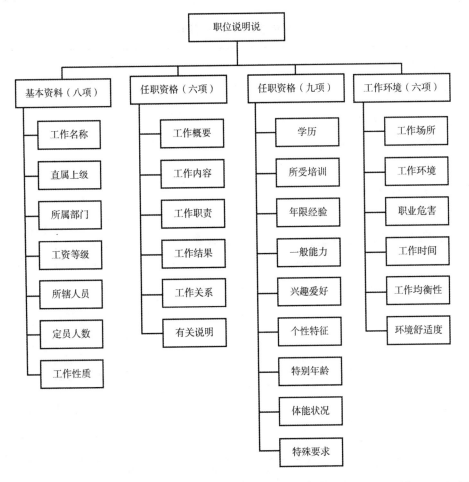

图7-5 职位说明书的内容示意图

职位说明书是表明企业期望员工做些什么、规定员工应该做些什么、应该怎么做和在什么样的情况下履行职责的总汇。因此,职位工作说明书最好是根据公司的具体情况进行制定,而且在编制时,要注重文字简单明了,并使用浅显易懂的文字填写;内容要越具体越好,避免形式化、书面化。另外,在实际工作当中,随着公司规模的不断扩大,职位说明书在制定之后,还有必要在一定的时间内进行一定程度的修正和补充,以便与公司的实际发展状况保持同步。而且,岗位工作说明书的基本格式,也要因不同的情况而异。

编写职位说明书时应注意:职位说明书的内容可依据工作分析的目标加以调整,内容可简可繁;职位说明书可以用表格形式表示,也可采用叙述型,但一般都应加注工作分析人员的姓名、人数栏目。职位说明书中,需个人填写的部分,应运用规范术语,字迹要清晰,力求简洁明了;使用浅显易懂的文字,用语要明确,不要模棱两可;评分等级的设定也要依实际情况决定;职位说明书用统一的格式,注意整体的协调,做到美观大方。职位相同的多个岗位并用同一份职位说明书。职位说明书的内容是说明该职位而不是某个人的工作。职位说明书不应该包括个人的优点或缺点。临时项目小组不需撰写职位说明书。

阅读材料

职位说明书格式示例

职位名称			所属部门	
职等职级		现有人数	直接上级签字	
直接下级职位			人事部批准	
本职工作:				
直接工作责任:				
编号	工作责任	发生频率	重要程度	占总业务量(%)
决策责任(非主管勿填)			产生的影响	

仪器工具设备：
操作能力：
工作关系：
工作地点与环境：
工作地点(必选)：□办公楼 □80%室内 □60%室外 □60%出差 □常年出差
温度：□40度以上 □30-40度 □20-30度 □10度以下
光线：□明亮 □一般 □较暗 □漆黑
卫生：□清洁 □基本清洁 □一般 □较脏 □很脏
危险：□无 □基本无危险 □比较危险 □非常危险
空气：□清新 □普通 □较差 □极差
其他(请手写)：
任职资格：
• (必选)本职位所需教育程度
□初中以下 □高中职技 □大专或本科 □研究生以上
• (必选)本职位所需外语语种(英语/日语)，外语程度
□不限 □书面通 □书面及口语略通 □精通
• 本职位所需汉语表达能力
□不限 □普通话 □书面及口头能力强 □极强的文字功底
• 本职位所需户籍所在地
□本市户籍 □不限
• 本职位所需其专业的工作经验
□6个月以下 □6个月—2年 □2—5年 □5年以上
• (必选)本职位应用哪种设备_____，设备、工具、仪器需要的应用能力为
□搬运 □操作 □操作及维修 □软硬件设计
• 本工作所需的人际关系能力
□普通技巧 □良好技巧 □高度技巧
• (必选)所需体力及感官能力
□不限 □体力强 □敏捷而有力 □身体素质强且五官感知力强

- 所需资料处理能力

  □ 传递　□ 记录整理及传递　□ 依据常规做相关的技术性改进　□ 需调研分析、评估与创新

- (非主管勿选)所需领导力

  □ 无须　□ 一般　□ 较强　□ 极强

- (非主管勿选)所需计划力

  □ 无须　□ 一般　□ 较强　□ 极强

- 所需创新力

  □ 无须　□ 一般　□ 较强　□ 极强

- 所需掌握事物能力

  □ 无须　□ 经过长时间可掌握　□ 很快能掌握　□ 一接触就掌握

- 所需证照(请手写)：
- 其他要求(请手写)：

(二)如何编写职位说明书

在编写职位说明书时，必须根据各部门职责编制各职位说明书。职位说明书制定的原则是直接上级为下属制定职位说明书。职位说明书实际上是传递了上级对下级的期望和要求，并且职位说明也要定期根据公司业务和战略的变化而不断更新和修订，所以说为下级制定职位说明书也是管理者的一项职责，同时也有利于规范管理。职位说明书包括职位名称、所属部门、报告关系、职位薪资等级、职位编号、编制日期、职位概要、职位位置、职责要求、关键绩效指标(KPI)、任职资格(资历、所需资格证书、知识技能要求、能力要求、素质要求)、工作联系、职业通道、签字确认。下面，我们将简要介绍如何一步步完成职位说明书的编制。

1. 如何填写"职位名称"

职位名称是对工作名称的进一步明确，规范职位的名称有利于进行职位管理。一般来说，我们将参照本职位的工作，对其进行概括，或按照惯例参照集团以往的称呼。例如，某单位管理课的课长称为"管理课长"，财务部的成本会计成为"成本会计"，人事部的中级事务员称为"人事中级事务员"。

2. 如何填写"所属部门"

所属部门是指该职位所属的机构或部门。其繁简程度是根据企业具体情况来定的，原则是应该写到该职位所属的最小组织细胞。

一般来说，我们可能会遇到以下几种情况：机构或公司的正职和副职填写所在机构或

公司的名称;各部门人员的所在部门填所在机构或公司及对应部门的名称;如果部门内还有处,则一般员工还应该写到属于哪个处。例如,某一般规模子公司人力资源部员工,填"子公司名称+人力资源部";如果部门很大,还分有各处,则招聘处的员工填"公司名称+人力资源部招聘处"。

3. 如何填写"报告关系"

报告关系指该职位的直接上级。一般会有以下几种情况:机构(包括子公司、分公司、事业部、分厂)或部门副职的直接上级是正职;各部门或机构正职的直接上级是对应的主管领导;各部门内人员的直接上级一般来讲都是该部门的正职;但如果部门内还有处,则处长的直接上级是部门正职,各处内的员工直接上级是该处处长。

4. 如何填写"职位薪资等级"

职位薪酬体系是对每个职位所要求的知识、技能及职责等因素的价值进行评估,根据评估结果将所有职位归入不同的薪酬等级,每个薪酬等级包含若干综合价值相近的一组职位。然后根据市场上同类职位的薪酬水平确定每个薪酬等级的工资率,并在此基础上设定每个薪酬等级的薪酬范围。而职位薪资等级是指该职位经过职位评估和薪酬设计后的薪资等级和级别的位置。

5. 如何填写"职位编号"

职位编号是指职位的代码,组织中的每个职位都应当能有一个代码。其编码的繁简程度视企业具体需要而定,职位编号的目的是便于快速查找所有的职位。

职位编码的步骤为:首先为整个集团所有机构进行编号,然后对机构内部门进行编码,之后对部门内各处进行编码,最后再对各处职位进行编码。例如,若某一职位编码为01010202,则表示公司某区局综合部人力资源部副主任。这一栏将在全公司职位说明书编制完成后由人力资源部为全公司所有职位说明书统一编号并填补上。

6. 如何填写"编制日期"

编制日期是指工作说明书的具体编写日期。这一栏可以暂时不填,一般可以在职位说明书出台时,由人力资源部统一填补上。

7. 如何填写"职位概要"

职位概要也就是职位设置的目的,应该用一句话简单地概括工作的主要功能,简短而准确地表示该职位为什么存在。

在填写职位概要时,我们要明确以下几个问题:机构整体目的的哪一部分由该职位完成?该职位对机构的独特贡献是什么?如果该职位不存在,会有什么工作完不成?我们究竟为什么需要这一职位?

例如,对于某空调公司设备科经理来说,其职位设置的目的如表7-9所示:

表7-9 某空调公司职位设置

动词	对象	结果/限制
管理与协调	空调公司全部设备、设施	在符合质量要求的条件下,在安全和无害环境的工作场所及时生产出按计划设定的产量

如果有异议的话,我们常常在后面加"限制"和条件。这是确保了这些重要条件确实得以明确说明而未被遗漏,如上面的例子,该经理并不能不惜任何代价进行生产。

职位设置的目的部分还应当描述工作的总体性质,因此需要列出其主要功能或活动。这样,对于车间的编程员来说,其职位设置的目的可以描述为:"指导所有的数据处理的操作、对数据进行控制及满足数据准备方面的要求。"对于物料科经理这一工作来说,它的综述可以描写为:"组织购买、运输及存储和分配生产线上所需要的所有材料。"

应力图避免在工作综述中出现像"执行需要完成的其他任务"这样的笼统性描述。虽然这样的描述可以为监督人员分派工作提供更大的灵活度,但专家明确认为,如果一项经常可以看到的工作内容不被明确写进工作描述,而只是用像"所分配的其他任务"一类的语言,就很可能会成为逃避责任的一种托词,因为这使得对工作的性质及人员需要完成的工作的叙述出现了漏洞。

8. 如何填写"职位位置"

职位位置表明本职位在整个组织中所处的层级和位置。例如,某公司招聘主管的职位位置如图 7-6 所示,图中"主管副总"是二级主管职位名称;"人力资源部经理"是直接主管职位名称;"劳资主管""培训主管""招聘主管""薪酬主管""考核主管"是同一直接主管之下的,平级的其他职位名称。

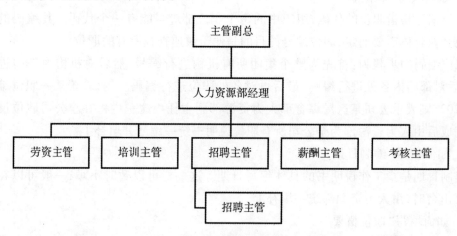

图 7-6 某公司招聘主管的职位位置

9. 如何填写"职责要求"

工作的责任与任务是编写说明书最为繁杂的部分。为了了解和描述职位的情况,至关重要的是要明确提供该职位的职责范围和权限。职位的职责来自组织使命的分解,按照组织的要求,本职位应该做什么。在编写职责时,首先应该将本职位职责的几个大块找出来,即本职位应该做哪几方面的事情,然后对每块事情进行具体描述。在具体描述时,每一条职责,都应尽量以流程的形式描述,尽量讲清楚每件事的输入与输出,描述的格式为:"动词+名词宾语+进一步描述任务的词语"。

例如,对某办公室主任来说,首先把此职位的职责大块找出来,经分析有文秘管理、档案管理、日常行政管理、部门管理这四大块,对于其他不好归类的内容列入"其他"这一栏。具体描述时,比如对文秘管理中的第一条职责,"动词"是"组织拟定并审核","名词宾语"是"本所各种公文、报告和会议文件行文规范、签发程序制度","进一步描述任务的词语"是"提出意见,批准后督导实施"。这条职责由于简化没有写输入与输出,但作为调查资料,还是要求能够写清楚。

又比如在"根据国家科技发展方针、政策和上级领导机关有关科研生产管理工作的条例、办法、决定、实施细则及有关指令,制定有关科研生产管理制度,报直接上级,经批准后督导实施"这条职责中,输入是"国家科技发展方针、政策和上级领导机关有关科研生产管理工作的条例、办法、决定、实施细则及有关指令",输出是"报直接上级",希望大家能够尽量以后一种形式来对每条职责进行描述。

在职位职责的描述中,重要的是清楚地界定每一职责上的权限,应该用精心选择的动词恰当地描述权限范围。在职位说明书的编制过程中,经常会碰到下面这些情况:

- 针对制度、方案、计划等文件可以用草拟、拟定、审核、审定、转呈、提交、下达、备案、存档、提出意见等动词;
- 针对信息、资料可以用调查、收集、整理、分析、研究、总结、提供、汇报、反馈、转达、通知、发布、维护管理等动词;
- 关于某项工作(上级)可以用主持、组织、指导、安排、协调、监督、管理、会同、审批、审定、签发、批准、评估等动词;
- 思考行为可以用研究、分析、评估、建议、参与、推荐、计划等动词;
- 直接行动可以用组织、执行、指导、控制、监管、采用、参加、阐明、解释、提供、协助等动词;
- 上级行为可以用批准、指导、确立、规划、监督等动词;
- 管理行为可以用达到、评估、控制、协调、确保、鉴定、保持、监督等动词;
- 专家行为可以用分析、协助、促使、联络、建议、推荐、支持、评估、评价等动词;
- 下级行为可以用检查、核对、收集、获得、提交、办理等动词;

例如,在编制某一文件的过程中,部门负责人组织拟定文件,一般文员可能只是按部门内主管的要求收集一些资料,然后主管草拟文件,主管副总审核文件并提出意见,总经理最终批准文件。这些动词清楚、准确地表明了相应职位在流程中的权限。

10. 如何填写"关键业绩指标"

绩效指标是指从哪些方面、以什么标准去评价该职位工作的效果。绩效可以体现在两方面,一个是工作的结果,另一个是在工作过程中高绩效的行为。因此,绩效指标也分为结果界定和行为界定。对管理者来说,绩效指标是考核依据;对员工来说却是行为导向,因此绩效指标的设定在兼顾工作性质的同时,应充分考虑公司的战略及价值观。职位说明书中的考核指标只需到考核方面即可,在考核制度中将会对考核指标进行标准分级的描述。

11. 如何填写"任职资格"

任职资格是决定职位价值、招募、培训等的重要依据;任职资格的规定要严格界定为工作所要求的,必须从理论或者实证地证明与工作绩效有因果关系;任职资格是对应职者的要求,不是针对现有人员的要求。

任职资格包括以下这些项目:

(1) 资历。资历包括学历(学位)、所学专业(或接受何种培训)、职称和工作经验(包括一般工作经验和特殊工作经验),一般作为参考要求。例如,某公司一个薪酬主管的资历要求是"人力资源管理或工商管理专业,大学本科毕业,从事过人力资源管理工作三年";某房地产公司一级预算工程师的资历要求是"大学本科,工民建、暖通、给排水、电气、建筑经济等相关专业或者复合型人才;有一定业界知名度;八年大型工程造价控制工作经验并主持过两个以上大型(三十万平方米以上)公共建筑工程造价控制工作";某集团公司企业管理部经理的资历要求是"MBA,八年以上工作经验,其中有管理一个子企业的工作经验"等。

(2) 所需资格证书。所需资格证书不是职称,而是指从事本工作所必需的证照。例如:出纳必须有会计证才能上岗;某公司财务部经理需要"注册会计师证";某房地产公司一级预算工程师需要"注册造价工程师证";某动力厂维修电工需要"高低压电工运行维修本和普通电、气焊本";某动力厂司炉工需要"司炉本、环保本";某储运公司客车队班车司机需要"大客车驾驶执照"等。

(3) 知识要求。知识要求包括业务知识和管理知识,这些知识都应区分其广博程度和精通程度。例如:广博程度可以用系统级的,还是子系统级等词或者能区分出知识广泛程度的词加以区别;精通程度可以用知晓、熟悉、精通等词加以区别。

业务知识是指该职位开展业务工作时必须具备的知识。例如:一个办公室主任,要拟定各种文件,必须熟悉各类文稿的行文格式、体例这些知识;一个软件设计人员必须精通相应的软件语言知识;一个人力资源管理咨询师必须精通工作分析的方法、薪点制方法、考核设计的方法(KPI、BSC)。

一个集团企业管理部经理应具备的业务知识有:熟悉集团战略;具备高水准的企业经营计划管理理念、模式、程序、方法;熟悉国家经贸委等政府部门在企业生产经营、安全生产、质量管理、技术标准、统计等方面的工作要求;熟悉先进企业信息化建设的经验、程序、办法;了解公司经营管理中有关国家及国际商务方面的法律基本知识。

管理知识是针对管理职位或兼有管理职能的职位而言的,是指该职位在进行管理工作时必须具备的知识。例如:作为一个室主任,必须知晓必要的财务知识、人力资源管理知识、时间管理知识等。一个集团企业管理部经理应具备的业务知识有熟悉集团公司相关管理制度、体系、规范、标准、组织机构和各部门职能、相关工作的运作流程;知晓业务流程重组与改进的知识;熟悉分解及分派任务、时间管理、监督与指导工作、领导、考核激励、沟通、培训开发的方法和技巧;熟悉团队间建立合作伙伴关系的方式与方法;熟悉信息调研的方法和相关信息来源的途径等。

(4) 技能要求。技能包括基本技能和业务技能。这些技能都应区分其熟练程度。对于外语和计算机的应用等技能可以参照国家统一规定的级别来区分。例如英语四级、计算机三级。对于没有国家统一规定的技能可以用行业标准或本所标准来加以区分。

基本技能是指完成各种工作时都需要具备的通用的操作技术。通常指"写作能力、外语能力和计算机能力"。例如,一个大的集团办公室主任应具备的基本技能有:外语四级,能够阅读一般英文资料,能用外语进行日常交流;能够熟练使用 OFFICE 办公软件;能够撰写集团领导的发言稿、宣传材料及以集团公司名义下发的文件、报告;一个预算工程师应具备的基本技能有:良好的公文写作能力,能够阅读专业英文资料,熟练掌握数据库管理、工程造价相关软件及网络应用等。

业务技能是指运用所掌握的业务完成业务工作的能力。例如,对于一个集团公司办公室主任来说,应该具备的业务技能有:能够撰写集团领导的发言稿、宣传材料及以集团公司名义下发的文件、报告;能够运用行政管理知识建设并维护内外部工作关系;能够运用文秘管理知识处理好文书、档案等管理工作;能够运用公关技巧建立良好企业形象,协调公共关系;能够运用人员管理的方法和技巧有效地对下属进行管理与开发;能有效进行信息收集和提供。对于一个一级预算工程师来说,应该具备的业务技能是能够独立从事大型项目(三十万平方米以上)的标书编制、标底计算、工程预结算。对于一个人力资源管理高级咨询师来说,应该具备的业务技能是能够独立主持大型项目(指拥有全资子公司、控股子公司、分公司、事业部、分厂、项目组等各种下属机构的集团)的组织设计、工作分析、薪酬与考核体系的设计。

(5)能力要求。能力要求是指完成工作应具备的一些能力方面的要求。这些要求包括需要什么能力及其级别。能力要求是指该职位对任职者最需要的能力要求,一般不宜多,三到五个即可。

常见的能力有:

• 学习能力:通过自学更新知识结构,吸收新事物、新工具、新方法的能力,在工作中总结经验教训的能力,开辟新的学习渠道,收集新的信息的能力。

• 创新能力:思维灵活,能够从不同的角度思考问题并提出新设想、新方案的能力,改进工作方式和方法的能力,开拓新局面的能力。

• 协调能力:处理组织内、外的人际关系、冲突和矛盾的能力,协调平衡大家的利益,促成"共赢"合作的能力。

• 沟通能力:语言准确并简洁地表达自己的思想和感情的能力,善解人意、与人取得共识的能力,通过说服改变对方行为的能力。

• 分析判断能力:对现有信息进行分析,找出相关因素的能力;在分析的基础上,对问题的性质、根源及其发展趋势进行判别的能力。

• 问题解决能力:在不同环境、不同层面中发现问题的能力,面对问题提出解决思路的能力,解决问题的周到程度,解决问题的效率。

• 适应能力:熟悉新环境、新关系、新位置的能力;根据不同的环境和条件调整自己的心态和工作方法的能力;在新的组织关系下定位自身角色,了解其他成员对于自己的期望并与人合作的能力。

• 培养指导下属能力:发现下属的特点,合理用人的能力;因人施教,开发下属的能力。

• 计划能力:对未来进行预测的能力,在预测基础上制定有效目标的能力,分步骤有效实施目标的能力。

- 组织能力：挖掘资源的能力，统筹安排、提高资源综合利用效率的能力。
- 控制能力：面对各种局面，考虑并把握各方面的因素，使事情在自己的掌握之中，朝着自己期望的方向发展的能力；紧急情况下，能利用各种有效的方法，稳定局面，使事情正常、有序地发展的能力；
- 执行能力：领会目标要求、完成任务的能力，执行过程中应变的能力。
- 信息检索能力：对信息的敏感性，积累与本职位工作相关的信息，掌握本领域最新动态的能力；在大量信息中，筛选有效信息的能力。
- 领悟能力：领会计划、方案、他人意图的正确性；在领会的基础上，举一反三，做出系列反应的能力。

例如，一个办公室主任的能力要求是计划能力、组织能力、协调能力、激励下属的能力、控制能力；一个人力资源部薪酬主管的能力要求是领悟能力、沟通能力、问题解决能力、学习能力；市场策划人员的能力要求是信息检索能力、分析判断能力、创新能力、学习能力、沟通能力；销售人员的能力要求是公关能力、沟通能力、拓展能力、适应能力；事务类人员只需要执行能力。

(6) 素质要求。素质是指一个人的潜在特质，与生俱来，一般不宜改变。一般是指该职位对任职者最需要的个性或特质的要求，其要求一般不宜多，一到两个即可。

常见的素质有：

- 情绪稳定性：当有意外发生时，能保持心情平静、头脑清醒；能很快地调节自己，恢复常态；处变不惊，临危不乱。
- 心理承受力：坦然面对困难、压力、挫折和复杂局面，积极采取措施去适应、解决它；百折不挠，永不言败；心胸开阔，"宰相肚里能撑船"。
- 忠诚：对组织、事业、职责感情真挚，忠心耿耿，忠实可靠，为组织发展不遗余力地贡献自己的力量；无论遇到多大困难，绝不放弃，全力以赴地帮助组织渡过难关；不遗余力维护组织声誉。
- 自我认识：有自知之明，对自己的能力和性格有客观而全面的认识，清醒地认识自己的缺点；明确自己在组织中适合的位置，量力而行。
- 团队合作精神：对团队共同的目标、价值观有深刻的理解和认同；愿意为实现共同目标尽自己最大的努力；明确自己在团队中的角色，承认并尊重其他工作伙伴的工作对自己的工作及团队的重要性；开诚布公，愿意、善于与团队成员交流问题，分享经验；为了维护团队利益愿意调整自己的利益；能主动维护团队形象。
- 全局意识：能全盘考虑问题，清楚哪些东西对于整个大局是重要的，哪些东西则是不重要的，不会为了小事而误大局；为了顾全大局，能牺牲局部利益；大局利益受到损害时，挺身而出维护大局利益。
- 人际敏感性：能敏锐、准确地觉察他人对自己的态度和需求，能正确判断某个群体内部的人际气氛及其细微变化。
- 责任心：非常清楚自己的责任，对本职工作一丝不苟，精益求精；遇到困难时，能坚韧不拔地克服困难;工作第一,有奉献精神;出现失误,敢于承担责任,并千方百计加以补救。

- 原则性:原则明确,是非分明,实事求是;随时用自己言行维护原则,即使碰到困难,也会坚持原则;对于有违反原则的事情,会坚决与之做斗争。
- 成就动机:不满足于已取得的成就,不断为自己提出更高的目标,或是对工作的完成情况提出进一步的要求;对自己的要求很严格,在工作中总是以很高的标准来要求自己;相信事情总是可以而且应该做得更好,经常在已有水平基础上寻求更好的解决方法;很强的时间紧迫感,不允许自己浪费一分钟。
- 魄力:在面临多种选择时,倾向于采取风险大、受益也大的方案;偏爱富有挑战性的、竞争激烈的工作和环境;不拘泥于条条框框,敢为人先,做"出头鸟";胆识过人,敢于甚至偏爱涉足那些一般人不敢涉足的领域。

例如,销售人员需要较强的心理承受能力;掌握公司核心商业机密的职位需要对公司忠诚的人担任;一般研发人员都需要有很强的成就动机;中层管理者需要有较强的全局意识;飞行员需要较强的情绪稳定性;一般财务人员应具备较强的原则性;高层管理人员需要有魄力。

12. 如何填写"工作联系"

工作联系是指与本职位有较多工作沟通的组织内、外部的沟通对象。例如,某产品物流事业部总经理的内部主要沟通有主管领导、市场营销中心、方案策划中心、运营控制中心、综合管理室、区域公司、商务部、企划部、财务部、人力资源部、信息技术部;外部主要沟通有相关客户、相关政府部门、集团总公司相关处室。某房地产公司前期工程师的内部沟通有发展部、项目策划部、工程部、预算部、财务部;外部沟通有设计院、政府主管部门。

13. 如何填写"职业通道"

职位说明书中的建议职业通道仅仅从专业的角度提出参考性的意见,说明晋升或者轮换的方向,具体某个人的成长需要结合具体情况决定。

某物流公司市场营销中心主任的职业通道如图 7-7 所示。

最后,我们应该明确:职位说明书制定的原则是直接上级为下属制定职位说明书,它实际上是传递了上级对下级的期望和要求。职位说明要定期根据公司业务和战略的变化而不断更新和修订。为下级制定职位说明书也是管理者的一项职责,同时也有利于规范管理。

二、工作评价

工作评价是指通过一些方法来确定企业内部工作与工作之间的相对价值。具体地讲,工作评价是在工作说明书的基础上,综合运用现代数学、工时研究、劳动心理、生理卫生、人机工程和环境监测等现代理论和方法,按照一定的客观标准,从工作的劳动环境、劳动强度、工作任务及所需的资格条件出发,对工作进行系统衡量、评比和估价的过程。

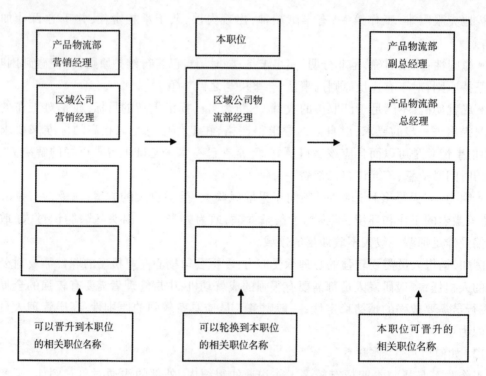

图 7-7 某物流公司市场营销中心主任的职业通道

对企业的各项工作进行调查、分析之后,有必要确定一下在企业里各项工作和工作之间是一种什么关系。分清哪些工作更有价值、哪些工作相对来说次要一些。工作评价就是采用一些科学的方法来确定工作与工作之间的相对价值。

(一)工作评价的特点

1. 工作评价以企业劳动者的生产岗位为评价对象

工作评价的中心是"事",而不是"人"。工作评价虽然也会涉及员工,但它是以工作为对象,即以岗位所担负的工作任务为对象进行的客观评比和估计。工作评价的对象——岗位,与具体的劳动者相比具有一定的稳定性,同时,它能与企业的专业分工、劳动组织、劳动定员和定额相统一,能促进企业合理地制定劳动定员和劳动定额,从而改善企业管理。由于岗位的工作是由劳动者承担的,虽然工作评价是以"事"为中心,但在研究中又离不开对劳动者的总体考察和分析。

2. 工作评价是对企业各类具体劳动的抽象化、定量化过程

在工作评价过程中,根据事先规定的比较系统全面地反映岗位本质的工作评价指标体系,对工作的主要影响因素逐一进行测定、评比和估价,由此得出各个工作的量值。这样,各个工作之间也就有了对比的基础,最后按评定结果,对工作划分出不同的等级。

3. 工作评价要运用多种技术和方法

工作评价主要运用劳动组织、劳动心理、劳动卫生、环境监测、数理统计知识和计算机技术,采用分类法、点数法、因素比较法、海氏工作评价系统等4种基本方法,才能对多个

评价因素进行准确的评定或测定,最终做出科学评价。

(二)工作评价的功能及作用

1. 工作评价的基本功能

工作评价的基本功能主要有以下几点:

(1)以事定岗:根据任务确定岗位;

(2)以岗定人:根据任职条件聘用人员;

(3)以岗定责:根据岗位要求确定职责;

(4)以责定权:根据职责要求给予相应权限;

(5)以责定酬:根据所承担责任的大小确定薪酬。

在企业中,员工的劳动报酬是否能够体现"多劳多得、少劳少得、不劳不得"的原则,是影响员工士气及积极性、主动性的一个很重要的因素。当员工按时、按质、按量完成本岗位的工作任务后,获得了相应的薪酬,心理就会得到一定的满足。如果薪酬不能较好地体现劳动差别,不能达到公平合理的要求,薪酬激励员工的重要功能就难以发挥。

工作评价为薪酬福利体系的设计提供最原始的资料。现在有些企业的工资体系不科学,例如,一些国有企业套用政府部门的工资级别,一些民营企业没有完整的薪酬制度。要实现薪酬设计科学化,就需要确定工作的相对价值,划分等级,确定某一职位、某一岗位应该在哪一个工资级别上。

2. 工作评价的作用

(1)以量值表现工作的特征。对岗位工作的繁简难易程度、责任大小及所需的资格、条件等因素,在定性分析的基础上进行定量测评,从而以量值表现工作的特征。工作评价的最大价值是把指标从定性化变成定量化,表现出工作的量化价值。工作到底重要不重要,通过工作评价就可以得知。

(2)确定工作级别的手段。工作等级常常被企业作为划分工资级别、福利标准、出差待遇、行政权限等的依据,甚至被作为内部股权分配的依据,而工作评价则是确定工作等级的最佳手段。有的企业仅仅依靠职位头衔和称谓来划分工作等级,而不是依据工作评价,这样有失准确和公平。举例来说,在某企业内部,尽管财务经理和销售经理都是经理,但他们在企业内的价值并不相同,所以工作等级理应不同。同理,在不同企业之间,尽管都有财务经理这个职位,但由于企业规模不同,职位的具体工作职责和要求不尽相同,所以工作级别也不相同,待遇自然也不同。

(3)薪酬分配的基础。在工资结构中,很多公司都有职位工资这个项目。在通过工作评价得出职位等级之后,就便于确定职位工资的差异了。当然,这个过程还需要薪酬调查数据做参考。国际化的工作评价体系(如海氏工作评价系统、CRG系统)不仅采用统一的职位评估标准,使不同公司之间、不同职位之间在职位等级确定方面具有可比性,而且在薪酬调查时也使用统一标准的职位等级,从而为薪酬数据的分析比较提供了方便。职位评估解决的是薪酬的内部公平性问题,它使员工相信每个职位的价值反映了其对公司的贡献。而薪酬调查解决的是薪酬的外部公平性问题,即相对于其他公司的相似岗位,公司的薪酬是否具有外部竞争力。

本章小结

工作分析是现代人力资源管理所有职能（人力资源获取、整合、保持与激励、控制与调整、开发等职能工作）的基础和前提，只有做好工作分析，才能据此有效地完成各项人力资源管理的具体工作。开展工作分析有助于全面地了解各类工作职务的特征、工作行为的模式、工作的程序及方法，其结果可应用于人员招聘、职工培训、绩效评价、工资管理等许多方面。因此，做好工作分析对于搞好人力资源管理工作具有极其重要的意义。

拓展与延伸

1. 什么是工作？如何理解工作分析的概念？
2. 工作分析有什么原则？为什么要坚持这些原则？
3. 在进行工作分析前要进行哪些准备工作？
4. 请归纳各种工作分析信息采集方法的优缺点。
5. 为什么说工作分析信息采集的方法应该结合起来使用？请举例说明。
6. 什么是职务说明书？它应该包含哪些基本要素？
7. 什么是工作评价？工作评价应该遵循哪些原则？

案例分析：新蓝德公司工作分析

H副总的烦恼：人力资源管理矛盾重重

12月8日星期一，新蓝德公司的H副总早早来到公司。步入公司的小会议室，H副总明显感觉到气氛与往常有些不同，今天参加会议的人员数量明显多了。H副总立刻意识到今天的会议将与公司近期正在进行的绩效管理咨询有关。

果然不出所料，公司总经理的开场白就确定了会议的主题是听管理咨询公司的顾问汇报第一阶段管理咨询的成果。接着，管理咨询公司的顾问对这一阶段的工作作了全面的回顾和总结，结论是"新蓝德公司的人力资源管理矛盾重重"。顾问毫不留情地表达了对公司目前人力资源管理的看法，指出公司的人力资源管理不仅仅是在绩效管理方面需要改革，而且在人力资源管理的其他方面也还存在很多问题和差距。顾问强调，想以这样的人力资源管理去支撑和促进新蓝德公司的快速发展，不可能！

管理顾问还逐一对公司的人力资源管理的各个方面进行了详细的分析，包括公司的人力资源规划、人员招聘和选拔、员工的培训、绩效管理、薪酬福利管理等。顾问指出差距和不足后进一步对造成这一局面的总体原因做出了结论：表层的主要原因是公司的人力资源各层面的管理制度不完善,实施的力度不够,深层的根本原因是公司的人力资源管理的基础还没有夯实,没有完整规范的各个职位的工作分析。

新蓝德公司概况

"你知道'蓝德计划'吗？新蓝德公司名称就是来源于美国的'蓝德计划'。"H副总回想起自己刚来到公司时,公司的老总亲自向他介绍公司发展历史的场景。新蓝德公司名称就是指"新的蓝德",其寓意是开创富有中国特色的、崭新的蓝德计划,以研究与发展为中心、以"通过研究谋求发展"为理念,运用科技手段研发服务于国民经济各部门的信息科技产品,为国家的经济建设贡献自己的力量,并把"新蓝德"办成中国第一流的信息科技公司,使"新蓝德"在中国享有蓝德公司在美国那样高的声誉与影响。

经过10年的发展,新蓝德公司目前已全面转型为一家专业提供地理信息系统(Geographic Information System,GIS)、全球定位系统(Global Positioning System,GPS)及基于位置的服务(Location Based Service,LBS)技术服务与解决方案的高科技企业。新蓝德公司总部位于全国十大重点软件产业基地之一的广州天河软件园,现有员工130多名,公司的管理层和主要技术骨干都具有长期的6IS/GPS行业经验,同时他们也是国内首批GPS技术的推广者。新蓝德公司拥有雄厚的技术力量,研发团队中本科以上学历者占总人数90%以上。公司开发实践跨越多种系统平台,具有利用多种开发平台进行综合开发的丰富经验,其解决方案中广泛涉及地学、图形学、数学、网络、数据库、移动通信、图形图像处理、虚拟现实等领域的多种先进技术。公司在长期技术积累的基础上建成了自主知识产权的"新蓝德移动目标服务中心支撑平台"和"新蓝德地理信息系统组件平台",并获得了由广东省信息产业厅颁发的软件产品登记证书。公司注重规范管理,通过了ISO 9001:2000质量体系认证、广东省信息产业厅软件企业认定和广州市科技局高新技术企业认定。

新蓝德公司启动改革和调整

"2002年是公司发展历程中最为关键的一年。"公司的老总继续介绍公司发展历史,说到这里的时候,老总的脸色变得有些凝重。

就在2002年,GPS行业发生了重大的变化。2002年2月,国家计委发出了关于组织实施《卫星导航应用产业化专项的公告》,明确提出了四大目标:一是形成一个市场规模超大型的过百亿的新产业;二是建设卫星导航应用技术创新和产业化发展的基础支撑体系;三是培育具有市场竞争力的骨干企业;四是创造一批具有中国特色的主导产品。公告的出台无疑加快了国内GPS行业产业链的形成,苦营多年的GPS行业终于迎来其快速发展的春天。同时GPRS通信方式的出现彻底解决了多年来困扰GPS行业的通信问题。这些重大的变化给新蓝德公司提出了新的要求,原来的经营管理模式已经不适应新的环境变化。在环境的变化中,要么墨守成规,被动地等待被环境淘汰,最终走向消亡;要么锐意改革,主动地适应环境,在环境的变化中抓住机遇,实现公司的进一步发展。

"改革和调整势在必行！"公司的董事长给公司的改革定下了基调,"而且刻不容缓,否则就是死路一条！"

"人力资源的改革,是最重要的,也是最困难的。我们要把人力资源管理提升到公司战略的高度来认识这个问题。"公司的老总对人力资源的改革非常支持,并指派H副总亲自负责人力资源工作。

H副总立即组建了人力资源部，并把组织机构调整作为人力资源部的第一项工作。按照公司的战略部署，组织机构调整首先从公司最为敏感的技术部开始。技术部一向都被认为是公司最重要的部门，用公司老总的话来形容，"没有技术部就等于没有新蓝德公司"。同时，公司老总认为"在GPS和GIS行业面临重大发展和挑战的时候，我们必须拥有自己的核心技术，必须加大技术研发的投入"。原来的技术部被一分为二，分别成立了研发中心和数据中心。研发中心主要负责软件和硬件的研发工作，数据中心主要负责电子地图的测绘和加工。

紧接着又对其他的部门进行了重组和调整，相继成立了营销中心、工程部、综合部等部门，清晰、明确地将职能管理部门和研发生产部门分开，在管理中实行一级对一级负责的工作方式，并对各个部门的职能、职权进行了描述和规定。

改革，取得了立竿见影的效果。然而，在取得的成绩和发展面前，H副总并没有停止不前，他又在工作中发现了诸多的新问题和新矛盾，比如公司员工的工作绩效没有得到正确的评价，工作的报酬没有和工作的绩效进行挂钩等。

于是，H副总撰写了一份报告，建议公司董事会在公司进行绩效管理改革，鉴于绩效管理的复杂性和难度，H副总建议借助"外脑"来进行这项工作。公司董事会同意了H副总的建议。在经过仔细的甄选后，最后选定Yx管理咨询公司作为合作伙伴。

员工调查：人力资源管理不容乐观

根据Yx管理咨询公司的咨询工作进度安排，第一阶段进行的是新蓝德公司的员工调查。

H副总找出管理咨询公司的调查报告仔细地看起来。调查报告既有调查的分析和结论，还有调查的原始资料，包括员工问卷调查、员工的谈话记录等。H副总先看到的是员工的满意度调查问卷。该问卷是根据马斯洛的需求理论进行设计的，分别包括生理需要、安全需要、社交需要、尊重需要、自我实现需要五个方面。

通过调查和统计，可以得出结论：新蓝德公司的员工在安全需要、社交需要和尊重需要方面的满意度较高，在工资、奖金方面的满意度较低，自我实现需要的满意度最低。从和员工的访谈中了解到，大部分的员工迫切希望通过自己和公司的努力，获得成就感与事业上的满足，从而获得自我价值的实现。这就要求企业管理人员在调动员工积极性时应首先考虑为他们提供实现自己抱负和理想的机会和条件，采取各种激励方法提高员工的满意度。

咨询报告的第二部分是员工的访谈记录。H副总不由得皱起了眉头，他没有想到员工反映的问题有这么多，咨询顾问说的一点也没有错——"人力资源管理矛盾重重"。H副总深叹了一口气，看来如果不对公司的人力资源工作进行彻底的改革是不可能扭转这种局面的了。

人力资源改革——千头万绪，工作分析先行

第二天早上，H副总约见了咨询顾问，共同商讨如何解决"人力资源管理矛盾重重"的问题。显然，咨询顾问早已深思熟虑，和H副总侃侃而谈：

目前,新蓝德公司管理上存在"责权利不对等"的问题,主要表现为以下几个方面:

(1)权力分配不合理。管理干部往往只向下分派任务而不同时授予相应的权力。这种办事的人没有权力、有权的人又不办事的现象严重地违反了人力资源管理的原则。

(2)责任分配不合理。有时企业赋予工作人员一定的权力,但没能确定相应的责任,因此有的人一旦掌权后就可能滥用权力,使公司的利益受到损失,但不对自己行为的后果负责。

(3)利益分配不合理。干好干坏一个样,干多干少一个样,这种做法不但压抑了各级工作人员的主动性和积极性,而且助长了思想僵化、墨守成规、因循守旧、不思进取、办事拖拉、不讲效率等不良风气。

具体到人力资源的工作,存在以下的问题:

(1)招聘过程缺乏对应聘人员的了解,所招收的员工不适合工作要求,招聘的工作量大,费用高,成功率低,存在着"广种薄收"的现象。由于对每个岗位本身的职责要求和对任职者的能力、个性等要求不够明确,导致招聘工作存在一定的盲目性。

(2)对培训对象所担任工作需要培训哪些内容及应达到什么要求了解得不够明确,从而培训达不到预期的效果。培训有效性差,培训计划制订不合理。培训计划也缺少前瞻性和系统性。

(3)没有建立起真正的绩效管理体制。公司现在实施的每年一次年终考评工作不够公正,考评主观性强,过程不够公开,无法使员工认同,同时缺少准确的考评标准和有效的考评手段,因而影响了员工的积极性和主动性。

(4)员工对自己工作的价值没有一个准确的认识,也不清楚自己的岗位在公司中的地位和作用以及与其他岗位的关系,不了解自己应该有一个怎样的薪资水平,从而导致员工对自己的薪资普遍不满意,认为所得与付出不成比例,有待遇不公平的看法和想法。

(5)部门间职责界限规定不明确,员工对自己的职责范围不甚明了,同时对于本部门与其他部门、本岗位与其他岗位之间的协作关系也不是很明确,表现为部门之间、员工之间存在扯皮和推卸责任现象。

说到这里,咨询顾问的话锋一转:其实,上述在人力资源开发与管理方面存在的种种问题,不仅在新蓝德公司,在我国很多企业内都是普遍存在的。当然,人力资源开发与管理的问题并不是一个孤立的问题,它和企业的经营战略、方针和策略,企业的管理风格及整个企业管理体系的各个环节都有着千丝万缕的联系。引起上述问题的原因是多方面的,但其中一个最重要、最基本的原因是人力资源开发与管理的基础工作——工作分析没有开展,岗位没有明确的工作说明书,任职者对自己的岗位职责及所处岗位在公司中的地位和作用及与其他岗位的关系不了解,岗位之间的职责关系界定不清,由此引发了许多问题,导致人力资源开发与管理工作无法有效地开展。正如任何一个园丁都知道的那样,"铁锹功夫"不到家会导致花园产出不佳。"铁锹功夫"就是工作分析,"花园产出"就是各项人力资源开发与管理活动。除非有某种恰当的工作分析作为土壤,否则各项人力资源开发与管理活动不可能"开花结果"成为企业的竞争优势。因此,工作分析的结果——工作说明书可以为招聘甄选、薪资福利、绩效考评、培训等人力资源开发与管理活动提供科学的、完整的、规范的、具体明确的信息。只有在工作分析的基础上,才能使人力资源开发与管理活动有效地进行。

咨询顾问看到 H 副总似乎想说什么,停顿了一下,但见 H 副总什么也没有说,就继续下去:"可能您会问,我们公司不是已经有每个部门、岗位的职责和要求了吗?"

H 副总会心地笑了,点头说道:"是啊,这些职责和要求我们很早就制定了,难道有什么问题吗?"

"我仔细看过新蓝德公司的部门、岗位的职责和要求,它们存在这样的问题:

(1) 不是真正意义上的工作说明书。目前新蓝德公司的岗位职责和要求是两年前公司进行 ISO 9001:2000 国际质量认证体系时制定的,这些岗位职责和要求不是经过专业的工作分析而制定,更多的是参照别的公司甚至是原封不动地照搬过来的。于是就出现了这样的局面,虽然有形式上的书面岗位职责和要求,但与实际情况不符合,很难在人力资源的管理和开发工作中遵照它们去实施。这些岗位职责和要求从诞生的第一天起就注定了它们不能真正应用到现实工作中去,不可能以它们为基础去开展人力资源的各项工作。

(2) 没有与时俱进。工作分析这一人力资源活动始终贯穿于企业的经营和管理活动之中。随着企业内外环境的变化,例如企业战略的调整、业务的发展或者新技术的产生,一些原有的工作会消亡,一些新的工作会产生,还有一些工作的内容、性质和要求会发生变化,这就需要重新进行工作分析,及时更新工作说明书中变化的部分,以确保所获取的工作信息及时、有效、真实、客观。

因此,我们建议新蓝德公司要彻底解决人力资源的这些问题,还必须认认真真做一次工作分析,把人力资源管理工作的基础打好。"

一席话说得 H 副总直点头:"是啊,公司近几年的业务发展很快,在销售和技术上花的精力较多,对人力资源管理的重视程度不够。从前年开始,我们把人力资源管理工作也列入重点,但一直在抓招聘、考评、薪酬等工作,却忽视了人力资源的最基础工作——工作分析。您说的情况确实存在,前几年,我们的技术开发主要用 Delphi 语言,现在我们更多地采用 C 语言和 Java 语言进行开发了,但是我们的岗位要求却一直没有来得及更新。"

双方越谈越投机,不知不觉过去了一个上午。在交谈沟通中,双方对人力资源的各种问题和矛盾以及解决这些问题和矛盾的想法深入交换了意见,并对下一阶段工作分析的开展达成了初步共识。

工作分析的实施:拨开疑云迷雾

根据咨询顾问的建议,H 副总向公司董事会提交了一份报告,提议暂缓绩效改革的管理咨询而改为进行工作分析的管理咨询,并提出了工作分析的总体实施计划。公司董事会批准了 H 副总的提议和实施计划,并委派 H 副总总体负责计划的全面实施。

H 副总随即成立了以他自己任组长的工作分析项目实施小组,小组中成员包括咨询顾问和人力资源部管理人员。

H 副总的喜悦:夯实人力资源管理的基础

2004 年 4 月 26 日星期一,H 副总很早就来到了公司。经过 3 个多月的忙碌后,公司的工作分析暂时告一段落,总结汇报会将在这天进行。早上9点钟,公司会议室坐满了人,参加会议的包括公司领导、部门经理、人力资源部人员和Yx管理咨询公司的顾问。

会议上,咨询顾问对公司的工作分析过程作了全面的回顾和总结,对公司的工作分析成果进行了高度的评价,认为新蓝德公司通过工作分析已经真正建立和夯实了人力资源开发和管理各项工作的基础,并且认为在这个夯实了的基础上,新蓝德公司的"人力资源管理的重重矛盾"将逐渐迎刃而解!

公司的老总也满怀喜悦之情发了言:"前一阶段工作的成功固然令人振奋,但我们不应满足于此。目前,公司人力资源改革要面临的难题还有很多,我们要充分利用这次工作分析的成果,再接再厉,完善公司的人力资源开发和管理体系,去支撑和促进新蓝德公司的快速发展。"

是啊,人力资源改革任重而道远,如何在人力资源管理工作中应用工作分析的结果,如何不断保持人力资源的优势?H副总陷入了深深的思索之中……

(案例来源:黄广伟.新蓝德公司工作分析案例研究[D].广州:华南理工大学.)

请根据上述案例,回答下列问题:

1. 你怎么理解咨询顾问所说的"人力资源管理矛盾重重"的问题?你认为是什么原因造成的?
2. 你认为新蓝德公司是不是应该在公司成立时就进行工作分析?为什么?
3. 你认为在工作分析中应该怎样合理选用工作分析的方法?
4. 你认为如何在人力资源管理工作中应用工作分析的结果?
5. 新蓝德公司成功夯实了人力资源管理基础的案例对你有何启发?

第八章
工作分析实务:以××煤炭公司为例

知识目标

1. 了解工作分析的实务;
2. 掌握工作分析的流程和方法。

学习目标

1. 掌握工作分析的方法及其应用;
2. 具备独立进行工作分析的基本能力。

导入案例：××煤炭公司工作分析时间进度表

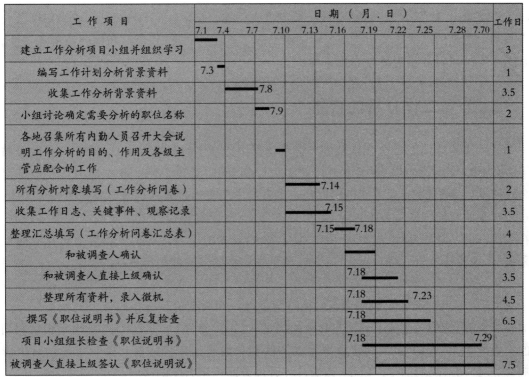

本章将主要介绍××煤炭公司工作分析的背景、组织层次的工作分析、部门层次的工作分析、岗位层次的工作分析，以及工作说明书的编写实例。

第一节 工作分析的背景

一、××煤炭公司简介

××煤炭公司(以下简称公司)是某大型国有煤炭贸易集团(以下简称集团公司)的

全资子公司,成立于1992年,建立之初的主要业务是煤炭进出口贸易。

从1995年开始,一方面,我国煤炭市场价格全面放开,买方市场日渐形成;另一方面,1995年出台的《煤炭法》和煤炭工业部颁布的"九五"纲要都鼓励减少煤炭经营的中间环节,煤炭用户和煤炭销售区的煤炭经营企业有权直接从煤矿企业购进煤炭。

正是在这种形势下,为避免煤炭贸易企业因受到煤炭供应、运输和销售三方制约而带来的脆弱性,从1998年开始,公司开始了从贸易公司向煤炭业务一体化经营的探索和实践,主要采取了如下三项措施:第一,分别与主要客户(电厂)共同投资组建合资公司,通过形成利益共同体稳固和发展长期合作关系;第二,为保证货源的质量和数量,公司先后投资控股三个洗煤厂;第三,为了保证运输的及时性,公司又与某国有铁路局合资成立储运公司。

1998年以来,公司发展业绩良好,销售收入年均增长率达到30%以上,成为集团公司人均利润最高的二级子公司。该公司逐渐形成了以煤炭的进口、出口和国内销售为主业,几个非煤高风险产品为辅业的业务格局。

二、公司工作分析的背景

但是,2002年以来,公司面临的外部环境形势逐渐严峻起来。2002年初,国务院公布了《电力体制改革方案》,要求电力行业实行厂网分开,竞价上网。此次电力体制改革对公司产生巨大的影响:一方面已形成稳定关系的电厂将通过兼并重组形成新的经营实体,这意味着原有的合作关系不再稳定;另一方面,竞价上网将引发电厂对成本的严格控制。在我国,煤炭成本占煤电成本的70%以上,降低成本的压力会在很大程度上转移到煤炭采购上,这意味着电厂将对煤炭的价格、质量和供货的及时性提出更高的要求。

从公司业务运作来看,由于缺乏煤炭一体化产业链运作的经验,公司转型的过程并非一帆风顺。2002年3月,刚刚重组的南方某发电厂因为硫份超标拒收该公司生产厂自产的整批货物,给公司造成了价值500万的损失。"三月事件"加上2002年上半年销售利润的大幅滑坡使公司更加深刻地意识到政策的变化给曾经牢固的客户关系带来的巨大影响,以及公司对煤炭的生产质量、运输过程管理方面控制力度的薄弱。

从公司的内部管理来看,一方面,2001年至2002年3月短短的15个月,先后有四五位公司的业务骨干提出辞职,主要原因集中在岗位职责不清、工作缺乏挑战性等方面。另一方面,公司现有员工基本由集团公司人力资源部调配调剂而来,员工结构和素质能力现状不能满足公司运营和长期战略目标实现的需要。

2002年5月,集团公司实行新的人事政策,将逐渐下放副总经理以下人员的人事权力,二级公司和员工自主签订劳动合同。

在这种背景下,公司认为提高对煤炭供应链控制的关键是提高内部管理水平和改进人力资源质量。公司决定聘请咨询公司进行人力资源管理诊断与设计,在工作分析的基础上,明确岗位责任,确定岗位的工作描述和工作规范,从而为关键岗位配备可以胜任的员工。

第二节　组织层次的工作分析

组织层次的工作分析首先从组织结构的调整开始。图 8-1 是××煤炭公司原有组织结构图。

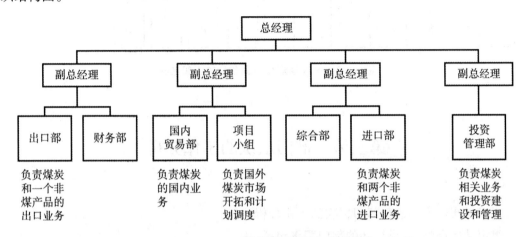

图 8-1　××煤炭公司原有组织结构

从图 8-1 及相关资料中可以得出公司原有组织结构存在的主要问题是：

第一，公司总部只有 50 人，但是却有 5 个管理层级（总经理—副总—部门经理—主管—助理），管理层次过多，跨度过小，导致每个层级的人都在做比自己职位层次低的工作，反应速度慢。

第二，有两个副总对业务部门和职能部门进行混合管理，由于业务部门的业绩更容易识别，不可避免会出现重业务轻管理、职能部门弱化的情况。

第三，将煤炭业务分割成三个部门，增大了部门协作成本，严重影响对煤炭产业链的控制。

第四，将三种业务特点类似的非煤产品（为充分利用公司的财务优势而经营的产品，成功的关键在于财务风险控制）分割成两个部门运作，不利于专业化和资源共享，难以不断增强公司的风险控制能力。

调整后的组织结构从强化内部管理和提高业务流程运作效率的角度来设立部门。调整后的公司组织结构如图 8-2 所示。

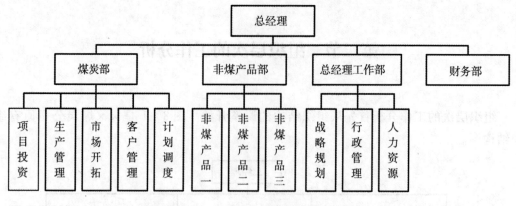

图8-2 ××煤炭公司调整后的组织结构

第三节 部门层次的工作分析

现以煤炭部为例进行部门层次的工作分析。

组织结构调整后,煤炭部的部门职责包括:

(1)负责管理为煤炭业务投资建立的控股和相对控股企业,监督参股企业;

(2)负责煤炭业务的市场、销售和物流管理,主要包括市场开拓、产品研发、生产组织、运输、销售、售后服务等工作;

(3)负责制定煤炭业务发展规划,负责组织实施项目投资。

新建立的煤炭部的岗位设置如图8-3所示:

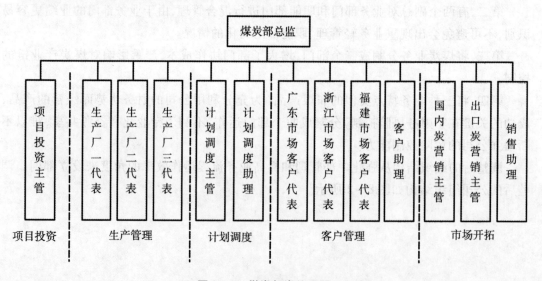

图8-3 煤炭部岗位设置

第四节　岗位层次的工作分析

以计划调度主管为例进行岗位层次的工作分析。

计划调度岗位是加强对煤炭业务链控制的关键岗位,在此以计划调度主管为例进行工作分析的介绍:

一、工作分析方法

主要采用以下三种方法:
(1)公司内部资料分析;
(2)本岗位和相关岗位的深度访谈和业务流程分析;
(3)职位说明书问卷调查。

二、原岗位的工作分析诊断

(1) 汇报关系:
　·直接上级:项目小组经理
　·直接下级:无
问题:该岗位人员在实际工作中主要向主管国内贸易和主管投资的两位副总经理汇报,经常出现多头指挥的现象。

(2)工作职责:
　·收集和汇总生产、运输和销售的报表
　·协调公司生产经营调度会议和编写会议纪要
　·煤炭调度相关信息的上传下达
问题:履行职责的层次远低于企业的实际需要。具体表现为对煤炭业务流程节点的审核监督、信息分析和建议职能发挥不足,只起到了信息汇总和传递的作用,这是公司对于煤炭业务链各个环节的控制作用发挥不足的一个重要原因。

(3)协调关系:
　·内部协调关系:国内贸易部、投资部、项目小组
　·外部协调关系:三个生产厂、储运公司
问题:履行职责的层次远低于企业的实际需要。尚未统一信息流的进口和出口,尚未使信息在企业内部合理共享,供应链信息管理和共享职能发挥不足。

(4)任职人员信息:
　　岗位定员:3人

- 学历：2 人本科，1 人专科
- 专业：1 人贸易，1 人英语，1 人管理
- 经验：平均具备 2 年煤炭进出口贸易经验

问题：原岗位任职人员的专业结构不符合岗位要求，普遍缺乏供应链管理和计划调度的相关技能和经验。

三、调整后岗位的工作说明书

在原有岗位工作分析和诊断的基础上，进行工作描述，编写工作规范，改进的着眼点如下：

(1) 增强对煤炭业务流程节点的审核和监督职能；
(2) 增强对产供销的计划控制职能；
(3) 增强供应链信息管理和共享职能；
(4) 区分需要较高和较低经验技能的工作，以此区分主管和助理的工作职责，使主管这一关键岗位工作丰富化。

形成的职位说明书如表 8-1 所示：

表 8-1 计划调度主管职位说明书

岗位名称	计划调度主管	岗位编号	19
所在部门	煤炭部	岗位定员	2 人
直接上级	煤炭部总监	工资等级	
直接下级	计划调度助理	薪酬类型	
所辖人员	3 人	岗位分析日期	2002 年 10 月
职责概述			

- 负责监督调度制度的建设和落实
- 负责汇总并平衡生产、采购与销售计划，编制煤炭业务月度经营计划，组织煤炭业务月度经营分析会议
- 负责组织召开周调度例会
- 负责日常调度工作，协调铁路运输和港口作业
- 负责煤炭业务自产煤采购的商务执行工作
- 负责审核装船方案
- 负责供应链信息的收集、整理、分析、传递工作
- 完成上级交办的其他任务

续表

工作描述				
职责一	职责表述：负责监督调度制度的建设和落实		工作结果	分送单位
	工作任务	监督、规范下属生产企业和储运公司的调度制度建设、修改和完善工作	煤炭业务调度制度	煤炭部总监
		落实下属生产企业和储运公司的调度信息规范化建设工作，包括规范表格的填写、信息传递时间等		
		对调度制度的适应性进行评价，并提出改进建议	调度制度适应性评价报告 FJ 432	煤炭部总监
		组织落实调度制度的改善工作		
职责二	职责表述：汇总并平衡生产、采购与销售计划，编制煤炭业务月度经营计划，组织煤炭业务月度经营分析会议		工作结果	分送单位
	工作任务	收集、汇总各环节上月经营计划执行情况		
		收集各环节的生产、采购、销售计划		
		经平衡后编制煤炭业务月度经营计划	煤炭业务月度经营计划	煤炭部总监
		组织煤炭业务月度经营分析会议		煤炭部总监
		下发煤炭业务月度经营计划		
职责三	职责表述：负责组织召开周调度例会		工作结果	分送单位
	工作任务	召集与会人员参加周调度例会		
		说明调度例会内容，负责会议记录工作	调度会会议记录 FJ 433	本岗位留存
		编撰调度例会会议纪要，经领导批示后下发	会议纪要 JY 7	煤炭事业部总监
		下达调度会会议决议指令	调度通知 M 1 – B 14	下属生产企业和储运公司
		协调、监督调度会议决议的执行		

续表

		职责表述：负责日常调度工作，协调铁路运输和港口作业	工作结果	分送单位
职责四	工作任务	参加公司月度经营计划会议，按计划负责处理权限内日常调度问题，上报值班领导处理权限外日常调度问题	调度公司	下属生产企业和储运公司
		负责下达调度指令，协调铁路运输和港口作业	调度通知	下属生产企业和储运公司
		向生产企业和储运公司索要指令执行情况反馈	反馈信息	煤炭部总监
		跟踪调度指令的执行情况，向直接上级反馈执行结果	反馈信息	煤炭部总监
		职责表述：负责煤炭业务自产煤采购的商务执行工作	工作结果	分送单位
职责五	工作任务	负责自产煤炭的合同签订	煤炭采购合同	煤炭部总监
		负责煤炭供应过程的执行监督		
		负责自产煤炭采购的结算		
		职责表述：负责审核装船方案	工作结果	分送单位
职责六	工作任务	接收储运公司传真过来的装船方案		
		计算装船质量指标，审核装船方案的可行性，签署审核意见	装船方案审核意见	煤炭部总监
		呈报装船方案给煤炭事业部总监审批		
		下达审批后的装船方案	审批后的装船方案M1-Y29	储运公司
		职责表述：负责供应链信息的收集、整理、分析、转递工作	工作结果	分送单位
职责七	工作任务	负责接收各部门传来的业务信息、包括船期信息、装船信息等		
		负责收集煤炭业务供应链运作信息，包括日调度表等		
		负责传递煤炭业务供应链信息给供应链相关部门、单位	调度通知	煤炭部各部门、下属生产企业和储运公司
		整理归类日常运作问题，填写日调度问题汇总表	煤炭生产经营问题汇总表M1-B15	煤炭部总监
		分析处理供应链信息，填写月度信息分析报告	月调度信息分析报告FJ434	煤炭部总监
		整理归档供应链信息，建立调度信息文档	调度信息文档	本岗位留存

续表

职责八	职责表述:完成上级交办的其他任务		
人事权	对直接下属的奖惩、培训有提名和建议权,有一定的考核评价权		
财务权	无		
业务权	业务执行权(调度制度执行情况的监督权、调度信息收集权、调度指令执行检查权、日调度会议的组织权、装船方案的审核权、铁路运输和港口作业的协调权)		
工作协作关系			
外部协调关系	煤炭业务下属控股子公司、储运公司等		

工作规范:

教育水平	大学本科及以上学历			
专业	煤炭、物流流通等相关专业			
培训经历	培训内容	培训时间	培训内容	培训时间
	煤炭专业知识培训	两周以上	计算机应用培训	两周以上
	供应链管理培训	两周以上	外语	
经验	2年以上相关工作经验			
个人素质	较高的工作热情和工作主动性 较高的职业道德水平 较强的人际交往能力、沟通能力、判断和决策能力 很强的计划和执行能力			
知识	掌握供应链管理知识和煤炭品质知识;具有煤炭一般知识和煤炭生产管理知识			
技能技巧	较强的外语阅读能力、熟练使用计算机办公软件			
备注				

本章小结

本章主要介绍了××煤炭公司工作分析的背景,从组织调整开始进行的组织层次的工作分析,以煤炭部为例进行的部门层次的工作分析,以计划调度主管为例进行的岗位层次的工作分析,以及计划调度主管岗位说明书的编写。

拓展与延伸

案例模拟小组竞赛。基本要求:各小组模拟创办一家实业公司,请完成以下竞赛内容:
(1)列出公司名称、经营范围、注册资本、法人代表等;
(2)依据组织设计原理并结合本公司实际经营情况,绘出组织结构示意图;
(3)安排好现有工作人员的岗位职务;
(4)每位工作人员为自己所在的岗位设计一份简明扼要的职务说明书。

参考文献

[1] 理查德·L.达夫特.组织理论与设计(第11版)[M].王凤彬,等译.北京:清华大学出版社,2014.

[2] 高新华.如何进行企业组织设计[M].北京:北京大学出版社,2004.

[3] 许玉林.组织设计与管理[M].上海:复旦大学出版社,2003.

[4] 杨红兰,张晓蓉.现代组织学[M].上海:复旦大学出版社,1997.

[5] 彼得·圣吉.第五项修炼——学习型组织的艺术与实务[M].郭进隆,译.上海:上海三联书店,1998.

[6] 朱国云.组织理论历史与流派[M].南京:南京大学出版社,1997.

[7] 理查德·斯哥特.组织理论:理性、自然与开放系统的视角[M].高俊山,译.北京:中国人民大学出版社,2011.

[8] 孟宪国.基于流程和战略的组织设计[M].北京:中国标准出版社,2003.

[9] 于海澜.企业架构[M].北京:东方出版社,2009.

[10] 吴培良,郑明身,王凤彬.组织理论与设计[M].北京:中国人民大学出版社,1998.

[11] 闫海峰,王端旭.现代组织理论与组织创新[M].北京:人民邮电出版社,2003.

[12] 李书玲.组织设计:寻找实现组织价值的规律[M].北京:机械工业出版社,2016.

[13] 彼得·布劳,马歇尔·梅耶.现代社会中的科层制[M].马戎,时宪明,邱泽奇,译.上海:学林出版社,2001.

[14] 保罗·麦耶斯.知识管理与组织设计[M].蒋惠工,等译.珠海:珠海出版

社,1998.

[15]托马斯·卡明斯,克里斯托弗. 组织发展与变革[M]. 李剑锋,等译. 北京:清华大学出版社,2003.

[16]约翰·P. 科特,丹·科恩,等. 变革之心[M]. 刘祥亚,译. 北京:机械工业出版社,2003.

[17]武立东. 组织理论与设计[M]. 北京:机械工业出版社,2015.

[18]郑晓明,吴志明. 工作分析实务手册[M]. 北京:机械工业出版社,2002.

[19]王小艳. 如何进行工作分析[M]. 北京:北京大学出版社,2004.

[20]任浩. 现代企业组织设计[M]. 北京:清华大学出版社,2005.

[21]朱勇国. 工作分析[M]. 北京:高等教育出版社,2006.

[22]周亚新,龚尚猛. 工作分析的理论、方法及应用[M]. 上海:上海财经大学出版社,2007.

[23]郑晓明,吴志明. 工作分析实务手册[M]. 北京:机械工业出版社,2002.

[24] James L. Gibson, John M. Ivancevich, James H. Donnelly. Jr. Organizations—Behavior, Structure, Processes (10th edition) [M]. McGraw–Hill, 2000.

[25] Richard N. Osborn, James G. Hunt, Lawrence R. Jauch. Organization Theory: An Integrated Approach [M]. John Wiley & Sons, 1980.

[26] Richard H. Hall. Organization—Structures, Processes, & Outcomes [M]. Prentice Hall, 1991.

[27] Richard L. Daft. Organization Theory and Design (6th edition) [M]. International Thomson Publishing, 1998.

[28] W. Richard Scott. Organizations: Rational, Natural, and Open Systems [M]. Pretence Hall, 1998.

教辅申请说明

北京大学出版社本着"教材优先、学术为本"的出版宗旨，竭诚为广大高等院校师生服务。为更有针对性地提供服务，请您按照以下步骤在微信后台提交教辅申请，我们会在 1~2 个工作日内将配套教辅资料，发送到您的邮箱。

◎手机扫描下方二维码，或直接微信搜索公众号"北京大学经管书苑"，进行关注；

◎点击菜单栏"在线申请"—"教辅申请"，出现如右下界面：

◎将表格上的信息填写准确、完整后，点击提交；

◎信息核对无误后，教辅资源会及时发送给您；如果填写有问题，工作人员会同您联系。

温馨提示：如果您不使用微信，您可以通过下方的联系方式（任选其一），将您的姓名、院校、邮箱及教材使用信息反馈给我们，工作人员会同您进一步联系。

我们的联系方式：

北京大学出版社经济与管理图书事业部
北京市海淀区成府路 205 号，100871
联 系 人： 周莹
电　　话： 010-62767312 /62757146
电子邮件： em@pup.cn
Q Q： 5520 63295（推荐使用）
微信： 北京大学经管书苑（pupembook）
网址： www.pup.cn